师幼互动中的教师适宜应答策略研究

柳茹 主编

教育科学出版社
·北京·

编　委　会

主　编：柳　茹

副主编：李　红　于艳萍

编　委：陶　扬　王　鑫　周永革　康京辉　梁燕京
于伟红　褚　潇　翟　蕊　李海霞　杨　颖
吕小烨　姚　远　孙贤清

序

园本科研：幼儿园内涵发展的核心机制

对于北海幼儿园，我很早以前就久仰大名。不过在2006年之前，我其实还没有真正接触过北海幼儿园的领导和教师。2006年，我作为北京市教育科学规划办聘请的专家，负责联系和指导包括北海幼儿园在内的三所学校（幼儿园）的校本（园本）研究专项课题的工作。从此，我和北海幼儿园有了实质性的交流、互动与合作。经过多年不懈探索，北海幼儿园组织开展的“师幼互动中教师应答的策略研究”课题在理论和实践上均取得了很多成就，产生了很大影响。现在，这个课题研究成果即将正式出版，我由衷地表示祝贺！

作为这项研究的见证者，我觉得这项研究具有三个层面的意义。第一，它是北海幼儿园改革发展的一项持续行动，促进了幼儿、教师和幼儿园的优质发展。第二，它探索解答了幼儿主体性发展的教育路径问题，提供了宝贵经验和教育模式。第三，它是校本（园本）科研的一个经典案例，创造了依托教育科研促进学校（幼儿园）内涵发展的成功经验。

下面，我主要从第三个层面，即校本（园本）科研的角度，谈几点心得体会。

第一，求真务实的研究态度。进入21世纪以来，“科研兴校”“科研兴园”的口号深入人心，各地的探索可谓千姿百态。但是也存在一个问题，就是科研华而不实，不真做、不研究真问题的现象相当普遍。北海幼儿园是真的认真做真研究，这一点给我印象最深。立项之初的培训，柳园长带着科研骨干全程参加学习。为制订开题方案，大家反复讨论修改。在推进过程中，科研骨干扎根课堂、关注师幼具体行为，抓住真问题广泛参见、共同提高。他们务实求真、源于实践、回归实践的研究态度，这是值得特别关注的。究竟抱着什么态度去做研究，这是决定校本（园本）科研效果好坏的关键因素。为发展而研究，为问题而研究，扎实做研究，这是校本（园本）科研成功的不二法门，更是北海幼儿园课题研究的可贵特点。

第二，抓住内涵发展的关键问题。当前，我国各级各类教育都进入了质量提升的时代。如何优化教育活动，促进学生（幼儿）主体性发展？围绕这一核心问题，北海幼儿园找到了一个校本（园本）研究的适宜切入点——师幼互动。师幼互动贯穿于幼儿在园一日生活的各个环节，师幼互动体现的是幼儿园的过程性质量。教师是否在师幼互动中给予适宜的应答，直接决定着师幼互动质量，关系到幼儿在师幼互动情境当中的发展。而教师能否适宜应答，又和教师教育观念、师德、业务能力等息息相关，这本身就是教师专业发展的核心议题。由此可见，研究师幼互动及应答策略，就为提升教育质量找到了关键抓手，把整体的教育质量追求转化成每时每刻的过程性教育质量，把幼儿身心发展与教师专业发展有机联系在一起。研究影响学校（幼儿园）、教师、学生（幼儿）发展的关键问题，努力创造促进学生（幼儿）、教师发展的有利条件、多样方式和良好环境，这是北海幼儿园课题研究的一个核心思想和成功经验，是搞好校本（园本）科研的一个重要原则。

第三，坚持行动研究的基本范式。行动研究是校本（园本）科研的基本范式，主要以教师在教育教学实践中的直接参与为主，其自身也成为研究对象。教师在行动中研究，在研究中反思，在反思中获得专业发展。如在师幼互动过程中，教师适宜应答策略的产生，从观念到行为，要经历一系列过程，即关注幼儿的行为表现—分析幼儿的核心需求—判断情境的核心价值—选择适宜的应答策略。这个过程的前三个阶段是教师观念层面的，是隐性的，而行动研究就是要通过教师的亲身参与、体验，来解剖教师观念层面的蜕变，获取教师最真实的体验，进而带给教师专业上的启迪和行为上的改进。北海幼儿园的行动研究，不仅带动了一大批教师专业素养的提升，而且在幼儿园营造了“人人都是研究者”“处处有研究”的研究氛围。这样，校本（园本）科研就真正成了全员参与、融入实践的行动研究。校本（园本）科研具有行动研究的一般特点（实践性、形成性），但从组织机制看，它应该属于行动研究的高级形态。校本（园本）科研所强调的协同性、全员性，并不是行动研究的必然选项，而是校本（园本）科研超越于一般行动研究的优势。本课题的研究过程，不仅体现了实践性、形成性，而且具有协同性、全员性和教育性，它是体现着教育特性的行动研究的一个典型案例。

第四，精益求精的教育品质追求。校本（园本）科研能否成功，还和学校（幼儿园）文化息息相关。精益求精、不断超越的精神品格，是学校（幼儿园）内在的科研动力，是推动校本（园本）科研不断深化和持续发展的巨大能量。分析北海幼儿园的课题研究过程，我们发现，幼儿园精益求精的文化品格，是这个项目的真正源动力所在。北海幼儿园作为全国名园，师幼互动质量一直都很不错。可贵的是，北海幼儿园并没有满足现状，而是根据时代发展不断探索优化师幼互动的实践策略，提高教师适宜应答的能力和艺术。随着实践与研究的推进，北海幼儿园对师幼互动的认识越来越深刻，除了研究直接、面对面的师幼互动外，还研究以环境创设、材料投放为主的间接的师幼互动，研究思路不断拓展，成果不断深化。这种不断超越自我、不断探索前行的精神，很好地体现了幼儿园的使命感和时代担当。

科学、先进的办校（园）理念，为校本（园本）科研指明了努力的方向。北海幼儿园一直致力于研究幼儿主体性教育，倡导“实施主体性教育，人人在快乐发展中做最好的自己”。正是这种先进的价值追求，赋予了师幼互动课题以教育灵魂和思想高度。这也说明，校本（园本）科研不仅是求真的过程，而且是崇善的实践。求真与崇善的统一，是校本（园本）科研发挥教育作用的真正奥妙！

再次真诚祝贺本书的出版。祝愿北海幼儿园越办越好，为我国学前教育事业发展不断做出新的贡献！

王本陆

（北京师范大学课程与教学研究院院长，研究员，博士生导师）

2014 年 11 月

目　录

前言　关于师幼互动中的教师适宜应答策略的研究历程 ……………… 001

第一章　概述 ………………………………………………………………… 007

第一节　师幼互动中的教师适宜应答策略的研究意义　009

一、理论意义　009

二、实践意义　010

第二节　师幼互动中的教师适宜应答策略的相关概念　010

一、关于师幼互动的概念　010

二、关于师幼互动中的教师应答的概念　012

三、关于师幼互动中的教师应答策略的概念　013

第二章　师幼互动中的教师适宜应答策略分析 …………………………… 015

第一节　师幼互动中的教师应答策略的适宜性判断　017

一、师幼互动中的教师应答策略适宜性的判断原则　017

二、师幼互动中的教师应答策略适宜性的判断标准　017

第二节　师幼互动中的教师适宜应答的程序性策略　019

一、关注幼儿的行为表现　019

二、分析幼儿的核心需求　021

三、判断情境的核心价值　023

四、选择适宜的应答策略　025

第三节　师幼互动不同情境中的教师适宜应答策略分析　026
一、幼儿发起的师幼互动情境价值分析和教师适宜应答策略　026
二、教师发起的师幼互动情境价值分析和教师适宜应答策略　029
第四节　师幼互动中的教师适宜应答策略的新探索　032
一、师幼互动指导思想的新发展　033
二、区域活动中幼儿与环境和材料的互动　034
三、区域活动中教师与幼儿的间接互动　035
第五节　师幼互动中的教师适宜应答策略的新实践　041

第三章　改善师幼互动中的教师应答观念和行为的方法 ………………… 073
第一节　情境研讨式园本教研　075
一、情境研讨式园本教研概述　075
二、情境研讨式园本教研活动案例　083
第二节　教育叙事研究　114
一、教育叙事研究概述　114
二、教育叙事研究活动案例　115

第四章　师幼互动中的教师适宜应答策略实践案例 ……………………… 145
第一节　观察幼儿的行为——从幼儿与环境的互动了解幼儿的活动意图　147
一、概述　147
二、活动案例　150
第二节　倾听幼儿的心声——从分析幼儿行为了解教师的价值判断　178
一、概述　178
二、活动案例　181

第三节 发现幼儿的需求——从师幼互动情境价值判断了解教师的应答策略 211

一、概述 211

二、活动案例 214

第五章 师幼互动中的教师适宜应答策略研究对教师观念和行为的影响 …… 243

参考文献 …… 286

前　言

关于师幼互动中的教师适宜应答策略的研究历程

随着学前教育对人一生发展的作用越来越被社会关注和重视，提高幼儿园教育质量作为极其重要的工作目标，成为我园上下一心共同努力的方向。其中，师幼互动作为影响幼儿园教育质量的关键因素，成为我园近十年来持续研究的重点。与此同时，随着主体性教育思想在我园的播种、生根、发芽和茁壮成长，我们也希望通过对师幼互动中的教师适宜应答策略的研究，促进教师对尊重幼儿、发展幼儿的主体性思想有更深层次的理解和认识，并能更好地体现在教育行为上，促进每名幼儿的健康、快乐、自主、富有个性的发展，更将提高教育质量、办好人民满意的幼儿园落在实处。

研究背景：主体性教育思想在我园引发的教育改革

一、主体性教育思想在教学领域引发的变革

“九五”时期，我园参加了由北京师范大学冯晓霞教授主持的北京市重点课题“幼儿主体性发展与教育”的研究。由此，我园走上了具有划时代意义的教育改革之路，为后来丰富和完善以主体性理念为核心的办园思想，奠定了扎实的理论和实践基础。

“幼儿主体性发展与教育”的课题研究，对我们的教育观念和教育行为是一次巨大的冲击。我们开始关注主体性的发展对于个人和社会发展的意义，认真思考尊重幼儿深层次的内涵。我们意识到，尊重幼儿独立个体的特性，发展幼儿的主体性，就必须发展其独立性、自主性和创造性，这既是为了实现每名幼儿的长期、可持续发展，同时也是为了培养未来社会需要的合格人才。基于这样的认识，在专家团队的带领下，“四个主人”即“让幼儿成为游戏的主人、生活的主人、环境的主人和学习的主人”成为那一时期我们不断研究和实践的核心任务。“一切为了孩子”的办园宗旨也因此被赋予了时代内涵，被解读为“倾心于孩子的今天，着眼于孩子的明天”，一直沿用至今。

二、主体性教育思想在教育管理领域引发的变革

伴随着对幼儿主体性的深入研究，我们发现教师主体性的水平直接影响幼儿主体性的发展。发展幼儿的主体性，就必须发展教师的主体性。为此，我们在管理上进行大胆改革，探索发展教师主体性的策略，逐步形成了“让教师快乐地工作，让幼儿快乐地发展”的管理理念、“实施主体性教育，人人在快乐发展中做最好的自己”的办园特色以及“幸福 6+1”的发展模式（做称职的教师、称职的女儿、称职的妻子、称职的母亲、称职的公民以及称职的自己，实现幸福人生），支持并促进教师主体性不断得到发展，为更好地促进幼儿主体性的发展创造了条件。

从“九五”至“十五”，我园在探索如何促进幼儿主体性发展上，更多的是借助课程领域的实践研究来实现的。这其中包括选择课程内容、进行课程设计和组织课程实施方面的研究，也包括提高教师设计、组织实施课程的专业能力等方面的研究。进入“十一五”后，随着我们对主体性教育思想内涵的领会逐渐深刻、幼儿给予我们在自主发展方面的更多触动，我们开始将关注点转移到课程之外，这其中就包括社会交往方面的因素，如师幼互动的质量。

研究历程：聚焦师幼互动，深化教育改革

师幼互动不仅是教师专业素质的重要能力之一，更对人的主体性发展有着至关重要的作用。师幼互动作为影响教育质量的关键因素，不仅直接体现教师的教育观、儿童观，更是通过师幼互动中的教师适宜应答策略，引领教师更深层次地将主体性教育思想落实在一日生活的各环节，这是对幼儿主体性的全面提升，也是深化教育改革在实践中的具体体现。因此，在发展幼儿主体性、促进幼儿自主发展的道路上，我们必须高度关注师幼互动以及教师应答的质量。为此，我们将研究关注点放在师幼互动中的教师适宜应答策略上。

对师幼互动中的教师适宜应答策略的研究，我们经历了两个阶段。第一阶段研究的是狭义概念的师幼互动，即在师幼之间面对面、直接发生的互动

中的教师应答策略。第二阶段是为了促进幼儿主动学习、为幼儿创设更广阔的自主发展空间，我们开始研究广泛意义上的师幼互动，即除了师幼之间发生的面对面、直接发生的互动中的应答策略，还包括非面对面、间接发生的互动中的应答策略。

第一阶段：研究直接发生、面对面的师幼互动中的教师适宜应答策略

在这一阶段，我们把师幼互动界定为师幼之间面对面发生的、言语或非言语的交往活动，即直接发生的师幼互动。对教师应答也界定为以言语或非言语的方式实施的直接对幼儿的回应。

研究直接发生的、面对面的师幼互动应答，是基于当时在主体性教育思想之下，教师已经越来越重视幼儿在学习和发展中的主体地位，观念上从关注教逐渐向关注学转变，但在具体的教育行为和教育策略上还很匮乏。尤其是面对幼儿，教师的应答比较浅显、单一。以表扬为例。在未开展研究之前，教师的应答往往就是“你真棒”“你真聪明”，这样的应答缺乏明确的指向性，缺少对幼儿发展有价值的支持，师幼互动往往到此为止，不能很好地支持幼儿实现富有个性的自主发展。

历经三年研究，在主体性教育思想的引领下，我们在师幼互动中的教师适宜应答策略研究方面取得了一些进展，总结出师幼互动中的教师适宜应答策略为“关注幼儿的表现、分析幼儿的核心需求、判断情境的核心价值、选择适宜的应答策略”这些程序性策略。这些策略对教师教育实际工作的支持作用很明显，尤其是把关注幼儿视为有效师幼互动的起点，这是深入转变教师的教育观，引导教师从关注教到关注学的关键点。教师只有心中真正想着幼儿，才能把视角真正转向幼儿，放下自己事先预定的教育目标和选择好的教育内容，站在幼儿的立场思考教育的出发点。同样以表扬为例。研究后，教师在与幼儿互动时，首先要基于对幼儿细致的观察，表扬的语言要言之有物，如“你真棒，今天比昨天坚持的时间更长了”或“你真了不起，能动脑筋解决问题了”。这样，幼儿就会明白自己究竟什么地方棒、怎么就聪明了，在以后会更乐于坚持做事、动脑筋解决问题。

第二阶段：研究直接或间接发生、面对面或非面对面发生的师幼互动中

的教师适宜应答策略

在研究面对面的师幼互动中的教师适宜应答策略的过程中，我们发现，很多时候师幼之间没有进行直接的互动，而是间接互动，即幼儿与教师的互动是幼儿通过与材料、环境的互动实现的。这种师幼互动发生的前提是，教师事先对幼儿兴趣、需要、经验、水平有充分了解，并把具有发展性的目标物化到材料和环境中。这样，幼儿在与环境和材料互动时，教师就可以通过观察了解幼儿的发展情况，并给予适时、适当的支持，和幼儿一起调整材料和环境，从而更好地促进幼儿的自主发展。非面对面的师幼互动对互动质量提出了更高的要求，也是对教师应答能力的更高挑战。

“十二五”以来，对师幼互动中的教师适宜应答策略的研究也进入了新阶段。我们选取区域活动作为研究背景，主要基于三方面的考虑。一是在区域活动中，幼儿自主空间最大。二是在区域活动中，幼儿更多地是通过与环境和材料的互动来实现发展。三是无论环境还是材料，都是经过教师精心分析、创设或利用多种方式提供的，同样能反映出教师的教育观、儿童观。因此，我们主要从环境创设、材料提供以及教师指导三个维度，进一步研究师幼互动中的教师适宜应答策略。

同时，为了支持教师进一步转变教育观念，我们在实践和研究的基础上，提出了“三级目标”的思想，引导教师把教育的落脚点放在促进幼儿长远发展上。在“三级目标”的引领下，教师一方面在师幼互动的过程中，更加关注师幼互动对幼儿的长远影响，而不仅仅关注一次师幼互动的结果，同时将师幼互动放在更大的背景下去思考；另一方面在环境的创设和材料的提供上，更加着眼于让幼儿做环境的主人，着眼于幼儿的个性化发展和长远发展的需求。

对师幼互动中的教师适宜应答策略的研究，使我们在一定程度上实现了教育质量的飞跃，也使我们更加深刻地认识到教育的使命和教师的职责，深刻反思并转变自身的观念和行为，努力实现让每名幼儿快乐、自主、富有个性的发展。

为了使每名幼儿都拥有幸福的未来、为了未来社会拥有更多的合格建设者，我们愿意继续走在研究的路上。

第一章

概　述

师幼互动存在于幼儿园一日生活中的各个环节。师幼互动的质量直接影响着幼儿园的教育质量，反映教师的专业素质，也影响幼儿的发展。《幼儿园教育指导纲要（试行）》（以下简称《纲要》）中指出，“教师要以关怀、接纳、尊重的态度与幼儿交往，耐心倾听，努力理解幼儿的想法与感受，支持、鼓励幼儿大胆探索与表达”，“关注并敏感地察觉幼儿在活动中的反应”，“及时调整活动计划或教育行为，使之适合于幼儿的学习”。

教师要努力营造和谐、宽松、快乐的氛围和师幼关系，这对幼儿的认知、社会性人格发展和心理健康具有十分重要的影响。因此，我们首先要进一步明确师幼互动的重要意义，进一步解读师幼互动的内涵，进而促进幼儿快乐、自主且富有个性的发展。

第一节 师幼互动中的教师适宜应答策略的研究意义

师幼互动贯穿于幼儿一日生活的各个环节，是幼儿园各项教育目标得以实现的重要保证，是促进幼儿全面发展的关键性因素，也是教师内在的教育观念、教育能力，外显的教育手段、教育行为相结合的表现（卢乐珍，2001）。随着幼儿教育实践和研究的深入，我们逐渐发现师幼互动的质量已成为影响和决定幼儿园过程性教育质量的核心因素，教师的师幼互动观念和行为也制约着教师专业素质的提升。

《纲要》指出，教师要“关注并敏感地察觉幼儿在活动中的反应”，“及时调整活动计划或教育行为，使之适合于幼儿的学习”。因此，教师应该及时以适当的方式应答幼儿，形成合作探究式的师幼互动。那么，究竟什么样的应答是适宜的，如何提高教师适宜应答的能力呢？通过前期对我园教师应答现状的调查与分析，我们发现教师对师幼互动中的教师适宜应答有一定认识，但如何将观念转换为实际行为，切实提高教师的应答水平却是有待解决的问题。

在国家和社会高度重视学前教育事业发展的今天，关注教育质量，关注园所的长远、可持续发展也成为事业发展的关键。因此，我们锁定影响教育质量的重要因素之一——师幼互动质量，探讨如何提升教师在师幼互动中的应答策略，具有十分重要的目的和意义。

一、理论意义

完善师幼互动的理论研究。随着社会的发展和教育改革的深化，全面实施素质教育、提高教育质量必然要回归到对教育过程中教师行为的关注上。20 世纪 90 年代以来，学前教育领域有关如何实现有效的师幼互动成为师幼互动研究关注的核心内容和趋势。本研究基于实践应用的层面，立足于在日常教育实践中帮助教师实现高质量的师幼互动，改善师幼互动中的教师应答观念和行为，这必将有效地将师幼互动的理论研究引向纵深。

二、实践意义

贯彻落实《纲要》对教师提出的专业素质要求。《纲要》告诉我们，教师应敏感察觉、分析幼儿需要、表现，及时以适当方式给予应答。这对师幼互动以及与此相应的教师专业素质提出了新的挑战。研究师幼互动中的教师应答策略，可以直接改善教师的教育行为，为教师在师幼互动中实施高质量的应答提供可操作策略，推动教师的专业成长和幼儿发展，促进《纲要》理念在教育实践中的落实。

提升师幼互动质量，促进教育质量的质的飞跃。师幼互动质量是影响和决定幼儿园过程性教育质量的核心因素。如前所述，我园教师对师幼互动中的教师应答的认识以及实际的应答行为均存在不合理、不科学的现象，影响甚至阻碍了教育质量的提升。解决师幼互动中的教师应答问题、改善教师观念、提高教师的应答能力，对于提升师幼互动质量，促进教育质量的提升具有重要意义。

第二节 师幼互动中的教师适宜应答策略的相关概念

师幼互动是幼儿园师幼间发生的一切交互影响和作用（刘晶波，2003；叶子、庞丽娟，2001）。作为幼儿园人际互动的核心内容，师幼互动贯穿于幼儿一日生活的各个环节。师幼互动中的教师应答行为作为教师与幼儿互动的主要行为，也是师幼交际的一大特色。师幼互动中的教师应答质量直接影响和决定着幼儿园师幼互动的质量。

一、关于师幼互动的概念

国内外学者关于师幼互动的研究纷繁复杂，视角各异。关于师幼互动的理论研究为我们提供了基本的理论支持和导向。下面结合我们的实践研究，对相关概念进行简述。

（一）以往研究

以往研究者对师幼互动的概念界定，大致可以从教育交际论和相互作用论的角度来理解。

1. 教育交际论

教育交际论将教育看作是有特定交际目的、交际情境、交际主体、交际内容的特殊交际过程。从这个角度来讲，交际是教师和幼儿互动的重要方面。师幼互动的过程即是师幼之间以语言为主要媒介的交际过程。代表观点有以下几种。

柳卫东、左瑞勇（2004）：师幼互动是指在幼儿园一日生活各环节中教师与幼儿之间以师幼接触为基础的双向人际交流。

余珍有（2004）：在幼儿园里，教师和幼儿的互动，构成了幼儿通过参与教育活动过程获得经验和发展能力的环境。可以说，幼儿园教育的全部意义包含在师幼互动关系之中。师幼互动既包括通过环境进行的间接互动（如教师和幼儿之间通过教室空间大小、墙饰布置、材料摆放等物质环境进行的互动，通过彼此之间情绪情感态度和行为方式等心理环境进行的互动），也包括通过语言媒介（包括言语和非言语）进行的直接语言互动，即交际。语言交际是师幼之间直接互动的主要表现形式。

2. 相互作用论

从相互作用论的角度看，师幼互动即是教师和幼儿的相互作用。代表观点有以下几种。

王莉玲（1994）：师幼互动是师幼双方运用语言、符号、姿态、表情等沟通方式，彼此影响、改变的过程。师幼互动的主要方式为言语和非言语。

哈依霞（2000）：幼儿园师幼互动的本质即在师幼之间发生的一切交互作用和影响。

叶子、庞丽娟（2001）：互动有广义和狭义之分。广义的互动是指一切物质存在物的相互作用与影响。我们通常所说的互动是相对狭义的互动，指在一定社会背景与具体情境下，人与人之间发生的各种形式、各种性质、各种程度的相互作用和影响。师幼互动是指在师幼之间发生的各种形式、性质和各种程度的相互作用和影响。

刘晶波（2003）：广义的师幼互动是托幼机构教育与6岁前幼儿的师幼互动，狭义的师幼互动专指幼儿园里的师幼互动。

（二）本研究对概念的界定

借鉴以往研究，我们认为，师幼互动是在幼儿园一日生活各个环节中教师和幼儿以师幼接触为基础的双向人际交流。从本质上来讲，师幼互动是一个包括发生在多场景中的具有多种形式、多种内容的互动体系。无论以什么样的视角来解析师幼互动，师幼互动在幼儿认知发展、道德品质和心理健康等方面都具有重要的意义和作用。

我们对于师幼互动内涵的理解经历了两个阶段。在前期研究中，我们认为师幼互动就是在各种具体的教育情境中教师和幼儿以言语和非言语的形式发生的面对面的交往，不包括教师借助物质材料、环境等与幼儿进行的间接互动。它有以下突出特征：（1）人际性。建立在师幼直接接触基础上的双向人际交流行为，体现为发起和反馈的关系。（2）情境性。发生在一定情境下的行为事件。（3）交互性。体现为师幼互动双方的交互和双向影响，双方都是师幼互动的主体。（4）教育性。发生于幼儿一日生活的各环节，对师幼互动的双方都具有教育价值。

随着研究的深入，我们认为，师幼互动应该从更广义的角度去理解。师幼之间除了直接、面对面的互动，还应包含以环境和材料为媒介的间接互动，即幼儿通过与支持性的环境的互动以及操作物化教育目标的材料与教师发生的间接的、非面对面的互动。这主要包含以下两层含义：一方面，幼儿借助由教师或教师与幼儿共同精心策划和准备的环境和材料，实现与教师的间接互动；另一方面，教师通过观察幼儿与环境和材料的互动，了解幼儿的兴趣、需求，了解环境和材料的适宜性并采取相应的教育策略，实现与幼儿的间接互动。

二、关于师幼互动中的教师应答的概念

（一）以往研究

在已有研究中，有关教师应答的专门研究并不多。关于师幼互动中教师

应答的界定主要是在教育交际学范畴下的界定。比较典型的是余珍有（2004）提出的界定：

教师的交际行为主要包括教师诱导、教师反应和教师应答三种行为。教师诱导行为是教师发起师幼交际的开始，是教师的一种主要交际行为，主要表现为提出问题、提出要求、讲授和情感诱发等几种类型。教师反应行为是教师对幼儿诱导、应答行为的一种程序性的回应行为，既可以是一种客观判断，也可以是一种价值判断，是师幼交际中的重要组成部分，也是教育交际的一大特色。教师应答行为是对幼儿要求或提问的一种回应或回答，有积极应答和消极应答之分。

上述研究从教育交际论的角度看待教师应答，把师幼互动中的教师应答行为作为教师交际行为中的一部分，这为本研究中教师应答概念的界定提供了一定的视角。

（二）本研究对概念的界定

本研究在借鉴余珍有研究的基础上，结合研究实际，将应答放在师幼互动的大背景中，对师幼互动中的教师应答做出如下界定：在具体的师幼互动情境中，教师基于幼儿言行表现所做出的回应和反应行为，包括在幼儿发起的师幼互动行为中，教师对幼儿发起的交际行为的回应；在教师发起的师幼互动行为中，教师对幼儿言行表现做出的反应。这种反应有可能是一种客观判断，即反馈，也有可能是一种价值判断，即评价。

三、关于师幼互动中的教师应答策略的概念

基于上述分析，我们提出如下概念。

师幼互动中的教师应答策略：指在具体的师幼互动情境中，支持教师实现应答行为的程序、方法等。教师应答策略的运用最终体现在外显的应答行为上，教师的应答行为是教师运用应答策略的外在反应和表现。

第二章

师幼互动中的教师适宜应答策略分析

在师幼互动中，教师与幼儿是互动的主体。为进一步促进幼儿的自主发展，教师要抓住师幼互动的契机，分析幼儿行为背后的核心需求，判断情境的核心价值，给予幼儿适宜的应答。

我们要加强对师幼互动中的教师应答策略适宜性的判断，明确如何通过“过程”和“场域”的视角，从师幼互动动态过程的角度进行判断，明确教师应答的原则。我们还要不断挖掘师幼互动中的教师适宜应答的程序性策略，关注师幼互动中幼儿的言行表现，并在关注幼儿言行表现的基础上对幼儿行为表现背后的原因和核心需求做出判断，对师幼互动情境的核心价值做出判断，最后选择具体适宜的策略应答幼儿。这些程序性策略在不同的情境中有着具体表现，教师要根据具体情境做具体分析。

在幼儿园主体性教育理念的引领下，我们在实践研究中不断思考与探索，将直接、显性的师幼互动拓展为间接、隐性的师幼互动，实现幼儿的主动学习与自主发展。

第一节　师幼互动中的教师应答策略的适宜性判断

对于师幼互动中的教师应答策略适宜性的判断和分析，直接关系到教师如何改善自身的应答行为，关系到高质量师幼互动的实现。通过研究和实践，我们总结出判断师幼互动中的教师应答策略适宜性的基本原则和标准。

一、师幼互动中的教师应答策略适宜性的判断原则

我们认为，并不存在判断师幼互动中的教师应答策略适宜性的唯一、普适标准。教师应答行为作为师幼互动中主要的人际互动行为，具有情境性等特点。对于教师应答策略适宜性的判断和分析更适合通过“过程”和“场域”的视角来进行。从师幼互动动态过程的角度来判断教师的应答是否适宜，主要考虑以下原则。

关注幼儿。应答中，教师关注到幼儿的需求和情感体验，幼儿作为师幼互动的主体受到承认和尊重。“以幼儿为本”是教师适宜应答的基础。

关注发展。应答中，教师关注的是幼儿获得实质性的发展或有利于幼儿长远发展的体验。

关注差异。应答中，教师关注到幼儿的个性特征、已有经验、学习风格、家庭文化背景等因素，并在应答中促进幼儿个性化的发展。

关注过程。应答中，教师注重和幼儿展开持续、有意义的对话，而不只是单纯追求结果。

二、师幼互动中的教师应答策略适宜性的判断标准

结合以上基本原则，通过不断的研究和调整，我们从教师和幼儿外显的态度和行为表现入手，得出判断教师应答适宜性的三个维度，即应答态度、应答言语与行为、应答效果。同时，我们设计了“师幼互动中的教师适宜应答策略判断项目表”（见表 2-1），该表在很大程度上成为激励教师改善自身

应答行为的目标指向。

表 2–1　师幼互动中的教师适宜应答策略判断项目表

判断项目	具体内容	判断等级			备注
		一般（1—3 分）	较好（3—4 分）	好（4—5 分）	
应答态度	能积极回应幼儿发起的师幼互动。				
	以真诚、宽松的心态对待提问、告状等幼儿发起的行为。				
	对幼儿的想法和行为表现出接纳和赏识。				
	师幼互动过程中允许幼儿有自己的想法。				
应答言语与行为	能激发幼儿参与师幼互动的自主性。				
	能保护幼儿的师幼互动情感，使幼儿在积极的情绪状态中与教师互动。				
	言语具有开放性，能使幼儿表达更丰富的想法，留给幼儿较多的思考空间。				
	言语具有挑战性，能引发幼儿的深层次思考，启迪幼儿的思维。				
	能引发教师和幼儿之间持续、深入的对话。				
	能有意识地针对不同幼儿的个体差异，给予个性化的应答。				
	行为目的性强，能时刻围绕目标的实现与幼儿互动。				
	行为具有针对性，连续性强，能围绕问题的解决与幼儿持续互动。				
	能倾听幼儿的想法，理解幼儿，给幼儿充分表达的机会和空间。				
	行为较少指向整顿纪律，维持秩序。				

续表

判断项目	具体内容	判断等级			备注
		一般（1—3 分）	较好（3—4 分）	好（4—5 分）	
应答效果	幼儿受到尊重、接纳、理解，师幼关系平等、融洽。				
	幼儿已有经验得到激发和拓展，在原有程度上有所提高和发展。				
	教育目标或幼儿发展目标层层深入落实下去，师幼互动中的问题得到解决。				
	教师应答使幼儿体会到成功和自信，幼儿心理需要得到满足。				
	幼儿的个体差异（个性、已有经验、学习风格等）受到关注，教师应答一定程度上使幼儿获得了个性化的发展。				

第二节　师幼互动中的教师适宜应答的程序性策略

所谓程序性策略，是指教师要做到适宜应答所应该遵循的思路和过程。通过研究和实践，我们认为，在具体的师幼互动情境中，教师要做到适宜应答，应当遵循如下程序性策略：

关注幼儿的行为表现——分析幼儿的核心需求——判断情境的核心价值——选择适宜的应答策略

具体来说，就是教师在应答中首先要关注到师幼互动中幼儿的行为表现，在关注幼儿行为表现的基础上对幼儿行为表现背后的原因和核心需求做出判断，对师幼互动情境的核心价值做出判断，最后选择具体的策略应答幼儿。

一、关注幼儿的行为表现

关注幼儿的行为表现是师幼互动中教师应答的起点，也是我们研究的起点。在实践观摩与研讨中，我们发现，在师幼互动过程中，教师想的往往是“能教给幼儿什么”和“能让幼儿学到什么”。而事实上，这些想法、做法都是教师本位思想的体现，反映出教师教的意识和能力比较强，关注幼儿心理需要和发展需要的意识和能力比较弱。为此，我们从转变教师思考问题的角度开始，引导教师由教师本位向幼儿本位转变。为此我们选取典型的师幼互动情境展开案例研讨，引导教师明晰自己行为背后的想法和观念。

典型师幼互动情境

小兔和大象

年 龄 班： 小班

发生背景：

在音乐活动“小兔和大象”中，幼儿扮演的小兔在感受完“兔跳”的欢快音乐后，教师利用“电话铃响，有客人要来”的游戏情境，引导幼儿欣赏下一段音乐《大象》，希望通过提问使幼儿建立音乐和音乐形象之间的联系。

互动过程：

师：这个客人走路的声音是什么样的？

幼：大灰狼。

师：你觉得是大灰狼？它走路的声音是什么样的？

幼：是慢的、重的。

师：这个走路又重又慢的客人是谁？

幼：大灰狼。

师：狼走路又重又慢，可大灰狼是咱们的朋友吗？谁走路又重又慢，是咱们的朋友？

幼：大灰狼。

师：你觉得是谁？

幼：大老虎。

师：大灰狼、大老虎是咱们的朋友吗？那我们来看看这个客人到底是谁？

（另一位教师扮演大象，随音乐出场。教师告诉幼儿，原来这个走路又重又慢的客人是大象。）

在上述典型师幼互动情境中，教师应答的关注点在教师自己的答案——“走路又重又慢的客人是大象”，没有关注、甚至忽略幼儿关于大灰狼的猜测。教师教的意识很强，具有明显的教师本位倾向。

借助这样的典型师幼互动情境，在研讨中，我们引导教师思考“幼儿的表现说明了什么？你认为教师在应答时应该考虑的是什么？”。通过这样的反思性研讨，教师逐渐意识到自身在应答中教师本位和教本位的倾向，开始关注和解读幼儿言行背后的原因和幼儿的核心需求。

二、分析幼儿的核心需求

对师幼互动过程中幼儿行为表现的关注和解读，是教师适宜应答的基础。关注幼儿的行为表现并进行解读，就要以幼儿的视角去分析和理解幼儿行为表现背后的原因以及幼儿的核心需求，做到“以幼儿为本”。教师具体要做到：以幼儿的视角和思维，解读行为背后的真实意图；以倾听的态度和行为，关注行为背后的心理和情感需求；以专业的眼光和视角，解读行为背后的发展需求；以敏锐的直觉和判断，关注行为背后的个性化需求。

经过前期研究，教师初步树立了师幼互动中关注幼儿的意识，有了一定的判断和分析师幼互动中幼儿表现的能力。然而，随之而来的困惑是“针对幼儿的言行表现，在具体的师幼互动情境中，我们最应该做的是什么？该师幼互动情境到底可以发展幼儿什么？”，这样的困惑将研究推向深入。我们意识到，在研究师幼互动情境中幼儿核心需求的基础上，对师幼互动情境的核心价值做出合理的判断是教师适宜应答的关键。为此，我们继续利用典型师幼互动情境展开案例分析与研讨，研究重点放在分析幼儿的核心需求、对师幼互动情境核心价值做出判断上。

典型师幼互动情境

到表演区一定要表演

年 龄 班： 大班

发生背景：

益智区棋类活动的棋盘是幼儿和教师一起根据班级环境设计的，大家将班里的各个活动区都设计在棋盘上，棋子是幼儿自己制作的小人偶。棋子落在某个活动区，就表示这名幼儿要模仿或者表演活动区里的相应活动。幼儿很喜欢自己设计的棋盘，有人下棋时常常会引来围观。今天区域游戏活动时间，迪迪、仔仔，还有亮亮都来参加棋类活动。丁老师应迪迪之邀，也来参加。

互动过程：

当棋子走到表演区的时候，按照规则，分在一起的三个人都要讲个故事。迪迪和仔仔都说不会，不想表演。旁观的亮亮则不紧不慢地说："我会。"丁老师说："那好，你替我们表演吧，但你只能替一个人。"三个人用猜拳的办法，迪迪得到了这个帮助，亮亮替迪迪说了一个"脑筋急转弯"。于是，丁老师对仔仔说："迪迪已经由亮亮替他讲了，就剩下咱俩了。仔仔，你准备讲什么？"仔仔挠挠头，不好意思地说："我不会。"这时，亮亮又不紧不慢地表示可以再替仔仔讲个笑话。笑话讲完了，一阵笑声过后，游戏继续往下进行。而亮亮在一旁却嘀咕了一句："丁老师还没表演呢！"丁老师没有回答亮亮，继续开始下棋。

第二轮棋下完之后，幼儿的兴致依然很浓，于是大家又开始了新一轮的游戏。亮亮由原来端坐在椅子上旁观，变成了上半个身子趴在桌子上看棋。

当棋子落到表演区的时候，大家似乎都忘了表演区的要求，若无其事地继续玩，这时亮亮提出："为什么不表演呢?"没人回应他，大家继续玩。当棋子第二次落在表演区时，依然没有人提表演的事，还是继续玩，亮亮再次提出："为什么不表演呢?"这回，教师说话了，但手里的动作没有停："他们说了，不用表演了。"亮亮似乎有些着急。当棋子第三次落在表演区时，他语气坚定地说："在表演区一定要表演!"包括教师在内的三个人都没说什么……

在对上述案例进行情境研讨的过程中，大家首先了解和倾听了案例当事人在应答时的想法，即为什么没有应答亮亮或者用"他们说了，不用表演了"来应答？在此基础上，教师深入分析"亮亮为什么坚持'在表演区一定要表演'？亮亮的核心需求是什么？这一情境对幼儿发展的核心价值是什么?"。通过讨论，大家认为，教师在活动中应该通过幼儿的表达关注到其背后真正的心理需求，借助师幼互动满足幼儿的心理需求，同时为幼儿的自主表现和表达提供平台，支持幼儿的发展。通过对上述问题的分析和研讨，教师逐渐学会如何在具体的师幼互动情境中判断和分析幼儿的表现，如何针对幼儿的核心需求判断师幼互动情境的核心价值，这在一定程度上也发散了教师应答的思维模式，为选择适宜的应答策略奠定了基础。

三、判断情境的核心价值

研究发现，教师对师幼互动情境的价值判断能力是影响教师能否在师幼互动中选择适宜的应答策略、进行适宜应答的关键。我们认为，对师幼互动情境核心价值的判断主要从以下三个方面考虑：师幼互动情境中幼儿行为的直接需求；师幼互动情境中幼儿当前表现和惯常表现的一致性；师幼互动情境涉及的对幼儿发展的核心要求。

典型师幼互动情境

我喜欢后妈

年 龄 班： 中班

发生背景：

组织幼儿开展语言活动时，教师和幼儿一起听《灰姑娘》的故事。幼儿已经听过这个故事，于是今天一起进行故事分析，加深对故事的理解。听故事之前，教师请幼儿仔细听并提出了问题……

互动过程：

师：这个故事里一共有几个人？你最喜欢谁？

子骥：我喜欢灰姑娘，因为她美丽！

莹莹：我喜欢那几个小动物……

至芃：我喜欢后妈，因为她笨。（其他幼儿起哄，有的吃惊，有的质问，还有的气愤。）

师：（心里很兴奋）你为什么喜欢笨的后妈呢？

至芃：我觉得她特别逗。故事里有了她，这个故事我更喜欢听了。

师：原来是这样啊，可是这个后妈很坏，总欺负灰姑娘啊？

至芃：（有些着急）我喜欢后妈，只是觉得她很笨，很好玩儿，故事更有意思，我不喜欢她的坏。

其他幼儿：那你也不对，就是不能喜欢她！

师：我赞同至芃的发言，因为她敢于大胆表达自己的想法，而且说得非常有道理。你们想想，如果故事里没有后妈这个人，你们还会喜欢听这个故事吗？

（幼儿恍然大悟，表示赞同。）

互动结果：

至芃由伤心转为高兴。

至芃的回答与其他幼儿发生争议，原因是教师提问“大家喜欢故事中哪个角色”时，她选择了后妈这个反面角色，而不是与大多数幼儿一样喜欢故事里面的正面角色。这样的答案引出了幼儿的争议，也引发了教师更深入的思考。

至芃是名个性很强的幼儿，凡是自己认定的就不会轻易改变，经常不被同龄幼儿理解和接受。根据至芃的性格分析，教师认为她的背后一定有自己看问题的独特观点和想法，只是所站的角度与大多数幼儿不一样，所以才引发了争议。此时，教师必须巧妙地为幼儿搭建一个桥梁，间接地帮助她建立在同伴中的自信，得到同伴的接纳。所以，在她回答完问题后，教师肯定了她的答案。而此时，教师判断至芃需要帮助与信任。

在上述师幼互动案例中，面对教师的发问，至芃的回答与其他幼儿迥然不同，她选择了后妈这个反面人物作为的喜爱对象。教师如何协调幼儿间的这种关系呢？面对至芃的观点，教师在应答时分别采取了倾听、质疑、引导等策略，给幼儿陈述和解释自己观点的机会，并且从其他幼儿的角度出发，巧妙利用质疑策略，这有利于至芃的观点被同伴接纳，也是本案例中的一大亮点。

支持幼儿的个性化回答，让幼儿增强自信和让大多数幼儿接纳和理解个性化回答，是本师幼互动情境很难割舍的价值，也是幼儿个体需求和群体需求产生冲突的体现。这时，巧妙适宜的教师应答策略是平衡二者的关键。在本案例中，教师实际上是以支持幼儿的个性化回答为价值取向，应答策略的选取不是靠教师的话语权威来实现的。教师在应答过程中，应考虑到每一名幼儿的需求，既不能忽视个体，也不能忽视整体。但是，本案例中教师的引导语过于绝对，指向性强，有权威倾向。如果教师能引导其他幼儿主动说出接纳性的观点，那么师幼互动的效果会更好。

四、选择适宜的应答策略

师幼互动中教师采取什么样的应答策略与幼儿展开互动，这是支持教师将适宜的观念落实到具体行为层面的保障。我们认为，在具体的师幼互动情境中，教师适宜应答策略的选择要遵循“关注幼儿—适宜判断—具体策略选择”的基本思路和过程，这样才能保证教师在应答中关注幼儿，以幼儿为本，确保教师具体策略选择的适宜性。

通过研究，我们认为，并不存在判断教师应答策略适宜性的唯一、普适的标准。幼儿的个性和师幼互动情境的复杂性决定了师幼互动情境中教师应答行为和策略的复杂性。教师应答策略的选择在考虑情境中幼儿核心需求和情境核心价值的基础上，还要根据幼儿、情境、时间不同而定，只有真正基于每名幼儿发展需求的个性化的应答策略才是适宜的。

经过一段时间的研究，我们对教师在具体的师幼互动情境中如何实现适宜应答的程序性策略有了较深刻的认识，即只有在关注幼儿、适宜判断的基础上选择适宜的策略才能实现高质量的师幼互动。

第三节　师幼互动不同情境中的教师适宜应答策略分析

无论是教师发起还是幼儿发起的师幼互动，教师都要做到适宜应答，都要遵循上述程序性策略。在上述思路的引导下，我们对师幼互动不同情境中的教师适宜应答策略进行了深入探索。

一、幼儿发起的师幼互动情境价值分析和教师适宜应答策略

在实践研究中，我们发现，一般由幼儿发起的师幼互动情境主要包括以下几种类型：以展示为主题的师幼互动、以求助为主题的师幼互动、以告状为主题的师幼互动、以表达愿望为主题的师幼互动、以提问为主题的师幼互动。在这些师幼互动情境中，教师要观察幼儿的行为表现，分析幼儿行为表现背后的核心需求，判断情境的核心教育价值，进而给予适宜的应答策略（见表 2-2）。

表 2-2　幼儿发起的师幼互动情境价值分析和教师适宜应答策略

<table>
<tr><th>互动主题</th><th colspan="2">幼儿的行为表现</th><th>幼儿行为表现背后的核心需求</th><th>情境的核心教育价值</th><th>教师适宜应答策略</th></tr>
<tr><td rowspan="2">展示</td><td>言语</td><td>•“老师，你看。”
•直接展示给教师，如：“老师，我画得漂亮不漂亮?”</td><td rowspan="2">•寻求认可、获得表扬。
•与同伴分享成果。
•分享成功的快乐。
•证明自己比同伴更优秀。</td><td rowspan="2">•良好情绪的养成。
•大胆、自信等社会性能力的培养。
•主动与人交往能力的培养。
•自我评价能力的培养。
•表达能力的培养。</td><td rowspan="2">•倾听。
•询问。
•接纳：言语和非言语的肯定。
•激励。
•建议：引导幼儿自我评价等。</td></tr>
<tr><td>非言语</td><td>•用眼神示意。
•用手拽教师。
•把自己的作品直接递给教师。</td></tr>
<tr><td rowspan="2">求助</td><td>言语</td><td>•直接表达，如：“老师，帮帮我。”
•间接表达，如：“老师，我不会。”“老师，你来吧。”</td><td rowspan="2">•想解决问题，得到帮助。
•渴望教师关注。
•想依赖成人。</td><td rowspan="2">•在原有基础上的再发展。
•解决问题能力的培养。
•独立性、自主性的培养。
•用适宜方式寻求帮助的能力培养。</td><td rowspan="2">•观察：幼儿当前行为与其一贯行为是否一致？如果不一致，幼儿的核心需求很可能是寻求教师关注，而非简单解决问题。
•判断：这个情境可以发展幼儿什么？主要是确定幼儿提出问题的核心价值。
•支架：以“用最少的支持促进幼儿最大的发展”为原则，引导幼儿解决问题。</td></tr>
<tr><td>非言语</td><td>•用眼神示意，如不会自己穿衣服，就用眼睛一直看教师。
•用动作引起教师关注，如不会拼插某玩具，看见教师过来，就使劲儿地拍打这个玩具。</td></tr>
</table>

续表

<table>
<tr><th>互动主题</th><th colspan="2">幼儿的行为表现</th><th>幼儿行为表现背后的核心需求</th><th>情境的核心教育价值</th><th>教师适宜应答策略</th></tr>
<tr><td>告状</td><td>言语</td><td>● 表达不满，如："老师，某某又把我的书弄坏了！"
● 与自身相关的告状，如："老师，他不让我玩。"
● 与自身无关的告状，如："老师，东东把宝宝的鞋藏起来了。"</td><td>● 自我利益的保护。
● 告知教师，希望得到教师支持。
● 无法解决问题和达成愿望，希望借助第三方力量帮助解决。
● 仅仅是让教师知道。
● 寻求教师的关注。</td><td>● 人际交往技巧和能力的培养（轮流、协商、克服困难以及与同伴对话的技巧和能力等）。
● 分享、同情心、谦让等社会性品质的培养。
● 独立解决问题的能力。
● 情绪的自我调控能力。
● 自我评价能力的培养。</td><td>● 倾听：了解幼儿想法和事件发生过程；对双方幼儿行为表示出理解。
● 判断：当事幼儿双方在这一事件中的表现与他们一贯表现是否一致？可以分别发展幼儿什么？
● 引导：依据所做判断对幼儿进行引导。
● 建议：必要的时候，教师可以直接给出建议。</td></tr>
<tr><td rowspan="2">表达愿望</td><td>言语</td><td>● 直接说明自己的需要，如："老师，我的牙膏该换了。"
● 间接表达愿望，如为了早些出去玩，对教师说："香蕉有点黑，妈妈说不能吃了。"</td><td rowspan="2">● 只是为了能引起教师的关注。
● 希望实现自己在表面愿望背后的真实意图。
● 希望自己的愿望能得到满足。</td><td rowspan="2">● 拉近师幼距离，形成融洽的师幼关系。
● 用语言清楚表达自己的愿望。
● 能够对自己的想法进行合理选择，并进行恰当表达。</td><td rowspan="2">● 及时关注：满足幼儿被关注的情感需要。
● 判断：根据对幼儿的了解，判断幼儿所表达的愿望是真实意图，还是另有所指。
● 理解与回应：对幼儿表达出的愿望表示理解，并利用言语和身体接触使幼儿获得一定的满足。
● 引导：当判断出幼儿的愿望并不合理时，引导幼儿做出适宜的选择。</td></tr>
<tr><td>非言语</td><td>● 用动作表示愿望，如希望妈妈早点来接，听到门响就拉着教师往门口走。</td></tr>
</table>

续表

互动主题	幼儿的行为表现		幼儿行为表现背后的核心需求	情境的核心教育价值	教师适宜应答策略
提问	言语	•探究原因的提问，如:“老师，为什么……” •寻求答案的提问，如:“老师，这是什么?” •明确任务的提问，如:“老师，这些办法需要画出来吗?”	•希望能找到自己困惑问题的答案。 •使自己做的行为能和大多数人的行为一致。	•丰富幼儿原有经验。 •能用多种途径和方式获取需要的信息。 •能大胆地用自己喜欢的方式恰当地表达自己的想法。	•回应：对幼儿的提问要给予回应，保护幼儿爱提问的热情。 •引导：引导幼儿自己动手动脑寻求答案，鼓励幼儿成为主动的、富有个性的学习者。 •支持：给予幼儿必要的支持，使幼儿得以体验成功的乐趣。

二、教师发起的师幼互动情境价值分析和教师适宜应答策略

在实践研究中，我们发现，一般由教师发起的师幼互动情境主要包括以下几个类型：以教育指导为目的的师幼互动、以解决冲突为目的的师幼互动、以关注、抚慰情绪为目的的师幼互动。在这些师幼互动情境中，教师首先要重点分析教师发起师幼互动时的表现、认真观察幼儿的表现，分析幼儿行为表现背后的核心需求，判断情境的核心教育价值，进而给予适宜的应答策略（见表2-3）。

表 2-3　教师发起的师幼互动情境价值分析和教师适宜应答策略

<table>
<tr><th>互动主题</th><th colspan="2">教师发起的师幼互动形式和表现</th><th>幼儿的行为表现</th><th>幼儿行为表现背后的核心需求</th><th>情境的核心教育价值</th><th>教师适宜应答策略</th></tr>
<tr><td rowspan="2">教育指导</td><td>言语</td><td>• 提问，引发思考。
• 语言引导。
• 直接言语告知。</td><td rowspan="2">• 答非所问。
• 启而不发。
• 顺应教师的指导，被动接受。
• 主动互动，积极思考。</td><td rowspan="2">• 急于表达自己的想法。
• 兴趣和关注点转移。
• 外在因素干扰（教师言语、设计等因素导致）。
• 原有经验不支持。
• 主体性没有被调动。</td><td rowspan="2">• 倾听能力的培养。
• 自信心的培养。
• 专注力的培养。
• 主体性品质的培养。
• 原有经验的拓展和提升。</td><td rowspan="2">• 观察：观察幼儿表现和预设表现的不同。
• 询问与倾听：倾听幼儿的回答与真实想法。
• 判断：幼儿表现背后说明的问题是什么？
• 等待：给幼儿时间和空间来反应和理解。
• 调整：调整语言、目标和行为，调动主体性，支持幼儿。
• 支架：给予层层递进和必要的支持，使幼儿体验成功。</td></tr>
<tr><td>非言语</td><td>• 观察幼儿表现，适时介入。
• 动手帮助解决。
• 利用材料、环境指导。</td></tr>
</table>

续表

互动主题	教师发起的师幼互动形式和表现		幼儿的行为表现	幼儿行为表现背后的核心需求	情境的核心教育价值	教师适宜应答策略
解决冲突	言语	• 询问原因，介入冲突解决。 • 语言引导幼儿解决问题。 • 鼓励幼儿自己解决问题。 • 直接制止冲突的发生。 • 评判幼儿的对错。	• 情绪激动，向教师述说、告状。 • 情绪稳定，在教师引导下解决问题。 • 停止冲突，一起想办法解决问题。 • 不理会教师的介入。 • 无法独立解决问题。	• 希望自己的利益得到保护。 • 希望得到教师的支持。 • 希望借助教师的力量实现自己的想法。	• 良好社会性情感的培养。 • 人际交往技巧和能力的培养（轮流、协商、克服困难以及与同伴对话的技巧和能力等）。 • 宽容、合作等社会性品质的培养。 • 独立解决问题的能力。	• 观察：观察冲突状况，决定是否需要介入以及何时介入。 • 询问与倾听：了解幼儿想法和事件发生过程，对双方幼儿行为表示出理解。 • 回应：对于幼儿的情绪和想法给予积极的回应。 • 判断：当事幼儿双方在这一事件中的表现与他们一贯表现是否一致？可以分别发展幼儿什么？ • 引导与建议：引导幼儿自己解决问题，必要时直接给出建议。
	非言语	• 通过眼神、表情示意幼儿。 • 通过伸手、拥抱、搭建、拿等动作帮助解决问题。				

续表

互动主题	教师发起的师幼互动形式和表现		幼儿的行为表现	幼儿行为表现背后的核心需求	情境的核心教育价值	教师适宜应答策略
关注、抚慰情绪	言语	●直接询问幼儿，如：“你怎么了？” ●倾听幼儿想法，如：“可以跟老师说说吗？”	●积极回应。 ●不予回应和理睬。 ●被动回应。 ●拒绝关注。	●情绪稳定、愉快，希望与教师分享、交流。 ●情绪波动，不愿意吐露自己的想法。 ●不信任对方。	●良好情绪、心理状态的培养。 ●调控情绪的能力。 ●亲近、平等师幼关系的形成。 ●与人交流能力的培养。	●询问与倾听：询问的基础上充分地倾听幼儿的想法。 ●回应与共鸣：对于幼儿的情绪和想法给予言语和非言语的积极回应，并与幼儿产生情绪共鸣。 ●等待：给予幼儿发泄情绪、说出想法的时间和空间。 ●理解与交流：理解幼儿的想法和情绪反应，展开交流与对话。
	非言语	●拥抱、抚摸幼儿。 ●眼神关注。				

第四节 师幼互动中的教师适宜应答策略的新探索

在前期研究的基础上，我们看到教师在观念上的提升，他们能够尊重幼儿的主体地位，实现了从关注教到关注学的转变。在具体的师幼互动情境中，他们能够真正静下心来倾听幼儿的想法，分析幼儿的需求，进而给予适宜的应答。然而，随着实践研究的深入，我们又发现新的问题。就具体的师幼互动情境而言，教师还会表现出追求结果、结论的现象。如我们发现很多时候师幼之间并没有进行直接的互动，幼儿是通过与环境和材料的互动，实现与教师的间接互动，教师则通过对幼儿与环境和材料互动情况的观察，为幼儿提供一定的支持。因此，进入“十二五”阶段，我们进一步拓展研究思路，从环境、材料及教师指导三个层面综合考虑师幼互动的适宜性，对师幼互动中的教师适宜应答策略的研究也进入新阶段。

我们选取区域活动作为研究背景，出于三点考虑。一是在区域活动中，幼儿自主空间最大。二是在区域活动中，幼儿更多地是通过与环境和材料的互动来实现发展。三是无论是环境还是材料，都经过教师精心分析、创设或利用多种方式提供，同样能反映出教师的教育观、儿童观。

一、师幼互动指导思想的新发展

“三级目标”的教育理念是我们在实践研究的过程中针对教育教学中教师教本位的思想而提出的。

我们发现，在教育实践中，教师总是千方百计引导幼儿实现教师预先设定的目标或者达到教师想要的结果，忽视了幼儿的学习方式和学习进程，导致幼儿五花八门的想法被否定，幼儿的个性化表达被磨灭。这与我们主体性教育思想完全背离。

为了帮助教师转变教育观念，引导教师关注幼儿的学习特点，关注幼儿的个性化表达，关注幼儿的长远发展，我们在实践和研究的基础上，提出了“三级目标”。一级目标是长远目标，是我们的教育最终要达成的目标，即幼儿能自主、快乐、全面且富有个性地发展。二级目标是中期目标，是一段时间内所要达到的阶段性目标，即本领域、本年龄段要达成的目标。三级目标是近期目标，是当前活动所要达到的具体目标，即一次活动中要实现的最基本的目标。“三级目标”着眼于幼儿的长远发展，引导教师遵循教育规律，尊重幼儿的发展轨迹，给幼儿更大的自主学习的空间。“三级目标”的设定在帮助教师转变观念方面收到了良好的效果。

“三级目标”的思想同样适用于师幼互动中。一方面，教师在与幼儿的直接师幼互动中，要着眼于师幼互动对幼儿的长远影响，而不是一次师幼互动的结果；另一方面，教师要拓展思路，将师幼互动放在更大的背景下去思考，关注环境和材料对幼儿的影响，进而采取更加有效的支持策略。这里的支持策略除了直接的应答，还包括对环境和材料的调整，以隐性的师幼互动支持幼儿的学习和发展。

二、区域活动中幼儿与环境和材料的互动

区域活动中，幼儿主要是通过与环境和材料的互动实现与教师的间接互动的。幼儿与环境和材料的互动主要体现在以下方面。

（一）观察与欣赏

来到一个新的环境，幼儿首先要通过观察和欣赏获取环境中的信息。环境和材料对于幼儿的意义主要体现在以下方面：第一，环境和材料的性质、种类等能激发幼儿探索的兴趣和愿望；第二，环境的色彩等要素能带给幼儿审美的享受和熏陶；第三，环境和材料能开阔幼儿的视野，激发幼儿的想象和创造；第四，环境和材料的布局和排列能够带给幼儿安全感和归属感。

（二）探索与利用

在观察和欣赏的基础上，幼儿开始寻找自己感兴趣的环境和材料，并进行探索与利用。这时候，环境和材料对幼儿发展的意义表现在：第一，环境中的标识可以指引幼儿正确取放材料，从而使幼儿获得秩序感；第二，丰富的材料可以支持幼儿的探索和尝试，使幼儿获得心理上的满足感和情绪上的愉悦感；第三，环境和材料能引发幼儿与同伴和教师之间的互动，从而促进幼儿语言、动作、思维等多方面的发展。

（三）丰富与创设

在对环境和材料充分熟悉的基础上，幼儿对于他们熟悉的环境产生了认同感和归属感，并进一步萌发了“我是环境的小主人”的想法。他们开始用自己的智慧和双手去丰富和美化环境。在这一过程中，幼儿获得进一步的成就感和自信心。

综上所述，环境和材料作为幼儿发展的媒介，对幼儿的主动学习起到关键性的支持作用，幼儿正是在与环境和材料的互动过程中，获得动作、语言、

社会性等全方位的发展。

三、区域活动中教师与幼儿的间接互动

教师通过对幼儿操作和探索过程的观察，进一步了解幼儿的需求，进而提供适宜的支持。作为教师，我们如何借助环境和材料实现与幼儿的间接师幼互动呢？随着实践和研究的深入，我们将“三级目标”的思想运用于区域活动，引导教师将环境作为隐性的教育资源。一方面，教师将环境创设的过程视作幼儿的学习过程，让幼儿参与环境的创设，让幼儿做环境的主人。另一方面，教师在材料的提供上，着眼于幼儿的个性化发展和长远发展的需求，提供支持幼儿自主探索和学习的游戏材料。

（一）通过区域环境创设，支持幼儿与环境的互动

1. 区域精神环境的营造

区域精神环境的营造，其核心是让幼儿体验到安全、快乐和自信。在实践研究中，我们总结出以下营造区域精神环境的策略。

（1）和幼儿一起参观环境，询问幼儿的感受。这样做的目的是让幼儿尽快地熟悉环境，消除陌生感，激发与环境互动的愿望。如小班幼儿刚入园时，教师会带着幼儿排成“小火车”在教室里参观，看看教室里有什么，幼儿可以随时下车去选择自己喜欢的玩具。

（2）和幼儿讨论环境的创设，询问幼儿的想法。这样做的目的是让幼儿感受到他们是环境的主人，他们要为环境的创设贡献自己的智慧和力量。如大班教师把很多区角设置的机会交给幼儿，让幼儿在参与中体验到主体意识、自信心和成就感。

（3）支持幼儿在不同的区域环境中进行自主游戏体验，和同伴分享他们的发现。这样做的目的是让幼儿在不同区域中获得多元的游戏体验，开阔幼儿的视野，丰富他们的原有经验。在与同伴交流的过程中，幼儿树立人际交往的意识、勇气和信心，从而更加愿意与同伴交往，在交往中体验快乐。

各年龄班区域精神环境营造要点详见表 2-4。

表 2-4 各年龄班区域精神环境营造要点

	安全感	主体感	胜任感
小班	• 用游戏的方式和幼儿一起参观环境，询问幼儿的感受。 • 和幼儿一起认识新的游戏伙伴。	• 尊重幼儿的喜好。 • 鼓励幼儿选择自己喜欢的游戏内容。	• 关注幼儿的游戏过程。 • 接纳幼儿游戏过程中的表现。 • 肯定幼儿的游戏结果。
中班	• 尊重和接纳幼儿的自主选择和游戏过程。	• 和幼儿一起讨论区域环境的创设，倾听幼儿的想法。 • 鼓励幼儿自主制订活动区计划，按计划实施游戏。	• 给幼儿分享、展示自己游戏成果的机会。 • 为幼儿准备适宜的展示台。
大班	• 给幼儿更大的自主游戏的空间。	• 和幼儿一起讨论活动区角的创设，让幼儿决定区角的名称、材料的种类、游戏的规则等。 • 鼓励幼儿制订详细的区域活动计划。	• 以幼儿为主体创设环境，尊重幼儿的独特想法。 • 鼓励幼儿与同伴分享游戏过程的收获。

2. 区域场地和布局设计

在实践中，我们总结出以下策略。

（1）幼儿主体与教师主导相结合。教师对区域场地的选择和布局要做到心中有数，同时要树立以幼儿为主体的理念。场地布局最终是要为幼儿的自主游戏服务。所以，教师不能以自己的意愿为主，而要以如何便于幼儿自主游戏为落脚点。教师要在把握安全性和可行性的基础上，引导幼儿参与区域场地布局，征求幼儿的意见，让幼儿做环境的主人。

（2）闭合性与开放性相结合。在生态式幼儿园区域活动中，确定区域的空间位置时要遵循“开放性和封闭性相结合”的原则。① 每一个主题的游戏

① 秦元东，王春燕. 幼儿园区域活动新论：一种生态学的视角［M］. 北京：北京师范大学出版社，2008：34.

区域相对其他区域是闭合的。但就整体区域设置而言，它是一个“你中有我、我中有你”的开放系统，区域之间要实现互动。此外，就一个区域而言，场地的布局，如玩具架的摆放要一目了然，易于出入，让空间对幼儿有吸引力。

（3）同质性与互补性相结合。一般情况下，同一类型的游戏区域应比较接近，不同类型的游戏区域要相对分开，体现动静分开。如音乐区或表演区一般会与安静游戏的区域分离开。但有时，相互关联的区域也可以比较接近。如娃娃家和美工区可以离得比较近，以便于美工区为娃娃家制作角色游戏需要的物品。

（4）合理、充分利用空间，让每一处环境都有意义。环境中处处有教育。教师要合理、充分地利用教室内的空间。一方面，每一个区域要有足够的空间供幼儿游戏。另一方面，每一处环境的创设，都要有教育的思考，要充分发挥环境的隐性教育作用。此外，教师最好给幼儿提供展示区域活动作品的展示台，供幼儿互相欣赏和学习，帮助幼儿树立信心，激发幼儿操作的愿望。

各年龄班区域场地布局要点详见表 2-5。

表 2-5　各年龄班区域场地布局要点

	空间大小	空间布局
小班	• 娃娃家的空间要相对较大，满足多名幼儿共同游戏的需求。	• 区域之间要相对开放，方便幼儿自由进出。
中班	• 视幼儿活动情况、兴趣需求适时调整区域空间大小，满足幼儿活动需求。	• 区域之间要有分类，同时要方便不同区域的幼儿进行互动。
大班	• 建筑区的空间要相对较大，支持幼儿实现自己的游戏想法。 • 其他区域视幼儿活动情况适时调整。	• 打破区域界限，实现不同区域间的联动。

3. 区域墙面布置

区域墙面布置（或称墙饰）的意义是丰富幼儿已有经验，引发新经验。在调查研究中，我们发现我园教室中区域墙面布置的种类大致包括以下几种：规则常规类、作品展示类、指示说明类、问题解决类、范例样本类、记录进程类。为了让墙饰更好地发挥隐性教育价值，我们总结出墙面布置的一些基本原则和策略。

（1）墙面布置要整洁、美观，更要引发幼儿与环境的互动。墙面布置要对幼儿起到启发和引导的作用，要有能引发幼儿关注、欣赏、思考或学习的内容。如小班在开学初在娃娃家布置了“我的一家”墙饰，上面展出幼儿的全家福往往是新入园的幼儿最关注的。

（2）墙面布置要体现幼儿的学习过程，而不是教师的教育过程。我们经常会看到教室中布置得花花绿绿的墙面，可是却很少有幼儿光顾，墙饰失去了它原本的意义。因此，墙面布置要体现幼儿的学习过程，要让幼儿的学习看得见、有意义。

（3）墙面布置要有教师的主导，更要有幼儿的参与。在墙饰上，幼儿往往只关注自己的作品，或者与自己的活动相关的内容。因此，墙面的布置一定要体现幼儿的参与，这样才更能引起他们的关注。如在科学区开展观察种子发芽的活动，就可以引导幼儿记录种子发芽的过程，并呈现在墙面上，从而引起幼儿的持续关注。

（4）墙面布置要有结果的展示，更要有过程的呈现。墙面不应该只是泛泛地展现幼儿的活动过程，而是要围绕核心问题展开，该问题一定是幼儿关注和需要的、真实的、具体的、有价值的、共性的问题。墙饰要体现幼儿发现问题、解决问题的过程，而不只是结果。如有的班级在建筑区的墙饰中布置了幼儿遇到的问题“如何搭斜坡？”“如何搭建圆形的建筑？”等，这是幼儿在游戏中遇到的真问题。利用墙饰将幼儿解决问题的过程进行呈现，对其他幼儿来说就是一种有益的引导。

（5）墙面布置要生动丰富，也要允许墙面留白。只有对幼儿的学习有意义的墙饰才是有价值的墙饰。墙面的布置绝对不是越多越好、越满越好，而是要真正源于幼儿的活动需要，教师要允许墙面留白。

各年龄班区域墙面布置要点详见表 2-6。

表 2-6 各年龄班区域墙面布置要点

	吸引性	指示性	引导性	示范性
小班	• 有幼儿喜欢的卡通及动物形象。 • 有幼儿的全家福。	• 用真实的图片或卡通图片呈现活动流程或步骤。	• 用图片的方式生动地呈现幼儿的活动过程。	• 展示幼儿的活动作品。
中班	• 鼓励幼儿参与墙面布置。	• 用图文并茂的方式呈现操作步骤、流程或规则。	• 和幼儿共同记录活动的过程或解决问题的过程。	• 呈现幼儿的活动作品。 • 呈现与幼儿活动有关的优秀作品。
大班	• 有幼儿活动中的共性问题。 • 是幼儿普遍关注的内容。 • 以幼儿为主体布置墙面。	• 用幼儿喜欢的方式呈现操作步骤、流程或规则，供幼儿参考。	• 幼儿自主记录学习过程或解决问题的过程。	• 用多种方式展示幼儿的活动作品。 • 呈现与幼儿活动有关的优秀作品，供幼儿欣赏。

（二）通过区域材料提供，支持幼儿与环境的互动

教室里的材料传达给幼儿这样一种信息：什么东西在教师看来是重要的。[①] 因此，材料的投放一定是有目的、有计划的，适合并满足幼儿的活动需求。我们在实践中总结了一些具体策略。

1. 材料的种类

第一，结合幼儿的年龄特点和教育目标提供最适宜的材料。第二，依据幼儿的能力差异提供有层次性和挑战性的材料。第三，善用低结构材料，材料要具有挑战性、探索性，让每个区域都有挑战和学习，这样幼儿才有思维的参与，能专注于游戏，能玩起来，达到主动学习的状态。第四，提供贴近幼儿生活的材料，材料最好是幼儿生活中接触到的材料。

2. 材料的数量

第一，材料要多样且充足，能满足 3—5 名幼儿同时游戏的需要。第二，

---

① ［美］安·S. 爱泼斯坦. 学前教育中的主动学习精要——认识高宽课程模式［M］. 霍力岩，等，译. 北京：教育科学出版社，2012：78.

材料要分阶段投放，不宜一次投放太多，要视幼儿的活动情况循序渐进地丰富和调整活动区域材料。

3. 材料的摆放

游戏材料的摆放要方便幼儿取放、操作。“存储方式有利于幼儿完成‘发现—使用—归还’这一过程。”① 很多时候，一些玩具经常无人问津，不是玩具本身不吸引幼儿，而是不方便幼儿取放。

4. 材料的标识

使用幼儿看得懂的标识，或者让幼儿自己设计标识。幼儿之所以乱放玩具，除了没有形成物归原处的习惯外，还有一个很重要的原因就是玩具柜上缺少幼儿能读得懂的标识，或者是标识不够清晰。

各年龄班区域材料投放要点详见表 2–7。

表 2–7 各年龄班区域材料投放要点

	种　类	数　量	摆　放	标　识
小班	• 要适量，多投放颜色鲜艳的材料。 • 投放毛绒玩具、小动物等幼儿熟悉的、生活中的材料。 • 投放相对高结构的材料。	• 同一种类的游戏材料数量一定要多，满足多名幼儿共同游戏的需要。	• 符合小班幼儿身高，方便幼儿取放。	• 采用幼儿看得懂的标识，如照片、图片等。
中班	• 增加游戏材料的丰富性、层次性和挑战性，满足不同发展水平幼儿的活动需求。 • 满足幼儿对不同种类游戏材料的探索。 • 适当提供低结构的游戏材料。	• 提供一定数量的材料，支持幼儿间的共享、协商，促进幼儿的交往。	• 让幼儿一目了然，方便取放。	• 渗透文字标识，图文并茂。

① ［美］安·S. 爱泼斯坦. 学前教育中的主动学习精要——认识高宽课程模式［M］. 霍力岩，等，译 . 北京：教育科学出版社，2012：83.

续表

	种 类	数 量	摆 放	标 识
大班	• 多提供自然物等幼儿在生活中常见的低结构材料，支持幼儿对游戏材料的创造性使用。 • 增加游戏材料的挑战性。	• 适量，为幼儿创设合作、共同游戏以及自主解决问题的机会和空间。	• 同一类型的材料摆放在一起，选择适合的存放位置和工具。	• 鼓励幼儿自制材料标识。

通常我们认为的区域或者区域中材料的核心价值都是成人赋予的，但我们的教育最终目的不是让幼儿按照成人的意愿去游戏，而是让幼儿玩自己的游戏，借助区域环境实现自己的游戏意图。

第五节 师幼互动中的教师适宜应答策略的新实践

在实践研究中，我们看到了幼儿与环境和材料的互动，并努力通过有效的策略支持幼儿的主动学习、自主发展。以下是一些幼儿的学习故事，同时也是教师支持幼儿快乐、自主、全面且富有个性地发展的故事。

▶故事 1

制作自动浇花器

梁燕京

年龄班：大班

故事背景：

新学期伊始，为了使班级环境更加优美，教师和幼儿纷纷从家里带来了绿萝、水生植物等各种各样的绿植。在户外小乌龟形的种植园，班里幼儿还亲手种下了南瓜苗、西红柿苗等。平日里这些植物都是幼儿和教师一起负责浇水和照顾。

一个周一的早晨，细心的依依发现她最喜欢的那盆绿萝有点发蔫儿，就连“小乌龟”里刚长出的小苗也都无精打采地耷拉着脑袋，她赶紧去给它们浇水。天天发现后，也赶紧拿起水瓶给他最心爱的南瓜苗浇了满满一瓶水。快到中午的时候，神奇的事情发生了：一棵棵小苗又重新挺了起来。幼儿明白了，原来小苗是因为缺少水分才发蔫的。眼看就要到“五一”劳动节了，幼儿不禁担心起来：要过节了，刚刚长出的小苗还那么娇嫩，没有人给小苗浇水可怎么办呢？一时间，这个问题成了幼儿关注和讨论的话题。

故事描述：

节假日怎么给小苗浇水

幼儿有的说：“我们可以在放假前给班里的花儿多浇一些水。”有的说：“我们可以轮流来给花儿浇水。”还有的说：“我们可以每人搬一盆花儿回家去浇水。”……幼儿的主意还真多！当我问幼儿：“你认为我们这些方法能做到吗？谁能说一说你的看法？”有的幼儿说：“我觉得要是放假前给花浇太多的水，花会被淹死的。”有的说：“要是小朋友都出去玩了，怎么办呀？”还有的说：“我们班的大绿萝又大又沉，每次都需要两个人抬才行，小朋友家的车也装不进去呀？”一个个问题的提出让幼儿开始重新考虑给花浇水的方法。琳琳认为：“可以在幼儿园门口的水龙头上接出一根管子，到了周末，传达室的爷爷就可以打开水龙头给小苗浇水了。”元元觉得这个方法只能浇操场上的植物，我们教室里的小花还是没有水喝。阳阳说：“要是把我们班的窗户打开，然后接上一根长长的大水管一直接到我们的家里，我们不就可以给小苗浇水了吗？”弯弯想了想说：“要是那样，水管不就要穿过马路，还要上立交桥了吗？”一旁的天天说：“那样会出交通事故，警察叔叔也会来罚款的。”阳阳觉得大家说的也有道理，于是一边听一边抿着小嘴点着头。这时，睿睿的一个想法吸引了大家的注意。他说：“我们要是有一台能自动浇水的机器，一会儿浇这一盆，一会儿浇那一盆，那该多好啊！小苗就不会渴死了。”

自己设计自动浇花器

睿睿的提议引发了大家的兴趣，大家都跃跃欲试地想设计一台自己的浇花器。睿睿的浇花器是一个拿着水枪的机器人，它胸前设置好的程序可以保证按时给每一盆花浇水。明明的浇花器是一辆瘦身的洒水车，可以自己移动位置用水管来给小苗浇水。东东的浇花器上有一个漂亮的定时器，可以让喷水壶一样的装置定时来给小花喷水。在交流中，幼儿为自己浇花器上的装置兴奋不已。

看到幼儿充满想象力但又不切实际的设计，我想：怎样才能既保护了幼儿大胆想象的热情，又能够引发幼儿利用身边现有的材料进行设计与制作的兴趣呢？我对大家说："大家的设计都非常棒！每个自动浇花器的功能都非常强大。现在，我请大家在设计图的右边或者空白处把你们制作需要的材料记录下来，看一看在我们的周围能不能找到？然后再想一想如果我们真的去制作它们，会不会有什么问题？"通过记录和统计，幼儿发现找不到制作需要的材料和零件是最大的问题。

看着幼儿愁眉不展的样子，我问大家："我们能不能开动脑筋，用我们周围能够找到的材料来制作一个简单的浇花器呢？"一直在思考的浩浩说："我倒是有一个主意，可以在我家里找一个很大的饮料瓶，在瓶子底儿打个洞，然后让水慢慢地流进小花盆里给小花浇水。"我又问幼儿："大家觉得浩浩的想法可以实现吗？"这下，幼儿频频点头，因为大家觉得废旧的饮料瓶很容易就能找到。

接下来，我又请幼儿对自动浇花器进行了第二次设计。为了分享幼儿新的设计方案，我们又一次进行了交流。幼儿拿着设计好的图纸津津有味地介绍着自己的新设计以及需要的材料。他们有的想利用"海绵吸水和挤压出水"的现象把一块吸满水的海绵，放在两根积木一样的木棍中间，靠木棍挤压海绵中的水来浇花；有的想用吃完的香蕉皮蘸水后放在花盆的边上；还有的想利用小孔流水的现象在塑料盒子的底部打一个小孔，把绳子打结后从小孔穿过来，装满水后让水顺着绳子流到花盆里……幼儿的想法和第一次的设计一样充满了丰富的想象力。不同的是，在第二次的设计中，幼儿会先考虑需要的材料是否能够找到，然后在现有的材料中进行设计。

制作开始啦

完成了自动浇花器的设计图，幼儿跃跃欲试起来。大家迫不及待地从幼儿园的“百宝箱”——废旧物品收集箱里寻找材料，还从自己的家里带来了需要的材料。天天不但带来了自己需要的储水盒，还特意多带来一些，准备给需要它的伙伴们。当幼儿认为准备工作已经做好了的时候，我们的制作活动正式开始。

最先做好也最先发现问题的是用香蕉皮蘸水方法制作的珠珠。为了用香蕉皮，他和兰兰一起很快吃完了一根大香蕉，然后在盛满水的小桶里蘸了一会儿，就赶快放到身边的花盆里，结果发现花盆里并没有出现他们想象的足够多的水。又试了一次还是不行，他们认为香蕉皮吸的水实在太少了。对于香蕉皮蘸水的设计，我从一开始就觉得会有问题，但看到幼儿为自己想出的好办法兴奋不已，我只是问问：“能告诉我为什么想到了用香蕉皮来蘸水吗？”珠珠很认真地对我说：“我最爱吃香蕉啦。每次吃的时候，我摸香蕉皮都是湿湿的。我觉得香蕉皮一定能吸好多的水来浇我们的小苗。”听完这番话，我说：“珠珠真是个细心观察的孩子，你们的设计也挺有意思的，祝你们成功！”

由于想到这一组可能会最先出结果，所以我一直远远地关注着他们。当看到他们似乎发现问题后，我没有急于上前，而是看一看他们会如何面对问题，如何解决问题。两个人先是坐在位子上看着放在花盆里的香蕉皮愣了一会儿，然后开始观察周围伙伴们的制作情况。最后，他们的目光停在了依依一组的制作上。他们站在旁边看了一会儿，商量着什么。我走到他们的身边也观察了一会儿，然后问：“珠珠，你们接下来有什么打算？”珠珠又兴奋起来，说：“我们要做一个新的自动浇花器，要用海绵来做吸水材料，然后吊在花的上面，让海绵里的水慢慢滴到小苗上。”原来他们是受了依依组的启发，也要做一个这样的浇花器。我对他们说：“你们组不但爱观察，还非常爱动脑筋、想办法。”他们开始重新设计自己的浇花器，并对需要的材料进行统计。

当我问起他们调整计划的原因时，他们告诉我："香蕉皮吸水太少了，不够小苗喝。海绵能吸好多的水，所以我们就改成海绵了。"

……

问题告示亭

在制作自动浇花器的过程中，幼儿遇到了各种各样的问题。有的小组在调整设计的过程中需要一些材料，可是自己又找不到；有的小组遇到了一些解决不了的难题，需要大家帮忙出主意……大家的问题不同，每组幼儿的制作进度也各不相同，有的组正处在最初的制作阶段，有的组在第一次制作后发现了问题正在调整自己的计划，还有的组已经进入了第二个制作阶段……怎么才能把自己需要帮助的问题让大家都知道呢？为此，我们专门进行了讨论。

在讨论中，幼儿认为如果有一个地方像广告亭一样，能够把大家的问题贴在那里，让教师和幼儿看到后都来帮忙就好了。幼儿找到班里的一块小黑板，并将黑板用绳子分成上下两栏。上面的一栏是幼儿把需要大家帮忙寻找的材料和需要帮忙解决的问题用绘画的方法记录下来。如果谁能提供帮助，就把他的"告示"从上面的一栏中取下来粘贴在下面的一栏"问题解决"里，并把找到的材料放在黑板下面的箱子里，或者直接告知求助的幼儿。就这样，小小的黑板成了大家互动的地方，幼儿都叫它"问题告示亭"。

幼儿在制作和调整的过程中遇到了许多意想不到的问题。如浩浩和宸宸的水瓶喷水式浇花器在两人的共同努力下好不容易才用钉子把瓶盖钉了个洞，可以流水了，可是用积木搭成的支架总是会倒，根本支撑不了装满水的矿泉水瓶。在这个"问题告示亭"的帮助下，关于"什么材料最吸水？什么样的支架站得稳？"等一系列问题成了大家一起讨论、探究的小主题，出现在科学区的墙饰上。对这些问题感兴趣的幼儿还一起做了小实验。如对于支架的研究，幼儿从生活中寻找开始，为什么我们的桌椅、小床会很稳？通过观察，幼儿发现让支架站稳的秘诀就在于支架要有三条以上的腿才可以，两条或一条腿的支架就需要有一个很沉的底座来支撑。有了这样的认识，幼儿开始寻找适合做支架的材料和方法。几名经常在木工区里活动的幼儿带头选择了用木头来钉支架。其他同样也需要支架的幼儿看到木头的支架很结实，也开始设计并制作起来。没想到一个小小的“问题告示亭”竟然帮上了幼儿的大忙，帮助大家解决了许多难题。

分享交流会

经过一段时间的实验和探索，我们组织了一次分享交流会，幼儿非常踊跃。如天天组的幼儿采用了现场展示的方式。分享的是针对遇到的问题反复实验的做法。他们在把小的泡沫储水盒换成大的塑料盒时，由于盒子太轻，一倒水总是会从支架上翻下来。通过反复实验，他们发现只要用比较沉的鹅卵石压住轻飘飘的塑料盒，再倒水就不会翻了……幼儿听到或看到伙伴们的新经验、好方法后，对自己的制作也更加有信心，决定一定要完成自己的计划，做出最好的自动浇花器来。

故事后续：

通过一段时间的努力，一台台滴答、滴答流水的自动浇花器在幼儿的手中诞生了。每一台看上去很简单的浇花器都凝结了幼儿的汗水和智慧。因为它们的诞生不是一帆风顺的，都是幼儿克服了种种困难才完成的。

教师思考：

幼儿在制作自动浇花器的活动中，亲历了从设计、制作，再到不断调整的全过程。在不断发现问题、解决问题的过程中，幼儿不但体验到了探究和发现的乐趣，掌握了简单的劳动技能，还真切感受到同伴合作的力量，以及关爱环境带来的快乐。

我想，是什么让幼儿有如此大的动力去不断挑战自己？是兴趣。幼儿的表现让我更加坚信，教师要敏感地察觉幼儿的想法，支持幼儿实践自己的想法，并在探索的过程中肯定和延伸他们的想法，这样，我们就会和幼儿一起快乐成长。

故事2

从水果盘到超级坦克的华丽变身

李海霞 史 昂

年龄班：大班

故事背景：

有人说，教育的本质是回归自然，尊重天性。我们也一直在讲如何尊重幼儿，给幼儿自主学习的时间和空间。实践证明，幼儿发自内心的、自主的游戏往往最能打动人心、最能带给我们惊喜。下面的例子是我以观察者和研究者的身份亲历的一个幼儿自主学习的故事。故事的主人公是一名大班的男孩（大双）和一名年轻的教师。我想在他们的身上，我们能体悟到自主学习的真谛，也能看到教师从纠结到释然的蜕变。

我就想做个水果盘

故事描述：

活动区时间，大双选择在美工区活动。他先是到班级的超市采购了自己需要的美工材料——一个大的一次性纸盘、若干彩色的大串珠。回到美工区，大双开始了自己的创作之旅。他将串珠放在纸盘里观察了一下，又晃了晃，然后找来了胶带座，将串珠一颗颗地粘在纸盘中央。起先，他是用胶带直接粘在串珠上，后来改成了把胶条变成小圈，放在串珠的底部，然后粘在纸盘上。这段时间，史老师一直在旁边观察大双的制作过程。这样的过程持续了近半个小时。区域活动时间结束了，大双很有成就感地整理起自己的材料。这时候，教师忍不住问了一句："大双，你做的这是什么啊？""水果盘啊！""你还想做点别的吗？""我就想做个水果盘！"教师见状，选择了接纳幼儿的想法："你的水果盘里有五颜六色的水果，真好看！"这个装着各色串珠、露着胶条的水果盘就这样诞生了，并且安静地陈列在玩具架上。

教师思考：

大双这样的表现，教师需不需要干预？教师觉得大班幼儿应该有更好的表现，不能停留在简单的操作上，但是之所以当时没有介入，是在接纳和尊重幼儿的表现与提升幼儿的游戏水平之间纠结。最终，幼儿的一句“我就想做个水果盘”让她放弃了指导的念头，因为这就是幼儿的兴趣和需要。

研究者思考：

我很欣喜看到教师停下来观察幼儿行为的表现，并最终接纳幼儿的想法。然而，教师的纠结正说明我们还没有真正跳出追求教师期待的结果的思维模式。在看似简单的行为中，幼儿到底有没有发展？我们看到幼儿有目的地挑选了自己需要的材料，按照自己的意图操作材料，尝试用了两种方法把串珠固定在纸盘上，专注、坚持地把自己想做的事情做完，自信地介绍自己的作品……这些何尝不是发展呢？

看，这是我的超级坦克

故事描述：

第二天的活动区时间，大双同样选择了美工区。只见他小心翼翼地把自己的水果盘端过来，认真地看了看。然后，他又一次走到对面的超市，似乎要找点什么。过了一会儿，他买了一个小一点的纸盘和一些彩色串珠回来。观察了一下，他把小纸盘粘在原来的串珠上，然后又粘了一些串珠在上面，这一次，他完成得很快。之后，他再一次走进超市，这回他买了一些卫生纸筒。要怎么用？只见大双端详了一下纸筒，并在纸盘上来回摆弄。终于，他决定把其中一个长一点的纸筒粘在纸盘的正中央，然后把两个短一点的对称着粘在两边。做到这儿，大双似乎突然有了灵感。他兴奋地第三次跑到超市。这一次，他收获很大，有彩色纸、吸管、筷子、串珠等。超市的生意也因此格外火热。接下来，大双就是马不停蹄地组装。在教师的询问下，我们才知道这是要造坦克。

在此过程中，发生了这样一个场景。大双往坦克的炮筒（纸筒）里装了很多炮弹（串珠）。这个时候，教师走过来问："大双，你为什么要装这些珠子?""这是炮弹。""哦，那这么多炮弹怎么往外发射啊?""就这样，从口这儿发射。"说完，大双停顿了一下，好像意识到什么，忽然说："有办法了!"他快速跑到超市，寻觅了半天，买回一个带盖子的小方盒。他在炮筒的口试了一下，正好能挡住那个口。于是，他把小方盒粘在炮筒的入口处。这时候，教师打开盒盖，发现看不到炮筒里边，便问道："那炮弹怎么出来啊?"又一个难题摆在大双面前，他摆出一副若有所思的样子："把盒扎一个洞不就行了吗?"然后，他找到了剪刀，试图扎一个洞，但是没有成功，于是寻求教师的帮助。就这样，一个坦克的雏形诞生了!

教师思考：

前一天还一脸纠结的教师，今天变得异常兴奋，因为她看到了幼儿在没有教师引导的情况下，竟然按照自己的意愿造出了一架很酷的坦克。而且在制作过程中，他能不断完善坦克的造型，还能按需取材，在遇到问题时能积极想办法解决问题。大双的表现打消了教师之前的纠结。

研究者思考：

教师的感慨源自幼儿出乎意料的表现。幼儿之所以有这样的表现，源自教师给了幼儿自主探索的空间，支持和接纳了幼儿的游戏意图，没有太多干涉幼儿。我们可以看到在整个游戏过程中，幼儿是一种主动、投入的状态，一开始只是尝试和探索，当有明确的目标后，幼儿则开始有目的地操作材料。他能够自由地选择操作材料，并将材料的特性与头脑中坦克的结构和功能建立联系。同时，他还用到对称、支撑等策略。当被问及关于炮弹发射的问题时，他能积极动脑，想办法解决问题。研讨中，大家就教师的那次介入比较认同。一方面，教师倾听了幼儿的想法。另一方面，教师提出了有挑战性的问题。同时，教师给幼儿自主解决问题的机会。我想，教师的介入没有绝对的对与错，只有更适宜或更有效。在肯定大家的基础上，我也提出了我的困惑："如果当时教师没有提出炮弹发射的问题，会发生什么事?"

应该把它装饰一下

故事描述：

已经是第三天了，原本以为大双对坦克的兴趣已经淡漠。让教师感到意外的是，大双快速地吃完早饭，来到美工区，再次拿起了坦克，这一次是和同伴一起。因为就在大双摆弄坦克的过程中，另一名幼儿被他的作品吸引，不自觉地加入到他的造坦克工程。

他们一起找材料，商量怎么丰富坦克的造型。看着白色的坦克，大双的一句话又开启了另一段旅程："我觉得应该把它装饰一下。"于是，他们又是一阵忙碌。大双选了一个透明的、闪闪发光的大圆珠，嘴里念叨着："该放哪儿呢？"旁边的幼儿也认真地打量，并提出意见："放后边吧。""我觉得放在这儿好一点。"……

就这样，一个外表"华丽"、威力超强的坦克毅然伫立在教室的展览区，大双请教师把它的宝贝放在最高的地方。看着它，大双嘴角微微上扬，流露出无法言说的喜悦和自豪。

也许，大双和坦克的故事还会继续，我们期待大双带给我们更多的惊喜……

教师思考：

这个故事进行到这个阶段，教师基本上豁然开朗了，之前的困惑也逐渐解开。教师感慨地说："原来孩子自己玩儿得真的很好！"同时，教师也认识到，退在幼儿身后，真正地去观察和欣赏幼儿，看着幼儿玩着自己的游戏并且一步步走向成功，真是一件幸福的事。

研究者思考：

我很庆幸看到了这样一个鲜活的案例，看到了幼儿这样生动的表现。幼儿的执着是带给我最多感动的地方，他竟能主动坚持做一件事，而且这样乐此不疲，这样痴迷。整个过程中，教师始终默默关注和支持着幼儿。试想，如果当初教师没有肯定大双的水果盘，而是提出"建设性"的意见，让幼儿按照教师的意愿去做一个看似精致的作品，那我们就不会看到眼前这个超级坦克了。我们看到教师角色的转变，更看到幼儿在科学、艺术、社会、语言等领域的发展和进步。我想，追根到底，这是幼儿想做的事情，幼儿玩的是自己的游戏。什么叫了解、支持和延伸幼儿的游戏意图？亲历了坦克诞生记，我们更加坚信，对于幼儿来说，很多时候，教师对幼儿有关注、接纳、肯定和鼓励就已经足够。

▶故事3

一半的力量

翟　蕊

年 龄 班：大班

故事背景：

一天，幼儿正在进行“我的自画像”的美术活动。幼儿通过观察镜子中的自己，认识自己的五官并发现自己的特征，尝试用自己喜欢的方式进行创作。

老师和你一起画

故事描述：

乐乐选择了平时比较喜欢的绘画方式，但是很快就听到了他喊：“老师，我不会画，你帮帮我！”“你想让我怎么帮你呢？”教师问。“你帮我画，我不会！”乐乐说。“老师知道你画画很棒的！你试一试，好吗？”教师摸着乐乐的头鼓励。乐乐看了看教师，有点要哭的样子说：“你帮帮我吧！”看到乐乐的确为难的表情，教师说：“这样吧，老师在旁边也拿一张纸，和你一起画好吗？”“嗯！”乐乐一下高兴起来了。于是，教师和乐乐你一笔我一笔地画起来了。慢慢地，乐乐自己画得还挺投入，教师慢慢地退到了一边。

教师思考：

其实，乐乐平时挺喜欢画画，而且也具备自己画画的能力。但乐乐是一名比较缺乏自信、依赖心理比较强的幼儿。即使是自己能做和会做的事情，他也总是喜欢成人陪他一起做。教师了解到乐乐的这种心理需要，首先给予了乐乐语言的鼓励，同时根据乐乐的需要陪伴在乐乐身边，选择做一件和乐乐一样的事情，这其实是在给乐乐一定的安慰和支持。当看到乐乐已经完全进入到自己的活动中后，教师便适时地退出去。

你画一半，我画一半

故事描述：

过了一会儿，乐乐画完了，自己又开始涂颜色了。一开始，他涂得很认真。可涂了一会儿，乐乐又开始用眼睛寻找教师的身影。“老师你帮帮我!”乐乐用小小的声音呼喊教师。“怎么了?”教师问。他皱了皱眉头说：“太多了，我涂不完!”原来，乐乐画的自己脸很大，需要涂的地方很多，所以有点畏难情绪了。于是，教师走到他身边蹲下来，认真地看看说：“嗯，的确要涂色的地方挺多的，那这样吧……”教师拿油画棒在脸的中间画了一条线，“你画一半，我画一半，怎么样?你来挑你想画哪边?”乐乐听后认真地看了看，选择了看起来相对较小的一边，很高兴地涂了起来。教师远远地观察着他。又过了一会儿，乐乐把自己选择的那边涂完了，高兴地叫：“老师，我涂完了!”教师过来，看了看乐乐的画说：“嗯，非常均匀，你看你涂得多棒啊!”乐乐听完很高兴。于是，教师又问：“要是再画一条线分两半，你选哪半?”乐乐因为刚才完成得很顺利，于是很痛快地指着其中的一块儿说：“这半。”“好！那一会儿我再来看你啊!”教师鼓励。

教师思考：

乐乐的性子比较急，涂色的工作并不是不能完成。但是当他感觉到涂完所有的颜色需要花上很长时间的时候，他的心里就开始打鼓，依赖成人的想法又涌了出来。为了让乐乐能战胜自己，教师答应帮助他，并帮他用线将原本很大的涂色区域变小了。通过这条线，乐乐原本恐惧的心理得到了缓解。心理上的畏惧减少后，他也愿意主动完成自己这一半的涂色。

你当老师来画一条线

故事描述：

又过了一会儿，乐乐把那一半也画完了，于是举起画，骄傲地叫道："老师，我画完了！"教师走过来看了看，竖起大拇指说："这回你画得比刚才快了！""这样啊？"教师指了指没有涂颜色的那边说，"你要不要当老师来画一条线？"乐乐一听教师要让他分，特别高兴，马上拿起笔在中间画了一条线。然后，教师又说："这样你帮我选择一半，好吗？"乐乐看了看说："这半。""好，那你先把你的那半画完吧！"教师说。因为需要涂色的地方有点小，所以乐乐拿起笔开始小心翼翼地涂着自己的那一半。

教师思考：

乐乐前两次涂完自己的一半后，很有成就感，教师也及时地鼓励他，判断乐乐还可以继续将自己的绘画完成，但是怎么能鼓励乐乐自己完成呢？于是，教师让乐乐当老师来画线，并且请乐乐帮助教师来选择。乐乐很高兴地接受了，继续画起自己的那一半来，而且这一半已经比刚才的那一半小得多，所以乐乐也并不觉得很难。虽然同样是用画线分一半的策略，但是这一次是把机会给幼儿，加强了幼儿的活动意图，更增强了幼儿的兴趣和自信心。

老师要说话算话

故事描述：

很快，乐乐又把自己的那一小块涂完了，叫："老师，我涂完了！"这回，教师走过来看看说："这么小的地方你都没涂出边，说明你涂色的时候很认真，而且都不需要老师帮助！不过，老师既然答应要和你一起涂，就得说话算话，那我把剩下的涂上，好吗？"乐乐很高兴地答应了。于是，教师拿起笔将最后剩的那一小块涂了。乐乐在旁边认真地看着，很开心地说："谢谢老师！"

教师思考：

乐乐三次都完成了自己的约定，将自己的画涂完了。这时，如果教师让乐乐自己涂完，乐乐也能达到，但是乐乐下次还会相信教师吗？所以，教师一定要履行自己的诺言，让乐乐知道老师说话是算数的，也给乐乐一个说话算话的榜样示范。

老师相信你，一定可以画得很棒

故事描述：

等到晚上家长来接的时候，乐乐一见到妈妈，迫不及待地举起自己的画像给妈妈看："妈妈，你看我画得像我吗？"乐乐妈妈看了说："真像你，是你自己画的吗？"乐乐说："老师帮我的！可就帮我一点儿，这么多都是我自己画的。"教师走过来说："是啊，我就帮了那么小的一块，其他都是乐乐自己画的，您看乐乐画得多棒啊！他画得可比老师画得又多又好！"乐乐听后更高兴了，声音也更大了："妈妈，我回家也给你画一个吧！""好啊！"乐乐妈高兴地答应。教师又说："老师相信这回你不用帮忙，也一定可以画得很棒！对不对？"乐乐点点头，高兴地和妈妈回家了。

教师思考：

乐乐很高兴地向妈妈展示自己的作品，说明今天的活动让他很有成就感。教师适时地在妈妈面前再次肯定乐乐今天的表现，是在强化乐乐的成功，帮助乐乐树立自信心，同时也给乐乐提出了更高的挑战，延伸乐乐的学习，让乐乐回家后独立完成作品。通过这样的活动，幼儿能得到成功的体验，慢慢地会更加自信。

整个师幼互动过程中，教师先后用了鼓励、陪伴、参与、放权、强化等策略，接纳幼儿的表现，了解幼儿的意图，支持和延伸幼儿的意图，让幼儿在不断的尝试中最终获得成功感。

▶故事 4

你永远也不要去那个理发店

郑 丽

年龄班：中班

故事背景：

在家访时，我们了解到班里几乎所有的幼儿都不喜欢理发、不喜欢洗头。尤其是男孩子，他们在被迫洗头与理发的过程中，反应激烈、抗议强硬，这让家长们非常头疼。为了帮助幼儿克服对理发、洗头的恐惧感，帮助家长们解决幼儿理发难的问题，促进幼儿的健康成长，我们和幼儿一起创设了角色区“小小理发店”。

故事描述：

理发师威廉帮顾客金豆理完发。金豆从理发店出来，径直来到美工区，对正在美工区活动的墨桐说：“你永远也不要去那个理发店了，因为你是我的朋友，我才告诉你，那个大工剃头可疼啦。”

威廉听到了，马上走出理发店，大声对金豆说：“你怎么这么说，我也不是故意的！”

听到威廉这么一说，金豆哭起来。教师过来，把威廉叫到一边了解事情的经过。

威廉说：“当时我给金豆推头，结果一推就推成了光头，我推着推着一看，怎么这么多皮肤了，原来金豆已经被推成了光头。可是，我一听金豆刚才说这句话就很生气，理成这样，我也很不高兴。金豆说这句话，我就感觉很生气。”

这时，金豆也走过来。

威廉对金豆说：“墨桐头发多、厚，我剃不伤，金豆你头发少。”

金豆说：“那你也不能剃疼我呀。”

威廉说："我是想剃你头发表面……"

金豆说："去理发店把推子拿来让老师看，你看推子头多尖，我能不疼吗?"

威廉说："那我今天晚上弄平那个刀，用胶条粘粘。"

教师说："你主动提出修理刀片，而且你还想到了修理方案，真好，按你想的办法试着修理一下这个推子吧。威廉，你理发之前征求过金豆理什么头的意见了吗?"

威廉说："我当时听错了，班上太吵了。"

教师说："金豆，你理发的时候，跟理发师说理什么头了吗?"

威廉说："他当时嗓子哑了，没说。可能我太使劲儿了，刀子很锋利，碰到金豆皮肤。金豆疼，因为推子离金豆皮肤很近。"

金豆说："我已经原谅你了。"

威廉说："我先看到金豆生气了，所以很好奇，我的表情也憋不住了。我想那个刀是不是离皮肤太近了，弄疼金豆了。"

金豆说："没事，没事。"

威廉说："我让他抬头，他低头，所以弄疼了。"

金豆说："我没事，反正他平时是我的好朋友，原谅他了。"

教师说："威廉，你想跟金豆说什么吗?"

威廉说："对不起!"

金豆说："这事已经过去了，我眼睛里已经没有啦!"

威廉笑着说："我眼睛里也没有这些事啦。"

两名幼儿互相对视，哈哈大笑起来。

教师思考：

在"小小理发店"主题活动的教学实践中，这样一些在教学计划之外的新问题需要教师应对、思考、解决。但我们相信危机就是转机，伴随着问题的解决总会有一些令人意想不到的收获。

教师发现问题后，蹲下来和幼儿在一个高度交流，用开放性问题尝试去了解幼儿的意图，重复幼儿的话，鼓励幼儿，相信幼儿，和幼儿讨论他们的做法和想法，提供新的材料，有针对性地指导并提供支持，激发幼儿的主动性，让他们自己去解决问题，并吸收他们的意见。幼儿的自主发展需要有自由的活动空间，教师应自觉为幼儿提供这样的空间，而不是去占有。为了让幼儿有更多的自主学习空间，教师不妨变得被动些、迟钝些。

观察是教育的先导。只有充分观察，了解幼儿，教育指导才能有更好的针对性，也才有可能真正适应、满足幼儿的发展需要。一个成功的教育者是一个善于观察的观察者，通过倾听幼儿想法，会梳理幼儿原有经验，帮助幼儿提升新经验。教师同时要尊重幼儿，满足幼儿情感需要。教师要放低姿态，鼓励幼儿，多用开放性语言与幼儿互动，鼓励幼儿表达自己心中的想法。只有这样，幼儿才能对自身所处的环境、所接触到的人、所遇到的事物感兴趣，有好奇心和求知欲，乐于尝试、探索，获得相关的知识，教师才能促进其社会化和人格正常化发展，培养其独立性、自主性、专注力，鼓励其积极主动地与人交流并能够准确表达自己的思维、想法和感受，正确使用各种工具材料，养成分类整理和存放的良好习惯，引导其在活动中体验分享、互助、合作的快乐，提高分析问题、解决问题的能力。

▶ 故事 5

在娃娃家里安静地游戏

吕小烨　王　佳

年龄班：小班

故事背景：

开学以来，我们陆续在娃娃家投放了一些生活用品，希望这些贴近幼儿生活的游戏材料能够唤起幼儿的生活经验，同时为幼儿的合作游戏搭建平台，支持幼儿间的角色交往。今天看到荣荣和多多进入娃娃家时，我们感到很欣喜，因为荣荣和多多在班级中都是比较外向的幼儿，语言发展也比较好。因此，我们期待看到她们在游戏中的热闹场面，期待看到幼儿丰富的角色交往。

故事描述：

隔壁的小餐厅中，幼儿已经吵闹地开始做饭了。荣荣并没有被他们的热闹吸引，她正在用一个塑料盆和一块毛巾专心地给娃娃洗澡。只见她拿来空的浴液瓶假装向手心里挤了一下，然后在娃娃身上涂涂抹抹，再把娃娃放进盆里，用毛巾给娃娃擦脸和身体。多多一直围着卧室里的衣架翻来覆去地看，然后把其中一件衣服拿下来，仔细看了看，用毛毡滚试着在衣服上滚了滚。

荣荣给娃娃洗澡后，把她放在床上，多多走到床边把衣服递给荣荣，说："给她穿这个吧。"荣荣拿过衣服开始给娃娃穿，衣服领口似乎有些紧。她很用力地试了几次，然后把娃娃的小辫从领口拿出来，才让娃娃的头穿进去。多多又拿来一条裤子，她又开始给娃娃穿裤子，可是裤子提到一半就提不上去了，于是荣荣把娃娃抱了起来，多多这才帮忙把娃娃的裤子提起来。

荣荣抱着娃娃来到衣架旁边，找了一件开身毛衣，开始给娃娃穿毛衣、系扣子。扣眼有点小，荣荣尝试了几次都不行，最后用"扣子尖的一头先插进扣眼"的方法才穿好。多多看到后，拿了件棉坎肩和帽子过来，放在了床上，荣荣看了看多多拿来的衣服。

这时候，隔壁小餐厅的小米隔着玩具架，对荣荣说："你家宝宝爱吃什么呀？我们要给她做饭。"荣荣说："她喜欢吃胡萝卜。"多多也赶紧跑过来说："她只爱吃肉，不爱吃别的。"小米说："好，我知道了，做好了叫你们。"荣荣点点头，然后继续帮娃娃穿上棉坎肩，拉上拉锁，最后还给娃娃戴上毛线帽子。

多多去隔壁的娃娃家里和小米一起用橡皮泥做饭。荣荣给娃娃穿好衣服后抱着娃娃去小餐厅。路过表演区时，她一直回头看幼儿的歌舞表演。进入小餐厅后，她抱着宝宝坐在餐桌前，拿起勺子喂娃娃吃东西，但很快荣荣就说："她吃饱了，我们该回家了。"

从小餐厅出来，荣荣抱着娃娃来到了表演区，坐在观赏区的小椅子上，让娃娃面向外坐在她的腿上，和娃娃一起认真地看起了歌舞表演……

故事后续：

为了丰富幼儿的生活经验，教师通过家园沟通，借助视频、照片、情景剧等多种方式引导幼儿观察生活，帮助幼儿进一步了解日常家庭生活中成人还会做哪些事情，他们是如何去做的。随着经验的丰富，幼儿在娃娃家的游戏开始有了新的情节，如大扫除、过生日、外出看表演等。教师应幼儿的需求，增添了扫帚、围裙、抹布等材料，支持幼儿的游戏。

教师思考：

荣荣和多多在娃娃家如此安静地游戏让我们颇感意外，同时也让我们十分困惑。原本活泼外向、喜欢表达的两名幼儿，在娃娃家的整个游戏过程中只有一两句话交流，更没有热闹丰富的游戏场景，我们不禁自问：幼儿在这个游戏过程中到底发展了什么？

回顾活动过程，我们针对幼儿的游戏表现进行分析，结果出乎了我们的意料。

荣荣和多多作为两名小班的幼儿，在 15 分钟的游戏过程中长时间专注于自己的角色。特别是荣荣作为妈妈，她从来不离开娃娃，也没有一刻忘记过照看娃娃。就算是想去看表演区的节目，她都不忘让娃娃也一起看。两名幼儿虽然交往不多，但行为都始终围绕“照顾娃娃”。在共同游戏中，她们还几次出现合作的情节。我们发现，她们在静静的游戏过程中，情节内容却非常充实。

两名幼儿对娃娃的照顾过程，简直可以用“细致入微”来形容。她们不断克服困难，想办法解决问题，始终坚持为娃娃穿上一件又一件的衣服。她们丝毫不嫌麻烦，更没有一点抱怨。荣荣不仅为宝宝穿了内衣，还穿了毛衣和外套。虽然在过程中遇到了领口紧、系扣子及拉拉链等一系列问题，幼儿都能一一想办法解决，没有半点儿要放弃的意思。多多一直在给娃娃搭配合适的衣服，并细致地用毛毡滚清理衣服上的灰尘，努力克服困难帮助娃娃穿上裤子。

幼儿的表现充分说明她们真把娃娃当成了自己的宝宝来照顾，只有带着爸爸妈妈的责任感，才能这般不辞辛苦地照顾宝宝。幼儿如最专业的演员一样，投入于自己扮演的角色，始终专注于自己要做的事情。

看似简单的情节，却蕴含着幼儿丰富的想象。幼儿努力调动自己几乎全部的生活经验来支持游戏，在坚持克服困难的过程中获得新的经验，并及时将这些经验运用于正在进行的活动中，这些难道不是幼儿的主动学习吗？在游戏中，幼儿有了如此多的尝试和发展，难道还不够吗？我们还在期待什么，为何纠结？如果我们尊重幼儿，尊重幼儿成长的规律，尊重幼儿学习的过程，我们就应该放下疑惑，坚定地相信幼儿自主学习的能力，真心地为幼儿的表现感到骄傲。

故事还告诉我们：

1. 幼儿知道自己要学习什么。即使幼儿具备交往的能力，但如果不认为自己的游戏中需要与他人沟通，他就不会去与别人交往。幼儿想要学习的一定是他迫切需要的，而不是成人认为他们应该学习的。因此，幼儿主动去学习的才更是他们真正的兴趣、需要所在。作为教师，我们常常思考幼儿的兴趣和需求是什么，其实只要耐心观察幼儿在区域中爱玩什么，他们在什么情况下表现出坚持、专注、投入，那么我们就可以判断他们想要学习什么。

2. 幼儿的学习需要时间和空间。许多案例都告诉我们，幼儿是在运用原有经验基础上获得新经验的。我们看到荣荣利用自己的生活经验尝试照顾娃娃，在过程中通过反复尝试，最终克服困难帮助娃娃穿上衣服，并从中获得了新的生活经验。因此，成人不应急于介入幼儿游戏，主观地想去提升他们的游戏水平。幼儿的学习自有他的规律，需要与已有经验建立联系。我们应该从丰富、梳理幼儿的已有经验入手，从创设适宜的环境和提供值得探索的材料入手去支持幼儿的自主学习，为幼儿保留尝试、探索的时间与空间。

故事中的教师经历了“期待—沮丧—困惑—惊喜—感悟”的过程，最终幼儿用执着点醒了教师。回顾幼儿的游戏表现，我们发现了自己的主观和急躁。分析幼儿的学习过程，我们才感悟什么是学习的真正意义。和幼儿的安静比起来，我们思想太杂乱。要真正成为幼儿学习的支持者，我们必须先放平心态去认清一件事：很多时候幼儿需要我们做的，仅仅是耐心地关注他们学习的过程，然后真诚地为他们的成长喝彩。

后续活动中，教师要继续坚持观察幼儿的游戏，尽量不从成人的角度介入，并且不再对幼儿的游戏设定具体的达成性目标。但在观察幼儿的过程中，我们依然充满期待，期待幼儿的创造与想象，期待幼儿的投入与坚持，期待幼儿的自主学习与成长。

▶故事 6

“儿童医院”的故事

康京辉

年 龄 班：中班

故事描述：

在小班娃娃家，幼儿自发玩起了给娃娃看病的游戏。到了中班，有的幼儿建议开个医院。大家一下来了兴致，所以我们选择了医院的游戏。幼儿还给医院起了名字，叫“儿童医院”。

早上活动区时间，牛牛和睿睿来到了医院。睿睿对牛牛说：“牛牛，你当医生，我来当护士，好吗?”牛牛边穿白大褂，边答应着：“好。”睿睿和牛牛穿戴完毕后，小米来到了医院看病，睿睿发给小米 1 号挂号条，让小米到牛牛医生处看病。小米坐下后，牛牛问：“你怎么不舒服?”小米说：“我咳嗽。”牛牛医生拿起听诊器给小米听诊，小米非常配合地撩起衣服，牛牛认真地在小米的身上，这儿听听，那儿听听。然后，牛牛说：“你嗓子发炎很厉害，需要输液。”于是，小米到睿睿护士处去输液。

睿睿护士让小米躺在床上，然后用棉签蘸好酒精为小米的手背消毒。消好毒后，睿睿拿起一块胶布撕下一条，然后将输液管粘在了小米的手背上。粘好后，睿睿用右手摸着输液调速器，问小米：“你有急事吗？要是有急事要办，我就给你调快点。”小米摇了摇头。睿睿说：“那好吧。”

待小米输好液后，睿睿护士给小米撤了输液管，将胶布条粘好小米刚刚输液的地方，对小米说：“你回家好好休息，过段时间就好了。”

家长反馈：

睿睿妈妈的职业是医生，她对教师说：“睿睿特别想到‘儿童医院’。她每天回家就让我当病人，她来当医生给我看病，还用家里的电子血压计给我量血压。看来，她在幼儿园满足了自己当护士的愿望。‘儿童医院’真是太好了，让孩子从小就能模仿成人的工作，满足他们的好奇心。”

牛牛妈妈说：“看到牛牛在‘儿童医院’的照片，还挺像那么回事，穿戴得真像医生，还有听诊器，样子还挺专注。你们的‘儿童医院’开得真好！”

教师思考：

角色游戏是学前阶段最主要的游戏形式。在游戏中，幼儿要用语言进行角色间的交往，学习按角色的要求运用语言，在此过程中发展口语表达能力和社会交往能力。

幼儿升入中班，开始和同伴有初步的合作意识，交往和表达能力有了进一步的发展，在游戏中能用简单的角色语言及行为进行游戏，能按照自己的意愿进行游戏，但在角色游戏中还需要教师的指导帮助。他们在参与医院的游戏中认识了社会，满足了参与社会生活的渴望，充分表达他们的想法与愿望，在情感上得到满足和快乐。他们已经有了初步的角色意识，不再停留在简单的医疗器械摆弄上，而在游戏中有了更多自己的想法。

从牛牛（医生）、睿睿（护士）、小米（病人）参与的医院游戏，我们已经看出：幼儿具备了一定的生活经验，并通过游戏进行了再现，他们在游戏中的交流内容也逐渐丰富。

幼儿已经积累了一些有关医院的生活经验。对于医院的游戏，他们很感兴趣，但也存在一些问题。如大夫和护士的分工不够明确，病人看病的种类比较单一，多是肚子疼、咳嗽、发烧。之所以出现这些情况，说明幼儿的经验还不够丰富。在今后的活动中，我们可以邀请在医院工作的家长来参与指导幼儿的活动，丰富幼儿的相关经验。在幼儿原有经验的基础上，教师继续丰富幼儿关于医院的经验，拓展和丰富幼儿的游戏内容，让幼儿了解看病的基本程序，了解每个人的职责，进一步提高幼儿的游戏质量。

故事 7

石　头　记

李桂芝

年 龄 班：中班

故事背景：

生活处处是教育。作为幼儿园教师，我们要处处以发现的眼光，抓住每一次教育契机，处处以欣赏的眼光，支持幼儿的每一次学习与游戏。

故事描述：

远足中捡来的石头宝贝

北海公园远足活动后，幼儿兴奋地分享着各自的发现与快乐。洋洋神秘地从兜里掏出捡来的“宝贝”向大家炫耀着：“我有各种颜色和花纹的石头。你们看，这块有老虎花纹的石头漂亮吧!”我和其他幼儿一起羡慕洋洋的收获：“你瞧，这个又圆又亮的石头多像一颗龙珠呀!”“这块石头是三角形的。”……

和爸爸妈妈一起捡宝贝

幼儿滔滔不绝的话语深深地感染了我，让我的思绪也回到了自己的童年。小时候，自己经常费很大劲儿从土里挖出一块石头甚至化石，那份欢喜与满足至今还深深印在我的脑海里。为了给幼儿的未来留下美好的记忆，我加入到幼儿的行列，和他们一起欣赏着、谈论着石头。幼儿讲出了石头的多种用途，我也绘声绘色地给他们讲了“雨花石”的故事，保证第二天给他们带来我从南京买回的雨花石。过了几天，幼儿还带来了和家长一起从路边、沙堆、河边、树林捡来的各种各样的石头，大大小小的石头装满了好几个塑料筐。

石头创意秀

幼儿的创意总是让人意想不到。一天，洋洋用一块长形石头、吸管和即时贴做了一部“苹果手机”，立即引起了全班幼儿的极大关注，也激发了其他幼儿的创造热情。幼儿们跃跃欲试，用可能想到的各种方法创造出无限可能。这也点燃了我的创造激情，启发了我的教学思路。于是，我为幼儿确立“利用石头发挥创意”的活动目标，在从挑选到想象拼摆再到组合完成的过程中唤起和促进幼儿的想象力、创造力和动手能力的发展。同时，我也把它当作挑战自我创造潜能的契机。在活动中，我通过有意识引导，启发幼儿利用石头的原有形状，借助绘画或粘贴完成了“金色的房子”“母鸡萝丝去散步”“海底世界”等不同的主题形象。有的幼儿用透明胶带将一个个又圆又亮的白石子固定在一根长丝带上，做成一条宝石项链。有的幼儿用雨花石设计了一个寻宝迷宫。当一件件赋有创意的作品展现在大家面前时，我和幼儿高兴地说着、笑着、赞赏着，体验着创造给我们带来的成功与快乐。

篮球比赛

创意来源于思考。在师幼相互学习中，创意在不断丰富拓展着。一次，我用不同颜色的圆形、三角形以及长条形的石头，组合成一个可爱的有胳膊有腿、有手有脚的小人儿。坐在我身边的洋洋小声地问：“李老师，这个人是谁呀？”我反问道：“你猜呢？”只见洋洋用小手指着小人儿的头说：“这个人的头是黑色的，我猜他一定是乔丹。”“哈哈，你想得太好了！这是球星乔丹和中国队的比赛。”洋洋的“点拨”让我心花怒放，心里一下子豁然开朗起来，创造的思路也随之打开了。我的眼前似乎浮现出世界级球星乔丹在赛场上的拼搏场面。在洋洋的指导和帮助下，我们共同完成作品中的乔丹手托篮球投入高高的篮筐的动作，他的四周还增添了不同姿势的球员。一场阵容强大、动感十足的篮球比赛正在进行中。

教师思考：

幼儿每天借助这些石头，充分发挥自己的想象和创意，用喜欢的方式创造着不同的玩法：有的用石头做分类活动，有的把石头染上颜色玩起了跳棋游戏，还有的随着音乐敲打石头发出不同的节奏。

徜徉在幼儿宽松愉快的游戏环境中，作为教师，我认为首先需要的是给幼儿以积极肯定的评价，支持鼓励幼儿的游戏活动，保护他们的创造潜能。其次，教师要及时发现幼儿的兴趣，支持幼儿的创意活动，以平等的身份真正参与到幼儿的活动中，鼓励幼儿独立思考问题，尊重幼儿的创造意识，给幼儿创设宽松的氛围，减少各种条条框框对幼儿的束缚，真切感受和幼儿共同学习、创造的乐趣，为幼儿的未来发展奠定坚实的基础，为他们未来的道路充好电、加好油，促使他们达到可能达到的高度。

幼儿学习与发展：

1. 幼儿对大自然的热爱。关于石头的探索，来源于幼儿一次去北海公园的远足。幼儿亲身投入到大自然中，更容易萌发他们对大自然的热爱。这个时候，被他们收集来的石头对于幼儿而言，是比高级玩具更珍贵的宝贝。

2. 幼儿想象力的发展。关于石头的教育活动与游戏，来源于幼儿的生活，也更容易激发幼儿的学习兴趣，促进幼儿思维与想象力的发展。

3. 幼儿创造力的发展。在案例中，一块小小的石头，在幼儿手里成了一件件有意义的艺术品，符合幼儿的学习和游戏特点。

▶ 故事 8

买 水 果

程 然

年 龄 班：小班

故事背景：

小班幼儿非常喜欢角色游戏。受到年龄特点和生活经验的影响，幼儿在游戏中的兴趣会不断转移。因此，我们在耐心观察的基础上，抓住幼儿游戏中的闪光点，把握教育契机，尝试在分析幼儿的兴趣和需求的基础上为幼儿的活动提供支持，以便让幼儿的游戏内容更加丰富，支持幼儿获得更大的发展。

故事描述：

一天，娃娃家里的妈妈拿着手提袋走出娃娃家，四处转了转，来到自然角，这里有幼儿收集的许多秋天的果实。我走到她身边，只见她拿起苹果，闻了闻，放下了，又拿起梨，闻了闻，抬起头对我说："我想买这个。"我问："你为什么要买梨？"

她说："我要买回去给翠儿吃！"

我说："嗯，这个特别甜，四块钱！"

她立刻假装从兜里掏出钱："给你！"

"好的，给你梨，还要别的吗？"

她高兴地说："我还想要苹果，多少钱？"

"六块。"

"给你钱！"

"还要别的吗？"

……

就这样，她买了一袋水果回家给翠儿吃，还和家人一起又来买了很多水果。

在活动区总结时，我请这名幼儿介绍了她来买水果的经过，并且抓住这个游戏情节，和幼儿讨论："如果你要买水果，你怎么说？""如果你是卖水果的老板，你会怎么说？"

自从幼儿买水果的情节出现后，娃娃家经常会有幼儿抱着娃娃来自然角买水果。我发现幼儿的兴趣和需要后，与家长们沟通，请他们带着幼儿一起到菜市场或超市买东西，引导幼儿观察大人是怎么买东西的，回来后请幼儿进行表演，借此丰富幼儿的买卖经验。

在之后的游戏中，常常有离自然角比较近的幼儿会自动化身为卖水果的人，幼儿的对话内容也慢慢丰富，他们能够熟练运用最基本的买卖用语，如："你这个梨多少钱？""五块。""给我一个梨。""好的，给你。"……虽然很简单，但很多幼儿都愿意进行这样的交往。在这个过程中，教师能够满足幼儿像成人一样进行社会交往的渴求。

教师思考：

从买水果的小小片段中，我们不仅从中了解到幼儿感兴趣的生活场景，还看到幼儿的游戏水平。从操作层面上看，幼儿的表现还告诉我们，他们想要玩什么，并且可能需要哪些支持。

从片段中，我们惊喜地发现幼儿在自发地创设新的游戏情节，这说明他们的想象力和创造力在日益发展。他们能够主动迁移生活经验，通过观察生活获取新经验，并且渴望内化这些新经验。此外，幼儿在过程中充分利用身边的资源，打破区域界线满足自己的游戏需求，体现了幼儿在班级生活中的自信和主体地位，他们也开始有意识地掌控自己的生活。

教师应该珍视幼儿在日常游戏中这种自然、简单、短暂的游戏行为，因为它源于幼儿。必要的时候，我们要充当幼儿的游戏资源，既是幼儿的伙伴，又是他们游戏材料的提供者。在买水果游戏中，我们尝试为幼儿提供更多的支架，支持幼儿的游戏情节。同时，教师在幼儿没有游戏对象的时候，及时配合幼儿的游戏，支持幼儿的游戏开展。

▶ 故事 9

烤串的架子搭好了

杨　颖　袁正义

年 龄 班： 中班

故事背景：

《3—6 岁儿童学习与发展指南》（以下简称《指南》）指出，教师要“理解幼儿的学习方式和特点”。那么，幼儿究竟是怎样学习的？作为教师，我们要善于观察与倾听幼儿，了解幼儿的需求，为幼儿创设充分的自主学习与游戏的空间，珍视游戏的独特价值，让幼儿在游戏中获得自主、快乐的发展。

故事描述：

活动区时间，晨晨来到建筑区，他对教师说：“我想搭一个烤羊肉串的架子。”教师说：“我很期待，你可以选择自己需要的材料。”

晨晨选了两个圆柱体积木作为底部支架，又选了一个长方形、扁扁的积木，想盖在支架上。接着，他又选来一个辅材——一块镂空的平面积木，想当烤串的篦子。晨晨想将长积木架在两个圆柱体积木上，可总是掉下来。这样尝试了三四次后，晨晨眉头皱紧了，拿放积木的力度显得更大。教师发现了幼儿遇到的困难：两个圆柱体挨得太近，上面的积木不好平衡。教师走近幼儿，继续站在建筑区旁边观察。

晨晨继续尝试，他先将一个圆柱体向旁边移了一下，接着放长方形积木，长方形积木向一头侧翻着。他又将另一个圆柱体向另一侧挪了挪，又接着放长方形积木。幼儿开心地笑了，长方形积木很稳当。他用手碰了碰圆柱体支架，支架也很稳当。晨晨很满意地拿来刚刚选好的镂空辅材，放在最上面一层，然后两手拍了拍，对教师说：“老师，快来看，烤串的架子搭好了！”

家长反馈：

教师将幼儿在建筑区的游戏表现和家长进行交流，家长很欣喜。幼儿每天回家都会路过一个烤串的大排档，所以对此很感兴趣，没想到幼儿能够将生活中的经验运用到游戏中。家长更加欣喜的是，幼儿能够锲而不舍完成一件事情，这在幼儿的成长中很宝贵。家长也很认同教师放手给幼儿空间的教育理念，表示要在家庭中运用这种理念，促进幼儿的自主发展。

教师思考：

在搭建过程中，晨晨在“盖顶”这一环节失败了三四次之后，显得很气馁。我想，要不要介入到幼儿的游戏中，给幼儿一些指导，帮助幼儿解决问题，让幼儿获得成就感？继续观察是因为教师看到幼儿在调整动作——挪圆柱体。晨晨一般很少到建筑区游戏，我想是不是可以再等一等，看看晨晨自己能不能搭好，也可以了解一下晨晨的搭建水平。结果证明，我的等待是值得的。幼儿通过自己的尝试，解决了游戏中的问题，获得的成就感要远远胜于在教师帮助下获得的成就感。教师也获得如下启示。

1. 等待，是另一种支持。一般而言，教师在幼儿游戏过程中能够积极地给予指导，促进幼儿在原有水平上获得新的提升。如果教师不介入，幼儿能否通过自己的学习来实现发展呢？如果教师直接的帮助是对幼儿的支持，那么退出来、等待幼儿自主探索，是另一种隐性支持。这种支持给了幼儿更广阔的空间，让幼儿不仅获得自主发展，还获得了坚持、锲而不舍等学习品质。案例中，教师的支持表现在，当幼儿说出搭建主题后，教师表示“我很期待”，进一步激发幼儿搭建的意愿。教师对幼儿说：“你可以选择你需要的材料。”这让幼儿也许不太确定的游戏主题借助材料的选择更加明确，推进了游戏的进程，顺应了幼儿的游戏意愿。

2. 等待，是另一种考验。也许我们可以通过巧妙的教育方法，引导幼儿搭建一个漂亮、复杂的建筑。也许我们也可以借助同伴资源，帮助幼儿获得经验提升。但是任何一种可能，都没有幼儿通过自己探索学习获得的发展更让人惊喜。如果说，游戏指导考验着教师的教育策略，那么我想，等待则是另一种考验。

3. 等待，是有心的观察。等待，不是盲目的退出，不是放手不管，而是要求教师带着目的对幼儿进行观察。我们常常提倡让教师观察幼儿，在观察幼儿的基础上给予适宜的支持。那么，怎样观察幼儿？观察幼儿的学习与游戏一定要有目的，如幼儿的游戏水平如何？幼儿目前遇到的问题是什么？如果幼儿通过自己探索不能解决问题，我们要在什么时机介入？怎样介入？

总之，我们要用欣赏的眼光看待幼儿的一举一动，用心观察与聆听，适时等待与支持，真正了解幼儿的需求，走进幼儿的内心世界，做幼儿学习与游戏的支持者、合作者、引导者，陪伴幼儿度过快乐、美好、充满想象与探索的童年。

幼儿学习与发展：

在一个短短的搭建游戏中，我们看到了幼儿自主学习与游戏的状态，主要表现在以下三方面。

1. 幼儿自主选择游戏内容。晨晨在建筑区游戏中，有自己明确的搭建想法，就是要搭一个烤羊肉串的架子。他将生活中的经验迁移到游戏中，想通过搭建实现自己的想法。从游戏意愿来讲，这是一种自主选择。

2. 幼儿自主选择游戏材料。晨晨在向教师表达搭建意图后，教师仅仅是提醒他要选择材料，并没有告诉幼儿具体要选择什么材料，这给了幼儿自主选择的空间。

3. 幼儿自主解决问题。在用长方体盖顶的过程中，晨晨反复尝试都失败了，教师欲帮又止，将探索的空间和权利还给了幼儿。最后，晨晨通过不断“试误”，获得了新经验的提升，即拉大两个圆柱体的距离，可以增加支架的稳定性，这是晨晨在自主探索中获得的直接经验。正如《指南》提到的，我们要“最大限度地支持和满足幼儿通过直接感知、实际操作和亲身体验获得经验的需要”。

4. 幼儿学习品质的发展。晨晨一遍遍地尝试，在“失败—调整”中反复操作。在这个过程中，他获得了学习品质的发展，如专注、坚持、想象、探究、不怕困难等。这些积极的学习品质，都将成为幼儿终身学习与发展所必需的宝贵品质。

从整个游戏过程来看，幼儿有自己的游戏意愿，教师的一系列做法顺应并支持了幼儿的意愿，幼儿玩的是“自己的游戏”，不是“教师的游戏”。

故事 10

我今天不想上英语课

王欣欣

年 龄 班：大班

故事背景：

今天，到了该上英语课的时间了，幼儿都已经坐好，跃跃欲试，恒恒突然站了起来，跑到前面去。

故事描述：

我走过去问恒恒：“准备好上课了吗?”恒恒说：“我今天不想上英语课。”我问他想不想做点其他的事情，他说希望继续装饰没完成的小箱子展台。说完，我和他来到美工区寻找材料，随后他去装饰小展台了……

在接下来的半小时里，他一直非常专注地装饰小展台，一边装饰一边和我说："王老师，我想要做一个独角兽。"说完开心地笑了起来。我和他小声交流："这个独角兽很可爱，可是把小朋友的脸挡住了，怎么办?"恒恒很同意我的意见，马上想办法进行修改。在制作的过程中，他偶尔还会回头看英语活动的现场，并说出教的单词。对于教师提出的问题，他也积极思考并回应。他的表现真的很让我惊讶。

教师思考：

装饰过程中，恒恒不仅表现了较强的专注力，同时还熟练使用了很多材料和工具，操作能力很强。另外，恒恒还是一个很好的合作伙伴，能积极听取身边人的建议，去改善自己的作品，并且愿意动脑筋尝试解决问题，最终坚持做完一件事。此外，在制作展台的过程中，他还吸收了英语教师讲课的内容，体现出很强的学习能力，这些都让我看到幼儿了不起的方面。

恒恒不上英语课，也许有他自己的原因。教师在理解幼儿的前提下，引导他去做自己想做的事情。在恒恒后来的行为中，我们看到幼儿并不是不喜欢学习英语，相反他对英语学习很有兴趣，做着手中的事情还听课，并跟着大家一起说单词。我想，也许他只是不喜欢在那个时间和大家一起以上课的方式去学习，或者他在希望把自己没装饰好的小展台工作继续完成。但可以肯定的是，在幼儿的想法得到顺应的时候，当他去做自己想做的事情的时候，他是在用自己的方式学习，而这时候幼儿通过学习获得的发展不仅仅是英语或者美术水平的提高。

每名幼儿都是具有独立人格的个体，他们都有着自己独特的想法。对于恒恒今天不想上英语课的表达和表现，作为教师，我们首先应该认识到幼儿有不同的想法，尽量尊重他们的意愿，然后耐心解读幼儿行为表现背后的真实想法。幼儿想要告诉我们的，往往蕴含在他们自发的行为表现中。通过观察幼儿的游戏过程以及他们的每个细小动作、表情、言语，我们都会发现他们的想法。教师应在幼儿喜欢的事情和学习方式中发现他们的成长，寻找支持他们发展的契机，这样才能真正促进幼儿快乐、自主地成长。

第三章

改善师幼互动中的教师应答观念和行为的方法

研究师幼互动中的教师适宜应答策略的过程，实际上也是我们研究探索改善教师应答观念和行为的过程。由于师幼互动情境的复杂性以及影响教师应答因素的复杂性，对教师应答观念和行为的改善也是一个复杂和长期的过程。在研究中，我们以师幼互动实践为依托，以教师做到适宜应答应具备的基本观念和能力为指向，在实践中尝试探索改善教师应答观念和行为的途径。

因此，我们通过情境研讨式园本教研、教育叙事研究等方法，在“实践—研究—实践”的循环过程中，实现教师的正确教育观念向正确教育行为的转变。此外，教师通过讲述自己的教育故事，实现对师幼互动情境中应答策略的总结、研究和反思，并通过持续的追踪记录以及团队支持实现自身观念向行为的转变。

第一节　情境研讨式园本教研

一、情境研讨式园本教研概述

情境研讨式园本教研是指以园本教研为载体，以具体典型的师幼互动情境为依托，让教师在情境回归中学会关注幼儿，树立“以幼儿为本”的师幼互动观；让教师在情境研讨和反思中，学会判断幼儿言行表现和情境的核心价值，改善教师应答的观念与思维模式；让教师在情境学习中，积累和丰富教师应答的实践智慧。情境研讨式园本教研的开展以教师小组合作研究的方式展开，其基本步骤和过程如下：

确定目标——选取情境——情境回归——倾听想法——研讨反思——迁移提升——回归实践

其中，某些环节对于改善教师的应答行为具有明显的促进作用，可用图 3-1进一步说明。

（一）情境研讨式园本教研对改善教师应答观念和行为的作用

从师幼互动发生的特点来看，无论是教师发起的师幼互动，还是幼儿发起的师幼互动，教师适宜互动行为的产生，从头脑意识到做出行为反应，必然经历一个“关注幼儿的行为表现—分析幼儿的核心需求—判断情境的核心价值—选择适宜的应答策略”的反应过程。在这个过程中，前三个阶段是在教师观念和思维层次完成的，是内隐性的。只有教师的应答行为策略是外显性的。情境研讨式园本教研对于教师应答观念和行为的改善，正是基于教师师幼互动观念和行为的发生特点以及教师学习的基本特点展开的。其作用具体体现在以下方面。

1. 情境回归，使教师关注幼儿，树立“以幼儿为本”的师幼互动观

师幼互动作为幼儿园一日生活各个环节中教师和幼儿以师幼接触为基础的双向人际交流，具有典型的情境性特征。在这种教育情境下，教师和幼儿共同生活、相互影响、相互作用，最容易产生教育体验。这里既有教师的体

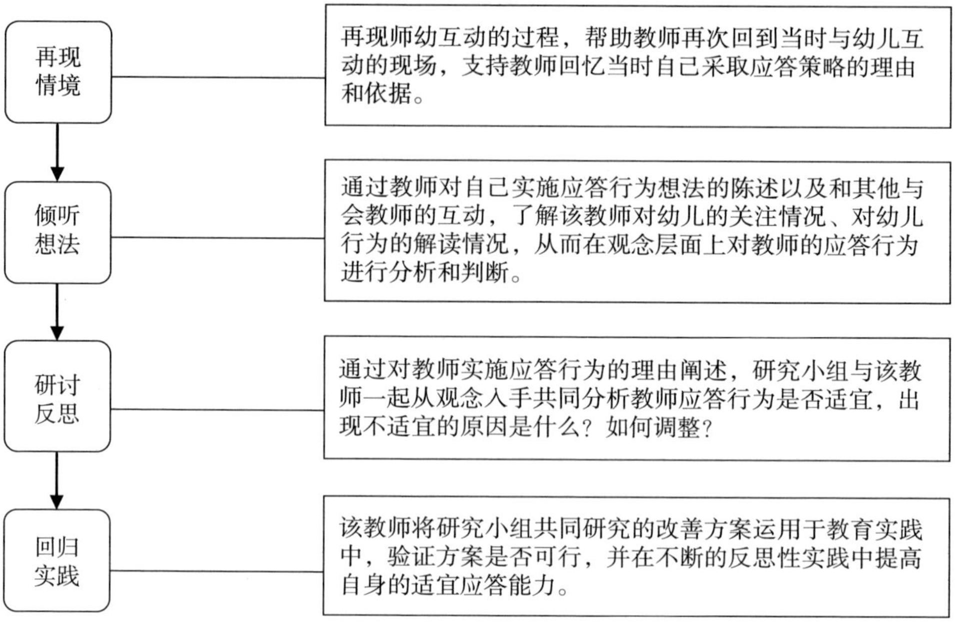

图 3-1　情境研讨式园本教研改善教师应答观念和行为的基本流程图

验，也有幼儿的体验。而教师对于幼儿体验的准确理解是教师发出高质量师幼互动行为的重要基础。正如《纲要》中所说，“教师要关注并敏感地察觉幼儿在活动中的反应”，及时以适当的方式应答，形成合作探究式的师幼互动。关注和分析幼儿的表现，是教师与幼儿展开高质量师幼互动的基础和前提。关注和分析幼儿的表现，就是指教师要在师幼互动中关注幼儿的体验，“以幼儿为本”展开师幼互动。

情境研讨式园本教研选取典型的师幼互动情境，让教师重新回归到师幼互动的情境中，从分析师幼互动情境中“幼儿的表现说明了什么”入手，引导教师关注师幼互动中幼儿的心理需求和体验，使教师逐渐形成“以幼儿为本”的师幼互动观，进而使教师逐渐能以师幼互动中幼儿的表现和体验为基础，去改善自己的师幼互动行为，并对幼儿产生积极有效的影响。

2. 情境反思，使教师学会判断，改善教师的师幼互动观念与思维模式

反思在本质上属于教师在教育情境中主动实施的研究性活动。师幼互动情境中的教师反思是行动中的反思，行动中的反思是一种临场性的反思，它

使得我们立刻与面对的情境和问题相协调。教师在师幼互动中处于行动者和实践者的位置。在当下的师幼互动情境中，教师没有停下来思考的时间，必须敏锐地对幼儿的表现和反应做出直觉判断，并当机立断做出师幼互动反馈。师幼互动中教师的直觉判断和即时决策行动，很大程度依赖于教师固有的师幼互动观念和思维模式。我们要改善固有的师幼互动观念和思维模式，形成新的师幼互动的“个人行动理论”，让教师针对典型的师幼互动情境展开反思。进行反思性问题诊断的过程就是“探究那些决定了我们思考和行动的框架，澄清和揭示我们自以为正确的观念和行为的过程”①。

情境研讨式园本教研的活动过程，就是再现师幼互动的情境，使教师重新回归到真实的师幼互动情境中展开思考，探究“幼儿的表现和反应说明了什么？当时教师对于幼儿的表现和师幼互动情境做出的判断是什么？做出这样判断的理由是什么？反映了什么样的观念？面对当时幼儿的表现和情境，我们应该做出怎样的判断？基于这样的判断，我们应该怎样与幼儿互动才是适宜的？”。围绕这些问题展开的思考和讨论，无论是情境中的当事人还是现场的研讨者，都在呈现、揭示、澄清头脑中的已有观念和行为，逐渐形成新的支持教师师幼互动行为的思维模式。

3. 情境研讨，使教师在情境中学习，丰富教师的师幼互动实践智慧

当代情境学习理论的研究认为，学习就是情境认知，知识的学习离不开知识运用的情境。离开情境的知识，只能是一些没有意义、呆滞的知识，不可能和个人经验、现实社会产生联系，因此不可能产生迁移和现实运用的效果。在情境研讨式园本教研中，教师围绕典型的师幼互动情境，针对情境中的问题展开思考和讨论，这也是教师在情境中学习的过程。这种过程是教师在情境中学习解决师幼互动实践问题的过程，是一种问题基础上的情境学习。教师在情境研讨中获得的对于幼儿表现的分析和判断、适宜的应答策略等方面的经验，都将形成教师的“情境理性”。如哈贝马斯关于情境理性的观点所认为的：“人类的理性总是嵌入在具体真实的情境之中，并随情境的变化而变

① ［美］Stephen D. Brookfield. 批判反思型教师 ABC［M］. 张伟，译. 北京：中国轻工业出版社，2002：2.

化。”而这种“情境理性”将会是教师个人实践知识的一部分，将会丰富教师的实践智慧，这是教师在面对真实的师幼互动问题和情境时可以迁移和运用的经验。

（二）情境研讨式园本教研的开展

考虑到情境研讨式园本教研在改善教师师幼互动观念和行为方面的作用，我们根据实践经验，总结了情境研讨式园本教研的关键环节和步骤。

1. 典型师幼互动情境的选取是前提

情境研讨式园本教研的基本载体是师幼互动情境。选择典型师幼互动情境是开展教研的前提。选择什么样的情境作为研讨的典型情境呢？

实践中，我们选择师幼互动情境主要有两条途径：活动前预选和活动中生成。活动前预选典型师幼互动情境的途径主要有两种。第一种是教师日常写的文本式师幼互动记录与笔记。第二种是日常进班的录像，录像重点是教师在一日生活中与幼儿进行师幼互动的场景。第一种以文本方式呈现，它的特点是所有读者从静态的文字描述中获得的信息是一致的，特别是教师对幼儿的分析和自己应答策略的反思，都能给读者提供很多行为背后的信息，这有利于讨论焦点的集中。第二种以影像方式呈现，教师的自我分析放在研讨中而非录像中，它的特点是面对动态的画面，每位观众受自身的经验水平、爱好倾向以及对师幼互动中双方的熟悉程度等因素影响，可以有不同的关注点和见解，这有利于形成开放的讨论氛围，促进思维共享。无论是文本式还是影像式，典型师幼互动情境在教研活动中都会带给教师很多有益的启发和收获，因此非常受教师欢迎。除此之外，我们还会使用活动中现场抓取典型师幼互动情境的方法。

（1）文本式典型师幼互动情境的选取要点

文本式典型师幼互动情境主要来源于教师撰写的师幼互动笔记，这类笔记通常是教师从自己与幼儿一日生活的师幼互动中选取的最有感触、最受启发或者深感困惑的互动片段。文本式典型师幼互动情境的选取主要遵循以下四点。

了解教师需求。幼儿园的业务干部要清楚了解本园师资队伍整体的专业发展状况和不同层次教师的发展需求。

认真分析笔记。教师每周都要撰写教育笔记（师幼互动笔记）。当教师把自己写的笔记交上来的时候，业务干部认真阅读，明确每篇笔记反映出来的教师在专业素质上（具体而言，可以是在应答行为上）的优势和不足。

寻找契合点。从教师的师幼互动笔记中选择能反映教师专业发展上的典型或突出的专业需求，作为教研活动所需的典型师幼互动情境。并不是任何一篇笔记都可以作为典型师幼互动情境拿来在教研活动中使用的，而一定是典型、能反映教师专业成长的普遍需求的。这一点是选择文本式典型师幼互动情境最为重要的一个原则。

预先沟通。这是“以教师为本”的理念在教研活动中的体现，即在选定典型师幼互动情境后，教研活动组织者与撰写该篇笔记的教师之间进行必要的沟通。沟通的内容主要是与教师就笔记反映出来的问题展开的沟通，更重要的是通过沟通，使教师能自愿把笔记作为研究案例呈现。因为一旦教师撰写的师幼互动笔记被教研活动所采用，就需要该教师在教研活动中把自己与幼儿互动的过程和想法进行必要的说明，这必须建立在该教师愿意在众人面前公开自己想法的前提下。

（2）影像式典型师幼互动情境的选取要点

影像式典型师幼互动情境的选取需要活动组织者必须学会剪辑。教研活动时间有限，而原始录像带占用时间长，信息量大，问题零散，即便是采用选择性播放，也不能为观众提供连贯的视觉影像。采用典型情境的方式则可以有效聚焦问题，促进研讨深入。因为剪出来的典型师幼互动情境可以在有限的时间内给教师提供更多有价值的信息，引发教师更有价值的思考，在更大程度上促进教师对自身教育行为的反思性实践。影像式典型师幼互动情境的选取应遵循以下五点。

录像要有目的性。这是选取的情境具有研究价值的基础条件。当我们进班录像时，一定要明白自己今天要围绕什么进行摄录，这样录像的时候才能不盲目，也才能在最大限度上保证所录内容能尽可能地说明要研讨的问题，进而被最大限度地采用。

分析要有针对性。在完成录像素材采集工作后，对素材进行分析就摆在眼前。此时，教师首先要做的是要对被录像教师的专业发展状况有全面了解，这部分如果能在录像前完成则更好。因为被录像教师有可能是某专业水平教师群体的代表，也可能是某一典型教育行为的代表。我们对该教师的专业发展状况有清楚认识后，就可以使剪辑工作有一定的目的性，提高剪辑的效率。

选择要有代表性。日常教学活动中的录像通常都是实拍，录完的素材因此都是大段的生活情境再现。要想从大段的录像中选取有价值的片段，就要选择有代表性的内容，即能体现研究主题的内容。以我们研究的教师应答行为而言。有代表性的内容，就是被录像教师在录像中体现出来的有代表性的应答行为。当有代表性的内容被确定下来后，剪辑工作的思路和线索也就清晰了。

剪辑要有完整性。剪辑时，要把录像中能体现研讨教师代表性行为的片段选取出来。为了突出要研讨的问题，剪辑出来的内容一定要真实，在保证事件完整清楚的前提下情节应典型精练。只有这样，在教研活动中，教师们看录像时才能在短时间内对事件有全面、清晰的了解，这样才有助于研讨活动的开展。

情境要有独立性。在利用录像进行研讨的教研活动中，简明扼要的录像是保证活动效率的基础条件，这就要求教研活动的组织者在剪辑时一定要做到一事一剪，不能怕麻烦。所谓“一事一剪”，就是要围绕不同的研讨问题剪辑成不同的录像短片，这样教师们才能在有限的时间内做到“一事一议”或“一事多议”，保证有充分的时间展开讨论，同时也有助于组织者根据活动的进展，灵活调整教研活动的安排，以免出现“欲罢不能”的情况。

（3）活动中现场抓取典型师幼互动情境的要点

现场抓取典型师幼互动情境主要是在所有人亲历互动现场、存在多种主题的师幼互动事件的情况下，从中选取一个典型师幼互动情境的方式。现场抓取活动情境存在随机性强、价值点多、不好聚焦、对组织者现场判断能力要求高等特点，这种方式更适合教师或组织者有一定师幼互动研讨经验后使用。对于如何迅速、有效地现场抓取典型师幼互动情境，我们通常采取的方法有以下两种。

现场聚焦。亲历师幼互动现场后，教师采取“头脑风暴”的方法，请大家回忆给自己印象最深、感受最深的师幼互动情境并说明理由。主持人根据大家的阐述，聚焦大家认为最值得探讨的师幼互动情境作为典型师幼互动情境来共同研讨。

借助叙事手段。在亲历现场前，发放“师幼互动情境记录表”（见表 3-1），请大家记录典型师幼互动情境，根据记录情况，筛选大家记录最多的一个情境作为典型师幼互动情境。

表 3-1　师幼互动情境记录表

名称：______________________________

时间：________　班级：________　记录人：____________________

发生背景	记录师幼互动事件发生前的具体情境（描述现场）。		
互动主题	记录以什么为目的发起的师幼互动。		
	教　师	幼　儿	分　析
互动过程	师幼互动过程中教师的言行表现。	师幼互动过程中幼儿的言行表现。	对幼儿言行表现的分析，包括幼儿的个性特征、前期经验、发展水平等，是对教师采取应答行为的具体说明。
互动结果	师幼互动最终的结果。		
反思	对师幼互动中教师的应答行为进行分析和反思，找出优势与不足，并制定出改进措施。		

说明：1. 师幼互动过程描述要具体到人的言行举止，说了什么，做了什么，表情如何等。

2. 客观记录师幼互动过程，不猜测对方的内心想法，要用具体的言行描述来反映对方的感受，如“她感到很高兴”要改为“她高兴得跳了起来”。

3. 记录完整的师幼互动过程，一定要有互动结果，结果可以是成功的，也可以是失败的。

2. 运用典型师幼互动情境展开研讨是关键

无论是文本式还是影像式，典型师幼互动情境运用到教研中都必须经历以下基本步骤和过程，这样才能真正发挥典型师幼互动情境在提高师幼互动质量、促进教师专业成长方面的作用。

（1）确定目标。围绕教师应答行为现状中出现的主要问题或存在的困惑和需要，确定情境研讨式园本教研的主要目标。

（2）选取情境。围绕目标或情境研讨式园本教研要解决的主要问题，从师幼互动实践中预选或现场观摩中聚焦典型师幼互动情境。

（3）情境回归。通过录像、文本描述或现场抓取等方式呈现典型师幼互动情境，使教师回归到情境中。

（4）倾听想法。了解应答当事人实施应答时的想法，明确教师应答的关注点以及背后的隐观念和已有经验。

（5）研讨反思。围绕情境研讨式园本教研的目标、教师应答的已有经验、应答的关注点以及教师应答行为链（关注幼儿表现—做出适宜判断—产生应答行为）设计和生成问题，展开研讨与反思。如教师在应答中只关注自己的教育行为和目标，"以教师为本"，那么就要围绕"师幼互动中幼儿的言行表现说明了什么？幼儿的核心需要是什么？"等问题展开研讨和反思，树立师幼互动中"关注幼儿、以幼儿为本"的观念。如教师有关注幼儿表现的意识，就要进一步提高教师关注幼儿和做出适宜判断的能力，那么就要围绕"你对师幼互动中幼儿的行为是如何理解的？你做出如此判断的依据是什么？你认为该师幼互动情境的核心价值是什么？可以发展该幼儿什么？"等问题展开讨论与反思。

（6）迁移提升。通过对情境的深入研讨和反思，尝试进行经验迁移，即"你从中获得的关于应答的启示是什么？再遇到类似的情境你会怎么做？"，从中提升和总结出获得的经验和认识。提升和迁移经验的方式可以是现场情境体验、表演、小组汇报等方式。

（7）回归实践。教研活动结束后，教师将情境反思和学习所获，运用于师幼互动实践中，教研组进行跟踪指导和研究。

情境研讨式园本教研的目的在于改善教师教育行为，提高教育质量。而提高教研有效性非常重要的一点就是要聚焦问题，这个问题一定是依托一定情境反映出来的，因此所选情境越典型，就越能有效地聚焦所要研讨的问题。在研究教师应答行为过程中，典型师幼互动情境可以通过生动的形式呈现要研讨的问题，而这种情境性恰好符合幼儿园教师在教研活动中喜欢"就事论事”的特点，使教师在教研活动中有话可说。同时，教研中结合典型师幼互动情境展开的“研讨—提升—迁移”等环节，则促进了教师在讨论中的思考和自我反省能力的提高以及在工作中的反思性实践工作。

二、情境研讨式园本教研活动案例

下面是一些典型的情境研讨式园本教研活动案例。通过案例，我们可以看到如何在情境研讨式园本教研中改善教师的应答观念和能力，最终支持幼儿发展。

案例 1

面对幼儿的展示行为，教师应如何应答

陶　扬

组　　别： 教学组

时　　间： 2007 年 11 月 6 日

地　　点： 礼堂

活动目标：

1. 通过案例分析，提高教师分析幼儿表现的意识和能力。
2. 通过参与式体验，增强教师关注幼儿表现的意识。

活动过程：

1. 围绕案例（附后），思考展示行为的表现是什么，说明了什么。

陶：刚才，我们看到的幼儿展示行为是什么类型？

卫：幼儿间接展示。

程：求助。因为她不自信，来问教师。

陶：幼儿有动作，是幼儿主动发起的。这说明了什么？

范：想得到肯定。

佳：很自信。

旋：希望一次又一次得到肯定。

2. 案例分析。

做活动教师自评：我的关注点是从教育目的出发，没有听幼儿对于自己作品的讲解，我第一感觉是幼儿向自己求助，所以就很武断地向幼儿提出了更高的要求，致使幼儿越来越不愿意画。自己判断幼儿的行为没有从幼儿出发，是一种错误判断。

陶：教师应该关注幼儿的需要、需求。

3. 讨论关注幼儿需求的目的是什么。

范：使幼儿敢于、愿意尝试更多的事情。

佳：更有目的地指导幼儿。

康：使幼儿得到发展。

程：使幼儿在快乐中获得自信心。

陶：教师关注幼儿发展的需要，同时还应该关注幼儿情感上的需要。

小结：我们此次教研打算采取参与式体验的方式，让教师切身感受幼儿的想法，目的是使我们在面对幼儿的行为时，能更准确地进行判断，从而使幼儿得到更好的发展。录像中教师对幼儿的行为有判断，但是多数是从教师的角度进行，也并非准确。这从幼儿的反应即可得到验证。

具体策略：多问一句，即“你愿意讲一讲你的作品吗？”之类的话。

4. 参与式体验。

幼儿分两组展示教师如何应答：（1）言语组。幼儿说：“老师！”教师回答：“你画的这是什么呀？”（2）非言语组。幼儿走向教师，举着画，教师说：“听 ×× 讲一讲他画的图画。”

思考两位教师与幼儿的互动预想是否应有调整？

第一组教师：首先肯定幼儿的行为表现，其次帮助幼儿梳理经验。但在满足幼儿情感的同时，教师应如何满足其技能发展的需要？（困惑）

第二组教师：不知道教师应答的第一句如何回答。（困惑）先听一听幼儿对于自己作品的讲解。（增强教师自信心）与幼儿的互动是一种享受又是一种游戏。

展示幼儿：想得到肯定。

建议：具体情况具体分析，教师的应答要根据不同幼儿的表现给予不同的应答，还要看当时的情况。

5. 启示与收获。

硕：教师应尊重、倾听幼儿，给幼儿表达的空间。

康：有效的师幼互动应该是深层次地尊重幼儿。

程：师幼互动的目的更加明确——针对不同的幼儿给予不同的指导。

董：教育活动不光要备教材，还要备幼儿。

卫：在实施教育时，教师心中应该有目标。

王：除了有发展的大目标之外，还应该有每次活动的具体目标，即大目标与小目标都应该装在心中。

旋：教师的应答不是千篇一律，而应给每名幼儿发展的空间。

佳：教师还应该了解幼儿的年龄特点。

范：通过这次活动，我觉得教师在活动中要多观察、了解幼儿，同时还要不断充实自己。

纪：心中装着大目标，与幼儿共同成长，走进幼儿的内心。

孔：我们要关注幼儿的真实需要，不要急于对幼儿的行为做出判断，有的时候没有给幼儿表达的时间，所以我们的判断显得仓促，甚至有误。

小结：教育活动中的师幼互动应该是在满足幼儿心理与技能发展需求的基础上进行的有效应答。对幼儿行为的正确判断是实施有效师幼互动应答的必要前提。幼儿的行为是动态的，教师的判断也是瞬时的。在刹那间进行正确判断同时给予回应，对教师的要求很高，这就要求我们要了解幼儿。这也是本次教研活动最深刻的主题——关注幼儿。

典型师幼互动情境

老师，你看我画得好吗

年 龄 班： 大班

发生背景：

在“我也行”活动中，幼儿通过绘画形式表现“我也行”——我能做得最好的事情。绘画开始后，全体幼儿在认真地画画。一会儿，晶晶手里拿着画，离开座位，来到我面前……

互动过程：

（教师此时正在观察幼儿画的作品。晶晶离开座位，来到我面前，双手把画举到我面前。）

晶晶：王老师！

师：（看了她的画）哦，晶晶，王老师看出你想画的是你能主动用盐水漱口和主动喝水了。

（晶晶没有反应，看着我。）

师：可是老师没有看出来哪个是在用盐水漱口，哪个是在喝水，你再去想想。

（晶晶没有说话，拿着画回到座位。）

（过了一会儿，晶晶在座位上举手，向教师示意她画完了，教师走到她身边。）

晶晶：（把画拿给我看，看着我）王老师，您看！

师：晶晶，你这个有台子的，王老师看出来是放水杯的，应该是表现你能主动用盐水漱口吧，那这幅你想画主动喝水吗？

晶晶：嗯！

师：那你看看咱们班接水的地方有什么啊？

晶晶：有红色的水桶！

师：对啦，真聪明！

（晶晶笑了一下。）

研究案例分析：

典型情境聚焦问题。研讨活动选取的典型师幼互动情境看似很平常，但如果深入思考和分析，我们会发现它背后传递出教师在师幼互动的应答中的一种惯常思维和习惯，反映出应答中教师关注幼儿的意识和能力有待提高。典型师幼互动情境将问题聚焦到应答中如何在关注和分析幼儿表现的基础上满足幼儿心理需求，这也正是本次研讨活动要达到的核心目的。

参与式体验使研讨走向深入。在本次研讨活动中，在分析师幼互动情境的基础上，我们通过参与式体验的方式，使教师重新回到情境中。在情境体验中，教师将前面研讨获得的经验进行迁移，在同伴启发中丰富教师应答的策略，使教师在情境和体验中改变自身的应答观念和行为，发挥出情境研讨式园本教研的实效。

建　　议：

研讨过程中要不断聚焦问题，使教师能够围绕核心问题展开持续深入的思考。此外，如果研讨活动后有研究跟进，效果会更好。

▶ 案例 2

与幼儿互动时，怎样才能真正做到“以幼儿为主体”

李　红

组　　别： 区域组

时　　间： 2008 年 4 月 3 日

地　　点： 河东教室

活动目标：

1. 在案例分析中，引导教师将“以幼儿为主体”的观点落实到具体教育行动中。

2. 丰富和提高教师的应答策略。

活动过程：

1. 看案例（附后），思考问题。

在这个师幼互动的案例中，幼儿的核心需求是什么？这个师幼互动情境的核心教育价值是什么？在这样的需求和教育价值之下，请你对教师的应答行为进行分析。

2. 展开讨论，求得共识。

（1）分析幼儿，判断其核心需求以及该情境的核心教育价值。

教师一致认为幼儿的核心需求是寻求答案，即蝌蚪有眼睛和嘴吗？

教师认为这个情境下蕴含的教育价值有发展幼儿的观察力、丰富幼儿的相关经验、培养幼儿独立发现和解决问题的能力。这名幼儿平时表现是观察不细致。所以，针对这名幼儿而言，这个情境的核心教育价值是发展幼儿的细致观察能力。

（2）分析研讨教师的教育行为。

教师最初一致认为，教师的应答行为适宜、有效，因为教师作为支持者、帮助者，引导幼儿通过细致观察，自己找到了答案。他们特别提到，教师为幼儿提供观察盒，使幼儿能够进行细致观察并得到有效支持，这是幼儿最终能自己找到答案的关键所在。

在这种情况下，主持人提出下面这个问题，请教师们继续思考：

①教师让幼儿猜的问题（如果有，在什么地方？）和幼儿向教师提出的问题（有没有眼睛和嘴？）是同一问题吗？（教师进行话题转移，是偷换概念。）

开始，教师们并没有意识到这两个问题有什么区别。在主持人的引导下，教师们逐渐理解幼儿的问题会出现两种结果，即可能有和可能没有。但教师的问题已经经过教师的筛选，并转移到“在假设有的情况下，猜想会长在什么地方”。

在教师们认同教师的问题和幼儿的问题是两个不同的问题后，主持人进而提出了下一个问题。

②教师提出这样的问题，说明教师关注的是什么？（关注幼儿的问题，还是教师的问题？这是在以谁为本？）

有了前面的认识，教师们很快意识到，在这个师幼互动过程中，教师关注的是自己的问题，教的意识比较强，留给幼儿自己思考、解决问题的空间小。

找到了问题后，大家进一步讨论。

③什么样的教师应答更适宜?

通过上面的分析，大家对教师如何应答更为适宜提出了不同的见解。

一种是当幼儿向教师提出问题后，教师不急于转到直接指向幼儿的发展指导上，而是引导幼儿做进一步观察，看幼儿自己能否在观察中找到答案。如果幼儿仍然观察不到，教师再提供观察盒。当幼儿自己发现小蝌蚪是有嘴和眼睛的时候，再进一步提出“是长在什么地方的?”，使幼儿在观察时更细致、更有目的。这种做法的好处在于教师是从幼儿关心的问题入手，在支持幼儿寻找答案的过程中，达到了发展幼儿细致观察、独立解决问题的能力。

另一种是在幼儿向教师提出问题后，教师可以发挥同伴的作用，引导同伴之间交流和分享。在这一过程中，教师可以适时介入，如提供观察盒、提出引发幼儿进一步细致观察的问题，如“小蝌蚪的眼睛和嘴是长在什么地方的?”。这种做法的好处是教师是以隐性支持者的身份出现，同伴学习成了幼儿解决问题的主要途径。应该说，教师勇敢的退出，为促进幼儿主动学习创造了条件。同时，教师在幼儿学习过程中适当介入，也保证了幼儿在这一过程中获得的发展。

3. 活动总结。

（1）与幼儿互动时，坚持做到满足幼儿核心需求。

适宜的师幼互动要基于教师对幼儿的真正理解，理解幼儿的真正需求并加以满足，只有在满足幼儿需求的基础上实施具有发展意义的教育，才能实现幼儿的快乐发展。

（2）要从“以教师为本”的教育转到“以幼儿为本”的教育。

指导幼儿时，教师要首先关注幼儿的问题，在解决幼儿问题的过程寻找适宜的转折点，并自然过渡到教师关注的问题，而不是直接让幼儿抛开自己的问题去思考教师的问题。

4. 布置下次活动基本内容。

结合今天的讨论，你认为本案例在反思时应反思什么？下次讨论。

典型师幼互动情境

小蝌蚪的眼睛和嘴在哪里

年 龄 班： 小班

发生背景：

小蝌蚪在慢慢变大，幼儿对它很有兴趣。“小蝌蚪有嘴和眼睛吗？”小新跑到我面前大声地问了起来。天一说：“没有。”翔宇说：“有。”继而，一群幼儿争论起来。

互动过程：

师：小蝌蚪有没有嘴呢？我请小朋友猜一猜，如果有嘴，会长在什么地方呢？可以把你的想法画出来。

小新：（拿着自己画的小蝌蚪）老师，我觉得小蝌蚪的眼睛和嘴是这样的。

师：（给小新一个观察盒）你把小蝌蚪放在这里仔细看一看。

小新：（捞起一只小蝌蚪仔细看，大叫）老师，我看见了，看见了它的眼睛和嘴！

师：请小新把看到的小蝌蚪画下来。

小新：（拿着画好的蝌蚪）它是这样的。老师，我看到了。

师：你真棒，观察真仔细，给小朋友们也讲讲吧。

研究案例分析：

典型师幼互动情境引领观念向行为转变。观念的改善源于认知冲突的产生。该情境研讨活动的过程经历了“初次研讨达成表面共识—主持人抛出研讨问题—再次研讨—引发认知冲突—转变思考角度—将认识层面的共识向行为转化”等阶段。这样的逐步改善观念和行为的过程，实际上是借助一个能够引发认知冲突的典型师幼互动情境而展开的。该典型师幼互动情境背后传递出教师在师幼互动中“以教师为本”的师幼互动理念。研讨的开始阶段，教师借助师幼互动情境分析呈现出的是固有的师幼互动观，然后在主持人的引领下逐步发掘情境背后价值取向和观念目的，则是引导教师树立师幼互动中“以幼儿为本”的理念。“以教师为本”和“以幼儿为本”对研讨者构成了认知上的冲突，对研讨者的固有经验也构成了挑战，使得研讨者开始构建新的经验。这是本次情境研讨活动最有特点的地方。

建　　议：

研讨中采取灵活有效的方式支持研讨者自主建构新经验，彻底转变固有观念，如可以直接或阶段性采取案例对比分析的方式，直接引发教师认知冲突，更能使教师在研讨中自主建构新经验，树立新理念。

案例 3

面对幼儿的求助行为，教师该怎么办

姚　远　于艳萍

组　　别：生活组（托儿部）

时　　间：2007 年 11 月 20 日

地　　点：托儿部会议室

活动目标：

1. 提高教师基于幼儿行为表现进行师幼互动应答的能力。
2. 掌握教师与幼儿互动的适宜策略。

活动过程：

1. 观看录像，思考问题。

请教师们边看录像边思考问题：录像中，幼儿有哪些突出的行为表现？针对幼儿的表现，教师是怎样与幼儿互动的？

2. 集体讨论。

（1）在刚才的录像中，我们看到了幼儿有哪些突出的行为表现？分析一下这些表现的原因是什么？

师1：我看到有的幼儿起床后，坐在椅子上不动，等教师走过来，教师帮一帮，他才动一动。

师2：是呀，我也看到了有些幼儿自己不动，我班幼儿也有这样的情况。

（2）我们该如何理解幼儿的这种行为呢？

师1：可能是幼儿的生活能力方面有问题，如穿衣技能有问题，如不会穿。

师2：可能有这方面的原因。但是，我们经过前一段时间在环境、生活活动区丰富材料，在主题活动中给予幼儿帮助与指导，所以幼儿已经会穿了，可是他们还是等着教师。

（3）录像中还有一个具体情境。有名幼儿对教师说："老师，我不会。"教师帮助他后刚要走，这名幼儿又喊起来："老师，我还是不会。"幼儿是会还是不会？幼儿为什么会这样说？

带班教师：其实录像中的毛毛自己会穿，有时他就不穿，就等着我帮他。我一帮他，他特高兴。有时我帮他，他还摸摸我头发。

（4）这是什么原因，说明了什么问题？

师2：托班幼儿有被教师爱抚的需要，渴望教师的亲近与关注。

师4：这是幼儿心理方面的需求。

师3：我发现有的幼儿当教师走过去，在他身边提示他时，他也会穿。等教师照顾别人时，他又拿着衣服坐着不动。

带班教师：幼儿好像不愿意做这些事，在家里有家长、保姆帮着穿，幼儿把穿衣当成了别人的事。

师1：这是幼儿兴趣需要方面的问题，他们对穿衣服没兴趣、没需要。

小结：从刚才的录像中，我们观察到幼儿以求助为主题的几种行为表现。大家经过研讨，得出了这样的认识。幼儿以求助为主题的行为主要是由三方面原因造成的。第一方面是身体发育原因，幼儿动作不协调造成穿衣技能有问题。第二方面是越小的幼儿越需要成人的爱抚，对他信任的成人有所依赖，所以他们总希望教师在身边关注他，这是心理需求方面的原因。第三方面是幼儿兴趣与自身需要的问题。

（5）刚才，我们分析了幼儿出现求助行为的几种原因。现在反过来再看录像，教师基于幼儿的行为表现，都是怎样与幼儿互动的？采取了哪些教育策略？是否有效？

师1：针对不会穿的幼儿，教师蹲在他面前，用游戏的口吻，与幼儿交流。如情境中的教师与幼儿玩“钻山洞”，教师拍拍幼儿的小脚，说：“小火车要钻山洞了。”教师和幼儿一起手拿裤子“钻山洞”，穿上了裤子。

（6）这种方法是否适宜，为什么？

师1：遵循幼儿喜欢游戏的特点，采用游戏的方法是适宜的。

师2：教师对待“老师我还是不会穿的”的幼儿，走过去摸了摸他的头，说：“你一定会的，一会儿老师来看你。”并对幼儿微笑地点点头。我觉得这个师幼互动应答是有效的，因为教师了解幼儿不是技能问题，而是需要教师的关注，于是用手摸摸幼儿的头，给予幼儿安抚，同时给幼儿鼓励的语言，鼓励幼儿自己穿好。

师1：幼儿的心理得到了满足，用鼓励方法进行师幼互动是有效的。

师3：从录像上看，教师更多的是主动地发起师幼互动，通过言语、动作来与幼儿互动。示范与帮助、与幼儿身体接触，这些都是有效的。

（7）以上大家提到的建议，主要针对不会穿和渴望教师关注的幼儿。那么，还有什么方法使个别幼儿把穿衣由被动变为主动，愿意自己穿衣服，保护自己呢？

师1：采用说儿歌的方法，儿歌既朗朗上口，又具体形象，可以让幼儿边说边做，幼儿也会感兴趣。

师2：采用游戏的方法，教师用游戏的语言和口吻，如录像中的“钻山洞”游戏，幼儿就有兴趣。

（8）幼儿当时的表现是什么？

带班教师：幼儿积极回应。

（9）为什么会积极回应？

带班教师：因为具体形象性的语言、游戏性的语言，幼儿都喜欢，他们觉得像玩一样，这也符合幼儿的年龄特点。

小结：用鼓励的语言、游戏的语言、拟人化的语言、具体形象性的语言与幼儿互动应答是有效的。

师3：教师还采取了简洁的讲解、边说边帮的方法，也是有效的。但是，教师有时用的提示语，如催促幼儿“快穿、快穿”，是不适宜的。

我想有两个原因吧。一是“快穿、快穿”对幼儿学习穿衣服而言，没什么具体的指导意义，是很空泛的。二是简单的催促可能反而会让幼儿对穿衣服更不感兴趣，但如果有情境，可能会好些。

师4：由于要照顾大多数幼儿，教师不可能与一名幼儿互动很长时间。为了关注照顾更多的幼儿，像录像中那样，教师有时就用给幼儿留任务的方式指导幼儿，如“一会儿我看看你穿好没有”。我觉得，教师要根据幼儿的个体差异来留任务。

小结：这个问题提得很好。的确，适宜的应答可能更具个性化、更能体现幼儿个体差异。由于时间关系，今天我们暂不讨论这个问题，但希望大家在实践中探索在生活活动中怎样根据幼儿的个体差异与幼儿进行互动应答，这也将作为我们下一阶段研究的主要内容。

3. 活动总结。

通过对穿衣环节中幼儿以求助为主题的行为的分析，我们达成了这样的共识。

（1）我们在日常生活中不仅要善于观察幼儿，关注幼儿行为表现与需要，更要通过幼儿的行为解读幼儿的内心和情感需要，这样才能真正做到了解幼儿。

（2）面对幼儿的求助行为，我们的应答一定要符合托班幼儿的年龄特点，如多给予身体接触，满足幼儿渴望被关注、被照顾的愿望（在日常工作中也要如此）；多采用游戏性、趣味性的语言激发幼儿兴趣，帮助幼儿提高能力；教师的语言要简洁、明确，辅之以动作指导。

研究案例分析：

巧妙剪辑、播放情境录像，体现研讨实效。本次研讨活动采用录像分段播放的方式，使研讨者首先就幼儿以求助为主题的不同行为表现进行了深入分析，这是教师研究应答行为的基础，也是情境研讨的起点。有了对幼儿行为表现的深入分析，再播放教师的应答行为录像，这就使得结合幼儿行为表现背后体现的核心需求来分析教师的应答行为落到了实处。

适时介入、对话，使研讨回归幼儿和情境。本次研讨活动中，在提出主要研讨问题的基础上，主持人能适时地与研讨者互动、对话，使研讨始终围绕针对幼儿表现如何适宜应答的教研目标展开，体现了情境研讨式园本教研中时刻“以幼儿为本”的理念。

建　　议：

加强对研讨者背后应答观念的剖析和理念的提升。

▶ 案例 4

师幼互动情境中对幼儿核心需求和情境核心价值的判断

李　红

组　　别： 区域组

时　　间： 2008 年 5 月 21 日

地　　点： 礼堂

活动目标：

1. 提高教师在师幼互动情境中关注幼儿、分析幼儿及判断核心教育价值的能力。

2. 依据对幼儿的了解和判断，丰富教师的适宜应答策略。

活动过程：

1. 围绕案例①，思考问题。

你是如何看待游戏中这几名幼儿的表现？你是依据什么做出这样的判断？

2. 分组讨论，分析录像中幼儿的言行表现，分享观点与想法。

赵：仔仔关心别人，乐于助人。

杨：仔仔挺内向的，不好意思。

邓：仔仔服从较多，甘于平常。

王：迪迪比较拔尖，是在乎结果的幼儿。仔仔只是参与，不很在乎结果，在游戏中获得满足。亮亮有自己的主意，开始不参与游戏，他自己想玩才玩，很会观察，会在适当的时候介入。

张：迪迪是一个领导者，掌握全局，控制整个活动。

王：迪迪会不会受挫能力较差呢？

赵：迪迪比较内向，仔仔无所谓。

杨：仔仔很踏实、安静，不善于表达，有自己的想法，能调整自己想法。

李：如果别人不服从……

杨：应该会听，能调整。亮亮有主见、聪明，希望参与游戏，但不知道方法，适当情况下会发表意见。

贺：迪迪会判断自己、逃避不好的地方，很灵活。

李：亮亮有智慧、聪明。去看、了解、感受幼儿，当时的判断很重要。

大家达成的共识：

亮亮——心里有想法、有智慧、执着。

迪迪——积极主动，为自己争取、创造机会。

仔仔——宽容、不计较、重过程轻结果，社会性发展较好。

3. 在充分了解幼儿的基础上，探讨教师的适宜应答策略。

（1）结合幼儿平时的表现，客观看待幼儿的当前行为，通过幼儿的行为表现了解幼儿内心的感受和想法。

---

① 案例见第二章第二节中典型师幼互动情境“到表演区一定要表演”。

迪迪——希望自己能当第一个。(平时是怎样的?)

亮亮——希望用自己的方式（表演）参与活动。（平时参与活动的情况如何?)

（2）结合对重点幼儿表现的分析，探讨教师应答策略的适宜性。

对迪迪与教师应答策略的分析：

李：要求排第一的行为，说明迪迪的想法是什么？需要什么？

丁：想当第一。

李：此情况发展了他的什么？

邓：游戏中要制定规则，不要一味迁就幼儿，而且之后要给仔仔一个机会。

李：除了这些呢？游戏应该公平、公正，游戏有规则才好玩。

吴：玩游戏应该感到快乐。

王：迪迪会想一些策略，很聪明。他有一种想表现好的心，但不一定第一就是最好的。

杨：他总是展示好的东西，总是把负面的东西隐藏起来。

张：教师引导他，让他知道“最后一个走，不一定得不到第一”。

李：丁老师在环节中回答如何？

王：她想尊重幼儿，心里可能觉得怕伤害他，又想让游戏继续下去。

赵：你当时应尊重幼儿，可以在活动延伸中讨论规则和方法。如果你过度引导，就把兴趣破坏了，应保持幼儿兴趣点。

邓：应根据年龄特点进行，大班的幼儿开始懂得规则了。在这种情况下，机会很好，不应放弃。

李：社会性方面的教育需要情境，为什么现实情况不好？教师在策略、经验上都不够，但她尊重幼儿。

赵：兴趣应该保持。

李：当时的应答如何？应该抓一个点。

赵：规则没讲清楚，如果重新再做，应该讲清楚。

李：如果是你，你怎么做？

王：应该考虑仔仔的意思。

孙：迪迪明白游戏规则，但他只想争第一。

王：教师应该站在他身边。

李：游戏的短暂停止，有时是一种有效的惩罚。教师至少应意识到这一点。不管教师是顺应幼儿，还是有外界干扰，教师应该思考自己怎么做。

赵：根据幼儿个性，因人而异。

李：明确表态，把规则说出来。采用类似“你要赖”的表达方式，或在与幼儿共同游戏中，通过平等的伙伴关系提出问题，请大家一起想想应该怎么办。当时，教师应该介入，规则很重要，而且要公平。

小结：① 教师应答方面应该肯定的是积极主动的态度（轮流中的质疑和对结果的接受）。② 教师策略方面应该是再现刚才的轮流次序和用“这个小糊涂”表示态度。③ 教师需要适当控制或改变的地方是用公平、合理的方法为自己赢得机会（为自己当第一创造条件——制定或者改变规则），承认并接受失败。

对亮亮与教师应答策略的分析：

李：亮亮为什么坚持“到表演区一定要表演”，这说明他想干什么？对于亮亮而言，这个情境的核心价值是什么？

张：参与意见，获得成功的体验，想再次参与。他想丁老师把这件事完成，追求完美。

孙：要求别人可以，不要求自己。他想看丁老师表演。

邓：他获得成功的体验，还想再体验。

孙：一直在大家面前树立威信，他也获得一些满足。教师慢慢带着他，让他能够在旁边看、参与游戏，这已经挺进步的了。

张：要我是亮亮，我及时帮你，但教师没尊重规则，心里会别扭。

李：在这个情境中，亮亮的办法有两种：一是尊重规则，二是获得更多的机会。

小结：教师的策略是重复其他游戏伙伴的观点——“他们说不用表演了”。

分析：游戏规则能否随意改变？改变规则是否会影响到这个游戏的价值？亮亮是否是这个活动的参与者之一？教师应如何看待亮亮的主张？怎样应答才是适宜的？

4. 总结今天的活动中有哪些收获。

（1）请教师们谈感受。

（2）概括提炼：①通过现象看本质：要回到过去，对幼儿行为的分析和教育价值的判断都需要我们全面了解幼儿（结合幼儿的惯常表现）。②适宜应答的原则：留给幼儿更大的自主发展的空间，积极回应幼儿发起的师幼互动。

▶ 案例 5

对以展示为主题的师幼互动情境中幼儿核心需求的分析与判断

陶　扬

组　　别：教学组

时　　间：2008 年 4 月 3 日

地　　点：礼堂

活动目标：

1. 提高教师对幼儿行为背后核心需求的关注和分析的能力。
2. 丰富教师的应答策略。

活动过程：

1. 带着问题认真研读案例（附后）。

问题 1：两个以展示为主题的师幼互动情境中，幼儿的核心需求分别是什么？

问题 2：针对幼儿的核心需求，你认为该情境的核心价值是什么？

问题 3：在两个案例中，教师都使用了哪些适宜应答的策略？

2. 围绕案例展开深入研讨。

教师研讨和倾听案例当事人想法相结合。

问题1：幼儿的核心需求是什么？你的判断依据是什么？

问题2：针对幼儿的核心需求，你认为该情境的核心教育价值是什么？判断依据是什么？

问题3：在两个案例中，教师都使用了哪些适宜应答的策略？

典型师幼互动情境1：

王1：想把自己的已有经验呈现，需要跟大家分享。

卫：不太一样，第二个是主动展示，想得到教师的肯定。

史：第一个情境中的幼儿需要得到教师的鼓励和关注，他不太爱说话。

卢：我认为第一个情境中的幼儿特别愿意展示自己。

陶：我们可以听听当班教师的说法。到底幼儿的日常表现是什么样的？

王2：这名幼儿平常挺能说的，但在关键时刻不敢说，这次特大胆，主动站起来说。

陶：为什么幼儿在平常能说，关键时刻不敢说？该师幼互动情境中幼儿的这种表现，说明幼儿此时的核心需求是什么？到底在这次师幼互动中，幼儿想要得到什么？

卢：想借助教师的认可得到同伴的认可。

王1：幼儿是迂回提出问题，实际上是想要展示自己。

陶：我们这么判断的依据是什么？应该是幼儿的个性特征、日常表现和幼儿即时表现相结合。这个情境的核心价值应该是什么？

王2：应该是首先满足幼儿。

李：应该是增强幼儿的自信心。

卢：结合刚才对幼儿的分析，应该是培养幼儿当众大胆表达的能力。

典型师幼互动情境2：

康：希望得到教师的肯定表扬。

王2：愿意得到进一步丰富作品的指导。

卢：希望得到表扬，进一步增强自信心。

李：可能是希望得到教师对自己作品的评价。

史：幼儿对自己的作品比较满意，希望得到教师的表扬和赞许。

陶：请当班的教师说说。

董：这名幼儿对自己的作品有一定的认识，希望得到教师的认可。根据他的能力，我提出了进一步的修改建议。

陶：你是依据什么判断的？

董：根据幼儿平常和当时的表现。

陶：这个情境的核心价值应该是什么呢？教师该如何应答幼儿呢？

程：那要看教师当时活动的目标是什么。

史：我觉得首先要满足幼儿想被认可的需要。

王 1：首先要让幼儿获得成功的体验。

史：可以培养幼儿自我评价的能力。

卢：还有自我表达的能力。

康：还有主动与人交往的能力。

陶：请大家结合师幼互动中幼儿的核心需求，思考哪个是最核心的价值？

董：对于这个师幼互动情境，我觉得最核心的是满足幼儿希望进一步完善作品的发展需求。

陶：对，一定要结合幼儿的核心需求来看，希望大家回去整理我们研究的以展示为主题的师幼互动情境中幼儿的核心需求和教师应答策略。

3. 结合上学期研究，对以展示为主题的典型师幼互动情境进行经验拓展和提升。

问题 1：结合日常工作和上述两个以展示为主题的师幼互动情境，你觉得在展示情境下，幼儿还可能有哪些需求？

问题 2：在展示情境下，你觉得还有哪些适宜的教师应答策略？

4. 结合师幼互动研究，向大家推荐要阅读的理论书籍，对大家的研讨进行总结。

典型师幼互动情境1

泡泡的故事

年 龄 班：大班

发生背景：

一次音乐活动中，教师准备以故事导入活动，调动幼儿参与活动的积极性。教师拿起图片，正要讲故事。

互动过程：

舒展：王老师，这次是讲泡泡在水里发生的事情吗？

师：对呀，你们来听一听泡泡在水里发生了什么事？

舒展：王老师，我也能讲讲。

师：那你来试着讲讲。

（舒展看着老师，没有说话。）

师：没问题的，舒展。你想到什么，认为泡泡在水里怎么了，就来说一说。

舒展：好吧！

……

师：舒展，讲得挺好的，大家快给舒展拍拍手吧。

（全体幼儿拍手。）

典型师幼互动情境2

彩色的石子路

年 龄 班：大班

发生背景：

在撕贴活动“彩色的石子路”中，我首先由故事引入，交代任务。我边讲解边操作示范后，幼儿按顺序取回自己之前的作品，然后按照我示范的步骤开始撕小石子，帮小动物铺路，撕得很认真……

互动过程：

幼：（举着自己的作品，眼神满是期许）老师！

师：（惊讶）你铺的路好漂亮呀，一定特别舒服！

（幼儿笑着点头。）

师：我们请小公鸡走走看吧。（我的手指当作小公鸡，在石子路上走，边走边说）好舒服的小石子呀！（突然停下）申歌大姐姐，这里怎么有个小水坑？我不敢走了，你能不能帮帮我呢？

（幼儿表情由喜转变成严肃，立刻点点头，取回作品后回到座位上开始撕小一点儿的纸，把缝隙补上。）

师：（观察了一会儿，摸摸她的头，举着手指又走在她铺的小路上）这下，我就不怕了。这条小路又平又干净！谢谢申歌大姐姐。

幼：（得意）不用客气！

师：那么，你愿意带着你的小动物在上面走一走吗？或者把你作品上的故事讲给客人老师听吗？

幼：（拿着自己的作品回到座位上，假装让小动物在路上走，很开心）愿意！

研究案例分析：

支持教师对前期研究经验的运用和梳理。本次研讨活动结合以展示为主题的师幼互动情境，充分调动教师在前期研究中获得的经验，为教师准确把握师幼互动情境中幼儿的核心需求和价值提供了支持。同时，本次研讨活动注意支持教师将前期研究所得迁移到日常情境中并同时梳理前期的研究经验，有助于教师将研究所得运用到日常工作中。

建　　议：

研讨要充分发挥案例对比分析的作用，教师在共同研讨中明确幼儿相似行为表现的背后所隐含的核心需求是不一样的，提高针对师幼互动情境中幼儿的核心需求判断师幼互动情境核心价值的能力。

案例 6

教师发起的师幼互动情境中对幼儿的持续关注

陶　扬

组　　别：教学组

时　　间：2008 年 5 月 22 日

地　　点：礼堂

活动目标：

1. 提高教师在师幼互动中持续关注和分析幼儿表现的意识和能力。
2. 提高教师对自身应答行为的反思能力。

活动过程：

1. 带着问题思考案例（附后）。

请教师在思考案例的过程中注意记录：教师以提问形式发起师幼互动后，幼儿的表现是什么？

2. 围绕案例展开深入研讨。

教师研讨和倾听案例当事人想法相结合。

（1）主要问题。

问题 1：幼儿的表现说明了什么？为什么幼儿会有这种表现？此时幼儿的核心需要是什么？

问题 2：教师采用了哪些适宜的应答策略？是否有不适宜的地方？如何调整？理由是什么？

问题 3：结合上次案例研讨，你从案例中获得了关于教师应答的启示是什么？

（2）研讨过程。

芦（案例当事人）：本次教学活动的目标有两个。一是通过操作，引导幼儿对周围及事物感兴趣，区别滚动和转动。二是引导幼儿能大胆在集体面前以各种形式表达自己的感受。在师幼互动情境中，我提问的目的在于完成目标，师幼互动环节是为了让幼儿将经验迁移到生活中。

陶：这个案例中，教师发起的提问是什么？根据提问，幼儿是如何表现的？

黄：教师的提问是“你在平时都看到过哪些滚动的东西？”幼儿的表现是不一样的。第一名幼儿胸前做绕双手动作，第二名幼儿说大树的树干，第三名幼儿原地做旋转动作。

陶：三名幼儿的表现说明了什么？发现了什么问题？幼儿都用什么方式回答教师的问题？

王：两名幼儿用动作回应教师。

陶：有两名幼儿都用动作回应教师，说明了什么？

史：幼儿已经明白了滚动的意思，只是语言表述不清，用动作回应教师更容易。

李：幼儿直接经验太少，如果用动作表示，幼儿可能对滚动表达更清楚。

陶：幼儿的核心需求是什么？如果你站在幼儿角度想，做的这个动作表明幼儿心里的什么想法？

李：我希望教师再说一遍问题。

陶：教师可以结合师幼互动中教师对幼儿的三次应答，分析芦老师都给予什么样的支持？此时幼儿的核心需求是什么？

李：幼儿需要通过实在的一些东西进行验证。

黄：前面两名幼儿理解滚动，只不过用动作表现，后一名幼儿不理解。

李：要分析幼儿平时的经验水平再判断。

陶：从表现来看，他们理解了教师的提问吗？

程：理解，只是动作先于言语。

陶：幼儿需要教师肯定自己的想法。幼儿用动作回答，体现了幼儿有亲身体验的需要，同时体现了幼儿对操作内容的兴趣。

陶：针对三名幼儿的不同表现，教师是如何应答的？采取了哪些应答策略？请芦老师再现师幼互动的过程。

芦：对于幼儿一，我重复问“我说的是滚动的东西？”；对于幼儿二，我问“大树怎么能滚动”，幼儿在地上比画，我说：“哦，是不是树墩倒下来就能滚？”；对于幼儿三，我请幼儿再转一遍，大家一起来看看是不是滚动。

陶：为什么芦老师要重复自己的问题？

芦：想让幼儿用语言表达出来。其实我应该再问个问题：“你用这个动作表示的是什么呀？”

陶：为什么没有问呢？

芦：因为没有关注幼儿，觉得幼儿的回答跟我心中的目标相距甚远。

陶：只是因为幼儿的回答与教师的想法不一致，便忽略了对幼儿的进一步倾听。

李：经常会这样，对幼儿的回答忽略不计。

陶：我们给幼儿的应答，要多从幼儿的角度出发。

芦：我以为用自己对树干在什么情况下滚动的理解，帮助幼儿提升经验，但教师的干预痕迹太重，没有真正倾听幼儿的想法。我没有从幼儿的角度考虑问题，教的意识太强，在瞬间的反应中没有做出正确判断，说和做有距离。

陶：幼儿表现容易被我们忽略，多问一句“为什么”，我们才能真正了解幼儿内心的真实想法。我们可以看出，教师在与第三名幼儿互动时，已经有了初步的关注幼儿问题的意识。

3. 结合教师研讨的内容小结。

以提问为主题的师幼互动中，教师要持续关注和分析、判断幼儿表现，尤其要关注幼儿行为表现背后所反映的心理需要。我们应该围绕目标，关注幼儿，从幼儿角度分析幼儿，调动同伴资源，共同分析问题。最重要的一点是我们看问题的角度转变对幼儿有很大影响，要持续关注每一名幼儿，多问一句“为什么”。

典型师幼互动情境

滚动和转动

年 龄 班： 大班

发生背景：

科学活动中，教师请幼儿体验物体的滚动和转动。体验后，教师和幼儿展开了对话。

互动过程：

师：你在平时都看到过哪些滚动的东西？

……

师：你刚才说的陀螺等这些东西都能滚，都挺好的，你来说说。（问完后，教师有意识地提醒将要回答问题的幼儿。）

幼1：（用双手和胳膊绕着圈比画）老师，就这样。

师：哦，这样啊。（重复幼儿的动作）还有谁知道生活中哪些东西能滚动？

幼2：大树干。

师：大树干怎么滚？

（幼2用手做向前推的动作。）

师：哦，我明白了，你说的是圆形的大树桩吧，一推就能滚。

（幼儿2点头。）

师：还有谁知道生活中还有哪些东西能滚动？

（幼儿3坐在地上，双手撑地，挪动双腿开始转。）

师：这是什么？这是转动。你再转一个让我们看看。

（幼3又重复刚才的动作。）

师：他是怎么转的？以哪儿为中心？

全体幼儿：（迟疑一会儿）屁股。

师：这是以屁股为中心的转动。

研究案例分析：

倾听教师，挖掘想法，适时追问，改善认识。本次研讨活动过程注重倾听教师应答行为背后的真实想法，在教师充分表达自己想法的基础上，通过适时质疑和追问，帮助教师明晰自己行为背后的真实想法，并借助同伴研讨澄清认识，改善固有观念。

建　　议：

继续进行跟踪研究与实践，支持教师应答观念向行为的转化。

案例 7

研讨幼儿冲突情境中的核心价值，提高教师适宜应答的能力

李　红

组　　别： 区域组

时　　间： 2008 年 5 月 7 日

地　　点： 河东教室

活动目标：

1. 挖掘区域活动中幼儿冲突情境中的核心价值。
2. 丰富教师适宜应答的策略。

活动过程：

1. 呈现案例（附后），分组讨论，了解教师的原有经验。

（1）呈现问题：这个情境有什么样的教育价值？你依据什么判断出来的？你认为教师的应答行为适宜吗？如果是你，你会怎么做？说明理由。

（2）分组讨论并呈现主要观点。

第一组观点：该师幼互动情境的核心价值为发展幼儿的社会性能力，引导幼儿能够原谅同伴。教师的应答有待进一步改进。针对案例来说，教师应

该判断幼儿平时的表现。如果这名幼儿不会解决问题，教师就要反思师幼互动中的应答是否合适。应答中，教师要帮助幼儿提高自己解决问题的能力。

第二组观点：该师幼互动情境的核心价值在于发展幼儿的语言表达能力和解决问题的能力。教师应答适宜性有待提高。教师要照顾全体，有等待幼儿的时间，需要帮助时再介入，尤其要加强对幼儿常规的培养。

2. 分析案例，确定该情境的核心价值，探讨适宜应答策略。

问题1：桦桦为什么会发出声音？他的叫声意味着什么？是条件反射，还是向教师传递信息？如果是条件反射，教师应如何做？

范：桦桦性格比较内向，平时不爱说话，可能是一种本能反应。

杨：就是想让别人知道你把东西碰倒了。

丁：不一定非要干什么，也可能是一种求助行为。

翟：幼儿求助教师，一般不大声地喊。

问题2：桦桦以往遇到类似问题时通常的表现是什么？是传递信息，还是条件反射？面对今天的冲突，桦桦自己是否有能力解决？

范：他平时爱哭、爱闹，不能控制自己的情绪。

李：站在发展的角度，作为教师，如果幼儿有能力解决，教师该怎么办？如果幼儿没有能力解决，利用这个契机，教师能做什么？

翟：应该发展幼儿在问题发生时自己面对和解决的能力。

范：他爱抓人，平时就怕他把别人抓了，或是动手打起来。

杨：这个情境对这名幼儿教育价值更多。

刘：我觉得也是。

李：教师指导是怕幼儿受到伤害。教师这样做让幼儿发展了什么呢？

杨：教师不能用固有的看法对待幼儿。

李：结合情境中的两名幼儿的日常和当时表现，教师应该考虑到发展幼儿的不同特点。

问题3：从这样的核心价值出发，教师如何应答才是适宜的？

丁：教师先要了解是怎么回事。

翟：我觉得教师首先应该安抚一下桦桦的情绪。

丁：教师抓住这个机会去引导幼儿学会控制自己的情绪。

范：我先观察一会儿，不会直接告诉杉杉。

李：这么做的目的是什么？

范：发展他的社会性。

丁：年轻教师都会遇到这个问题，我认为听到叫声，教师还是要过去看看发生了什么。

陶：现在，我们要思考的是问题既然已经发生，教师怎么去应答？

李：首先要分析一下幼儿的表现是偶然现象还是惯常表现，其次要根据幼儿行为表现采取合适的策略。教师要树立一种意识，坚持从幼儿发展的角度考虑如何应答。

3. 分享今天的认识和收获。

（1）对核心教育价值的判断：结合幼儿的惯常表现分析当前情境的价值。

（2）教师适宜应答的原则：留给幼儿更大的自主发展空间。

（3）教师适宜应答策略：等待、观察、判断。

典型师幼互动情境

他把我的塔弄坏了

年龄班：小班

发生背景：

三名幼儿在建筑区中搭建房屋，桦桦独自搭起一个两边对称的高塔（形状对称的积木）。收玩具的音乐响起时，桦桦突然大叫起来。教师赶忙走过去，看看情况……

互动过程：

教 师	幼 儿	分 析
教师听到桦桦的叫声，连忙跑到建筑区，蹲下来问桦桦：“桦桦，怎么了？”	“他把我的塔弄坏了！”桦桦指着杉杉说，非常生气、伤心。	教师先了解幼儿发出叫声的原因。幼儿解释原因，并且表现出生气、伤心的情绪。
教师拉起杉杉的手，对他说：“杉杉，是你把桦桦搭的塔弄坏了吗？”	“我刚才收积木的时候不小心碰的。”杉杉说。	教师想进一步了解事情的过程，继续提问。幼儿说出了碰倒东西的原因。
“那咱们帮桦桦把他搭的塔重新搭好，好吗？”	“好，我看看！”说着，杉杉便走过去跟桦桦一起搭建起来。	教师为幼儿出主意，来解决这次冲突。
	两名幼儿搭好后很是开心。	幼儿之间的矛盾没有了，开始共同做起修复工作。

研究案例分析：

调动原有经验，改善原有经验。研讨从教师原有经验的呈现开始，在教师充分呈现原有经验的基础上，深入分析幼儿行为表现背后所隐藏的幼儿的发展需求。有了对幼儿发展需求的分析，教师对师幼互动情境核心价值的判断就有了依据。

结合幼儿的惯常表现能更准确地解读幼儿的行为。师幼互动情境中对幼儿表现的准确解读是研究教师适宜应答策略的基础。研讨注重向当事教师了解幼儿的日常表现，结合幼儿的日常表现，全面解读师幼互动情境中幼儿的言行表现，使教师增强了师幼互动中关注幼儿的能力。

建 议：

教师可以给幼儿更大的自主空间，支持幼儿尝试用自己的方法解决问题。

案例 8

关注幼儿常见行为背后的原因，丰富日常应答的策略

王 鑫 梁燕京

组 别：区域组

时 间：2007 年 12 月 19 日

地 点：礼堂

活动目标：

1. 借助典型案例的分析，增强教师的师幼互动意识。

2. 关注幼儿行为背后的原因，通过讨论丰富教师的应答策略。

活动过程：

1. 观看中一班值日生、进餐环节。

现场观摩，捕捉鲜活的案例，研究教师发现的现实问题。

2. 结合以往经验，讨论从今天活动中看到的教师在师幼互动中使用的适宜应答策略。

李：在值日生环节的师幼互动中，教师的提问方式好，能引发幼儿思考和解决问题，如“你工作做完了吗？我们一起来检查一遍，好吗？”教师的提问给幼儿留空间，让他自己发现问题并做调整。

杨：在师幼互动中，教师能等待幼儿，如在值日生环节，看见一个小女孩系不上围裙后面的粘扣时，教师没有直接上手，而是等待一下，然后看到了另外一个女孩子过来，两人互相帮助把扣子系好。

梁：还有教师能够主动询问幼儿的想法。

张：教师在师幼互动中能接纳幼儿的某些不合适行为。

3. 聚焦典型师幼互动情境，分析幼儿、教师行为背后的原因，增强教师师幼互动的意识和能力。

（1）聚焦典型师幼互动情境：班里的一名幼儿总是把刚盛的菜全倒进饭碗里，教师帮她把菜拨出来一些，让她饭菜搭配着吃。结果，教师一扭头，她又把菜全倒碗里了。

（2）研讨：这种现象在我们工作中经常发生，我们想一想幼儿这种行为背后究竟是什么原因？

教师们认为的主要原因包括：① 幼儿觉得菜没有味。② 幼儿不会用筷子，夹不起菜。③ 幼儿想第一个吃完。

（3）请您说说幼儿平时吃饭的表现是什么样的？

李：今天她可能是想先吃完一个鸡腿，再吃一个鸡腿。

（4）分组讨论交流：面对这种情境，我们怎么办？

小结：询问幼儿为什么这样做，具体问题具体分析，不能把教师的想法强加给幼儿；接受幼儿的想法，承诺给幼儿留一个鸡腿，让她别急；利用榜样作用，及时表扬肯定，鼓励她饭菜搭配着吃；日常教育，提要求前和幼儿讨论，为什么要饭菜搭着吃。

4. 总结收获。

教师的应答策略：善于等待，给幼儿留有解决问题的空间；巧用提问，帮幼儿回忆已有经验；主动询问，找到幼儿行为背后的原因；接纳幼儿，满足幼儿的期望和心理需求。

研究案例分析：

抓取日常典型师幼互动情境，有效解决教师遇到的实际问题。本次研讨活动的典型师幼互动情境是在现场观摩师幼互动实践的过程中，以教师困惑的问题方式呈现。这样的典型师幼互动情境的产生和研讨，能解决教师在师幼互动实践中存在的真实问题。同伴合作研讨，为教师丰富应答策略提供实际支持。

建　议：

对幼儿言行表现的分析和研讨要足够充分和深入。另外，在研讨中对教师应答行为背后想法的挖掘要加强。

第二节　教育叙事研究

一、教育叙事研究概述

教育叙事研究，简单地说，就是一线教师通过讲述自己的教育故事来实现对教育、教学的总结、研究和反思。教育叙事研究作为教育研究的一种新趋势、新方法，已经成为教师反思、自主研究的一种重要形式。

通过研究，我们认为针对师幼互动实践开展的教育叙事研究是提高教师日常师幼互动情境中对自身应答行为反思能力，改善教师日常应答观念和行为的有效方式。在改善教师应答观念和行为的探索中，我们引导教师在师幼互动实践的自然情境中，对自身师幼互动实践的实事、实情、实境和实际过程做出观察、记录和思考，在师幼互动的记录中反思，在反思中理解和探寻幼儿和自身行为背后所隐含的意义，在反思中深化对师幼互动、适宜应答的理解和认识，在反思中修改和调整自身的应答行为和计划，在反思中改善和提升原有经验。

（一）从幼儿发起的师幼互动做起

师幼互动作为教师和幼儿的主要人际互动行为，渗透于幼儿一日生活的方方面面，内容琐碎而繁杂。如何从师幼互动实践中选取对自我观念和行为改善有价值的师幼互动事件进行记录，这需要教师用心去做师幼互动，更要以研究的心态自主地去做师幼互动记录，在记录中解读幼儿，审视和反思自己的师幼互动观念和行为。在师幼互动中“关注幼儿、以幼儿为本”是教师适宜应答的最基本原则。但受固有观念和行为的影响，做到“关注幼儿、以幼儿为本”并非易事。因此，在教师日常的师幼互动叙事研究中，我们倡导从记录幼儿发起的师幼互动事件开始，重点记录和关注由幼儿主动向教师发起的师幼互动事件，把教师日常关注的视野首先放在幼儿身上，教育叙事研究的起点也放在幼儿身上，这就为教师进一步分析和解读幼儿行为，改善自身的应答观念奠定基础。

（二）多做持续性、追踪性的记录

师幼互动观念和行为的改善需要在不断反思、调整、实践、再反思、再调整、再实践中实现，这也正是教师做教育叙事研究的基本目的。在教师自身的教育叙事研究中，我们倡导教师针对某一师幼互动主体、某一事件、某一师幼互动主题做持续性、追踪性的叙事与记录。这种持续性、追踪性的叙事与记录体现的是教师对师幼互动中幼儿的持续关注，体现的是教师主动对师幼互动实践中自身观念与行为的不断反思和调整，体现的是教师在教育叙事研究中不断发现问题、解决问题，不断改善自身的应答观念和行为的过程。多做持续性、追踪性的叙事与记录对改善教师日常应答观念和行为有积极的作用。

（三）不做孤独的叙事者

我们认为在教育叙事研究中，教师并不是单纯的自我反思者。教师需要在与他人分享故事、共同反思中获得自我的提升，教师不能做孤独的叙事者。为此，我们建立了对教师师幼互动记录的日常反馈机制，由专门业务人员分析教师的师幼互动记录，在看阅过程中和教师一起反思观念与行为，为教师提出可思考的问题和可借鉴的策略，提供共同交流和分享师幼互动记录的平台，如选取典型师幼互动记录开展案例分析与研讨，开展师幼互动记录的征集评选工作，让教师在学习与分享中改善日常观念和行为。

二、教育叙事研究活动案例

下面是我们在研究过程中有代表性的一些教育叙事研究活动案例。

▶ 案例 1

多多进餐周记

宗朝红

年 龄 班： 托班

发生背景：

开学这几天，我发现多多吃饭是一个难题，几乎是一口不动。为了解决多多吃饭的问题，我用了一周的时间对多多进行专门指导，多多吃饭的问题有了明显改善。

第 一 天

互动过程：

（到吃饭的时间了，多多坐在那里一动也不动。）

师：多多，你吃点饭好吗？老师知道你饿了。

（多多看看我之后，转过去了。）

师：宗老师喂你吃一点儿。吃完饭，妈妈就来接多多回家了，好吗？

（多多看到饭大哭。）

师：这个饭真香啊，多吃鱼会更聪明的，你来吃一口尝尝吧。

（多多的头转向一旁，紧紧闭着嘴。整整一天的时间，多多不吃也不喝，教师用尽了任何方法都无济于事，多多只是在一旁自己玩，不与任何人交流。）

互动反思：

多多是一名个性极强的幼儿，他对于幼儿园里的一切都感到陌生。我还需要在吃饭以外的时间里多和他沟通，让他首先从情感上接受我。另外，我还应该和家长沟通，了解他在家里吃饭的情况，了解他的喜好。

第 二 天

互动过程：

（又到了吃饭的时候，多多依然没有表现出想要吃饭的意思。）

师：多多，好好吃饭才能够长得像爸爸一样高。

（多多没有任何表情地走开了。）

师：（拉着他的手，到柜子里拿出一瓶乐百氏奶、五块小熊饼干，和他一起拿小水杯接了半杯水，来到卧室）我们多多吃，不让他们看见啊。

（多多用好奇的眼神看着教师，开始用他前面的几颗牙齿，一点一点地咬饼干。就这样，多多喝掉了半瓶乐百氏奶、半杯水，吃了三块小熊饼干，一共用了十五分钟的时间。）

互动反思：

多多的家长说他不偏食，只是从小由老人带，所以才会这样。自从爸爸妈妈带后，多多吃东西也是非常困难。看来，这需要在多多吃饭的兴趣上动脑筋。今天看到他还是拒绝集体进餐，于是我选择了给他开“小灶”。多多看到教师为自己拿来了好吃的东西，开始接受教师，这个进步让我们很高兴。

第　三　天

互动过程：

（多多今天一上午没有吃什么东西。又到了中午吃饭的时候，他对吃饭还没表现出太浓的兴趣。）

师：多多，你吃一点米饭，好吗？

（多多看了教师一眼，走开了。）

师：我们还上卧室吃怎么样？

（多多的眼神一下停留在我的脸上，他的手指指着装饼干的柜子。）

师：我们今天吃米饭和肉，好吗？

（多多摇摇头，要哭。）

师：好吧，我们拿着奶和饼干走。

（多多走着走着，看到了我的椅子后面写着数字“5-9-8”，然后用手指了指，口里还读了一遍。教师吃惊地看着他，心想他是对数字感兴趣。）

师：你看这几块，排在一起是“7-8-9、9-8-7、2-4-6-8、1-3-5-7”。

多多：（指着吃进去的每一块饼干）这是什么数字呢？

……

（多多拿起数字饼干，一边拼摆一边问，然后就吃掉饼干。这一餐，多多吃了半根香蕉、五块小熊饼干，喝了半杯水、一瓶奶。）

互动反思：

今天我尝试让多多和大家一样吃米饭和炒菜，但多多还想吃“小灶”。考虑到多多的身体健康，我做了让步。当我发现多多对数字很敏感的时候，我将吃饼干的过程变成了玩数字的游戏过程。吃饼干对多多而言，就成了很有趣的事，饭量比昨天有了明显提高。看到多多每天都在进步，我们更加有信心了。

第 四 天

互动过程：

（马上要开饭了，幼儿在教师的提示下准备吃饭。多多一边看我，一边安静地坐在小椅子上，把双手也插好了。）

师：多多好棒啊，小手锁得真紧，老师第一个给你盛饭吧。

（多多看着教师，微微露出笑容。教师给多多盛好饭后，又继续给其他幼儿盛饭。多多坐在那里看着饭，拿起了勺子，但并没有盛起饭来吃。）

师：（走过去）我来喂喂你吧。

多多：（指着饭）这是什么？

师：（随口一说）清炒虾仁。

多多：（吃一口）这是什么？

师：（随口一说）鱼香肉丝。

多多：（笑着，又吃一口）这是什么？

师：（随口一说）北京烤鸭。

……

（就在教师随口说出一个个菜名的情况下，多多开始有吃东西的欲望，整个进餐过程中情绪都非常愉快。）

互动反思：

经过前几天的相处，多多和我的关系更加亲近，我也借机引导他多参加集体活动。尤其是今天，当多多和其他幼儿一起坐好等待进餐时，我及时夸奖他，更让他感到高兴。尽管他已经能和大家坐在一起，但还不能独立进餐，于是我采取了喂饭的策略。在这一过程中，我发现他对菜名感兴趣，便因势利导，一口一个菜名，让他在愉快的情绪下开始进餐。

多多的变化也说明教师的观察有多么重要。只要我们善于发现和引导，发现幼儿的兴趣点，就能促进幼儿的快乐成长。

第　五　天

互动过程：

中午，在集体进餐的时候，多多和其他幼儿一样安静地等着教师盛饭。我把饭盛好放在多多面前，又接着去给其他幼儿盛饭。等转过身来，我发现多多自己拿着勺子在大口大口地吃饭。教师冲多多赞许地微笑。多多发现教师在笑着看他，他也笑了。教师说："多多，你太棒了！"多多似乎有些不好意思，低头接着吃。今天这顿饭，多多并没有让教师喂，很快就把饭和菜吃光了。

互动反思：

多多今天的表现真是出乎我的意料。于是，我放弃了继续喂饭的想法，转为采用鼓励的方式。事实证明，教师及时退出去，用间接的方式支持幼儿进餐，使多多在进餐方面取得了突飞猛进的进步。

研究案例分析：

持续关注幼儿，使师幼互动变得深入有效。"多多进餐周记"体现出教师在幼儿园日常生活的师幼互动中对幼儿持续关注的意识和能力。正是这种对幼儿日常行为表现的持续关注、分析和研究，使得教师对于幼儿逐渐有了全面、准确和细致的了解，使得师幼互动中教师对幼儿言行表现的把握和判断趋于准确，使得教师与幼儿的师幼互动逐渐变得深入、有效。

走近幼儿，建立亲近的师幼关系是教师适宜应答的保障。从上述系列师幼互动的轨迹和教师反思中，我们可以看出，教师与幼儿的互动过程，是教师逐渐走进幼儿心灵，与幼儿建立值得信赖、亲近的师幼关系的过程。

建　　议：

亲近的师幼关系，使得幼儿与教师之间的交往和互动有了感情基础，使得幼儿有了心理的安全感和舒适感，这是教师与幼儿开展高质量师幼互动的基本保障。

案例 2

文文藏玩具

韩　爽

年龄班： 小班

发生背景：

文文和甜甜两个人住在幼儿园。看完电视，我请他们帮我整理玩具。甜甜很快来帮忙，而文文迟迟没有从卧室出来，他悄悄藏了三个圆柱体放在甜甜和自己的被子里，好半天才下来。直到吃晚点，我抱被子时才发现了这个情况。

互动过程：

教　师	幼　儿	分　析
我走到正准备吃晚点的文文面前，拿出两个圆柱体，对他说："文文，这些玩具是不是你放到被子里的？"	他抬头看着我，不好意思地笑了："是我放的。"	幼儿没有意识到其行为是不正确的，需教师的进一步指导。
"那你能告诉我放了几个吗？"	"三个。"他伸出了三根手指。甜甜听到我的话，指着文文说："你又做错事了，我们都不和你做好朋友了。" 文文一下子站起来："我去找回来！"转身就回到小三班。	同伴间的指责让幼儿产生强烈反应，往往比教师的说教有力。
我陪文文回到班里，问他："你确定放了三个吗？"	他一边找一边说："就是三个。咦，哪儿去了？"	幼儿到目前为止还不觉得藏玩具不对，反而觉得自己可以找回来，进而获取成就感。教师需进一步引导。

续表

教　师	幼　儿	分　析
我看附近没有，就对他说："先去吃晚点，要不牛奶就凉了，然后你回来找，好吗？"	"好！我吃完了再找。"他说完，大步流星地走回去吃晚点了。 吃完晚点，文文主动去找玩具，开始的认真仔细变得烦躁不安。 "还是没有，还是没有，明明……明明是三个……"他一个人嘟囔着。	幼儿开始产生找不到东西的焦虑情绪。
"文文，找到了吗？"我走过去安抚他。	他走到我身边："韩老师，真的丢了，我让妈妈赔幼儿园一个新的吧。"	
我静静地看着他。 我说："如果找不到就只能这样了。你看你，乱放玩具，对吗？"	"我以后再也不乱放了，我都着急了。"	幼儿意识到找不到了，开始感到无助，教师几句话就让幼儿意识到自身的错误并决心改正，收到了良好效果。
	睡觉时，文文躺在被窝里，找到了另一个圆柱体："太好了"。 "韩老师，你看，我找到了！"他很兴奋地说。	在发现玩具的一刹那，幼儿又变得开心起来，体会到失而复得的喜悦。
我也很激动："那我帮你把它送回去吧。"	"好！"他把玩具递给我，特兴奋地笑着。很快，他安心地睡着了。	

互动结果：

在教师指导下，幼儿意识到藏玩具是错误的并积极改正，弥补了过失。

互动反思：

在这一活动中，教师并没有一味地批评说教，而是引导幼儿在寻找过程中自我发现、自我成长。教师的几处言语引导起到推动作用，让幼儿从无意识状态到有意识承认自己的错误，并承诺不再做类似的事。有时候，不直接给幼儿答案，而让幼儿自己去体味，反而更能让其获得深刻意义。

研究者建议：

在研究中，我们一直强调要关注幼儿行为背后的真实需要，请思考：

1. 文文把玩具放在被子里，真是简单的藏吗？他拿这些玩具到底想干什么？
2. 教师实施的应答行为是基于对幼儿行为的理解吗？

教师思考：

关于文文藏玩具的思考（一）

文文藏玩具不是一两次了。通过观察，我认为文文首先并非想带回家或者自己玩，因为他住幼儿园。但有几次，教师找不到玩具着急的时候，他就会主动自告奋勇提出来："我来帮你找!"找到后，教师往往在不知情的情况下表扬他。过去，教师也常常表扬帮助教师找东西的幼儿。我想，他应该是渴望获得教师的关注和鼓励认可。文文在班里过于好动，批评要比鼓励多一些。基于对幼儿行为的这一理解，教师才决定让幼儿首先意识到藏东西不对，打消以后藏玩具的想法。但教师在后期应告诉他，什么是正确的，做什么事情才是对的并能获得表扬。教师多关注幼儿的行为，平时应多给他机会，多在其他幼儿面前表扬他，让他有自信。

我觉得理论运用于实践挺难的。我会时时提醒自己，科学地运用研究成果，而不仅仅停留在纸面上。

研究者建议：

看到你对上次我提出的一些问题进行主动思考，并写下来，很高兴。也相信你有这样的意识和行为，进步一定会很快。

继续提一个问题，请你思考：我们是应该通过教育让他认识到藏玩具不对、不藏好，还是在日常多关注、鼓励他，使他多得到满足更好？换个说法，藏玩具对幼儿而言是目的还是手段？如果是手段，他的目的是什么？如果目的得不到满足，即便是他今后不藏玩具了，会不会干别的呢？

教师思考：

关于文文藏玩具的思考（二）

看了您的分析和提示以及我这一周来的观察，我觉得文文是渴望得到教师的关注和鼓励，他只是运用消极行为引起教师关注而已。

今天我在语言活动中向幼儿提问，他一直没有举手，还一直摇晃椅子。我看着他，问他这样做对不对，他突然委屈地哭了，说："你都不叫我回答，一次都不叫我……"我心疼了，我想他是需要教师的爱和关注，尤其是积极、正面的关注。我在提问下一个问题时请了他，他羞涩地回答了，笑眯眯的。下午出去活动，我又请他教大家穿棉背心。他做得可认真了，和平时那个有点无理取闹的"小淘气"判若两人。我表扬了他，并谢谢他帮助我。一个下午，他都特别高兴，我也觉得很满足。我想，有一天他会和我成为好朋友的。

确实，藏玩具不过是他想引起教师关注的一个手段而已。教师应该挖掘深层次的东西，关注幼儿的心理需求。让幼儿认识到这一行为不对，是浅层次的教育，是表面的东西。真正杜绝这一行为的发生，教师首先应该满足幼儿的心理需求，让他自我成长，意识到做哪些事能够得到同伴的认可。满足他的情感需求是第一位的，也是最根本的。

研究案例分析：

从纠正外在行为到关注内在需求。从上述案例中可以看出，教师的应答行为和观念在一段时间内实现了质的飞跃：从第一次师幼互动中只关注表面错误行为的纠正，到最后能在分析幼儿行为背后的真实心理需求的基础上进行适宜应答与师幼互动；从最开始对自身师幼互动行为与观念的简单思考到最后能进行深层次反思。

建　　议：

观念和行为发生的质的变化，真正显现出教师做教育叙事研究的效果，体现出在共同的教育叙事研究中教师观念和行为的改善，更进一步说明教师不能做孤独的叙事者。

案例 3

我也不知道

史 昂

年 龄 班： 大班

发生背景：

晚间活动时，我安排住宿的幼儿开展为建筑区制作辅助材料的活动。幼儿自愿分成四组，每组四名幼儿。润润这一组选择用牙膏盒等废旧材料做汽车。开始的时候，其他幼儿都动手为汽车做车窗、车门、车灯等，只有润润没有动手。于是，我走到这一组观察他们的活动。润润见我过来，主动向我提问。

互动过程：

润润：（举着牙膏盒看着我）我要做轮子，拿什么做呀？

师：你想想能用什么做？

润润：（停顿了一会儿）我也不知道。

师：你想想用什么材料做轮子，能让你们组这辆汽车站起来？

润润：（用手摆弄着一小块即时贴）这个太软了。

师：那你想想看，用什么能更结实一点？

润润：我也不知道。

师：那你可以先在教室里面找一找，看看什么东西硬一点，能做你的车轮子？

（润润在班里走来走去，只是用眼睛看，没有用手摸材料。）

润润：用药盒做，那个挺硬的。

师：可以，你试试看。

润润：（皱着眉头）可是怎么剪啊？我不会！

师：相信自己，试试看，剪坏了也没关系。

润润：可是怎么剪啊？我不会！

师：轮子是什么形状的？

润润：圆的。

师：那剪成圆形就可以了。

润润：（皱着眉头，语气有些不耐烦）怎么剪啊？我不会。

师：你不会什么？

润润：我不会剪圆形。

师：你要是不能直接剪成圆形，可以想想别的办法，借助一些别的东西。

（这时，旁边的陶然说："先画下来呗！"）

润润：怎么画呀？

师：想想办法，看看可以利用什么东西帮助你画圆？

润润：用什么呀？

师：那你再去找找看。

（润润又在教室里面走来走去，还是只看不动手，表情一直很严肃，最后站在柜子旁边，皱着眉头。）

师：找到了吗？

润润：没找到。

师：那你就在你们组的桌子上面找找。

润润：（环视了一下桌面，还是没有动手）胶条，行吗？

师：胶条的大小和你们的汽车合适吗？

润润：（拿起胶条，在汽车上面比了一下，举到我面前，示意让我看）你看。

师：合适吗？

润润：我觉得挺合适的。

师：你觉得合适，就用它试试吧。

（润润用胶条做模子在纸盒上画圆。圆画好了，他没有动剪刀。）

润润：（皱着眉头）我不会剪，我剪不好。

师：会剪好的。剪不好也没关系，多剪就会好了，勇敢一点儿。

润润：（举着自己剪的圆形跑到我跟前）你看，我剪坏了！

师：没关系，再剪一个。沿着你画的剪，仔细一点。这个没剪好的就当练习了。

润润：（回去又剪了一个，还是不圆，坐在座位上，皱着眉头）哎呀！怎么剪呀！

师：没关系，别着急。咱们一起剪吧！

（润润点头表示同意。于是，我扶着他的手一起剪。他的表情很认真，剪得很小心。）

润润：（笑着说）我来把轮子贴上。

师：好的。

（过了一会儿，润润又叫我过去。）

润润：（拿着一块透明的塑料纸放在车顶上）我能把这个贴在车顶上吗？这是汽车的天窗。

师：可以啊，想法真巧妙。你们的汽车肯定和别的组的不一样。想办法把它固定住吧。

润润：（做好后很高兴）看我们的汽车！

师：你们组的汽车真是与众不同，还有个天窗，司机肯定特别愿意开你们的车。润润今天的表现真棒，出了个特别好的主意！

教师思考：

幼儿表现分析（是什么）：在与他的师幼互动中，我明显感觉到，他总是把问题抛给教师，希望得到直接、肯定的答案，希望教师一步一步告诉他该如何完成，而不是积极主动地想办法解决问题。这就需要教师通过提问、启发等方式，再将问题抛还给他，鼓励他多思考、不怕犯错，让他有主动思考的时间、空间和机会。他在这个活动中的表现，明显过分依赖于成人的帮助。好在他对自己亲手制作汽车的活动有很浓的兴趣，所以专注度一直很高，没有出现偏离活动的情况，否则他觉得自己不会做、不能做的时候，注意力会很容易被分散。

原因（为什么）：润润是班里比较特殊的幼儿之一。特殊的家庭给他造成很大的负面影响，因此，教师在班级中需要给予他更多关注。他平时不太主动参加美工活动，对于集体的美工活动也表现出明显的兴趣不足和能力不足。平时区域活动，他也很少到美工区活动，对于“剪”这一能力，锻炼的机会更不多，与其他幼儿存在一定的个体差异。因此，这次小组手工活动对他的挑战实际是相当大的，因为它融合了剪、贴、画等多种美工活动形式。一方面，他非常有兴趣，很想做好。另一方面，他的美工能力又不能够支持他的活动，因此会出现一些烦躁情绪，这是可以理解的，需要教师耐心、有针对性地进行个体引导和帮助。

具体措施（怎么样）：在活动中，润润有很多自己的想法，只是在动手操作时，表现出很明显的自信不足和能力不足。如在剪圆形的时候，他总说自己不会，不论怎么鼓励还是不敢下手。在这样的情况下，为了避免因为动手能力影响到他，从而导致其兴趣流失，我采用了直接帮助的方式，手把手和他一起剪。通过教师的帮助，他建立起自己用剪刀的信心。接下来，教师应帮助他建立对美工活动的兴趣，给他更多的机会去练习，发展他的小肌肉和动手操作能力，达到大班幼儿应有的能力水平。如他平时很喜欢汽车、飞机，教师可以引导他通过做立体纸工的方式，和他一起制作飞机，这样可以将剪这一基本技能练习建立在他的兴趣之上。同时，教师多鼓励他独立思考，遇到问题想办法解决，这样每次让他多想一点儿、再多想一点儿，逐步可以减少他对成人的过分依赖，在成人的鼓励下让他体验到快乐和成功感，逐步学会思考问题并建立自信心。这一过程需要很长一段时间来改善，需要教师长时间关注，并非一蹴而就的。对于他的教育，教师更需要与家长配合，做好家长工作。

研究案例分析：

系统深刻的反思支持教师应答能力的提高。本案例中，教师从对幼儿行为表现的分析入手，逐步反思自身的应答行为，预设未来的应答措施，有针对性、深刻的反思将会使教师清晰地意识到自身应答观念与行为的优势和问题，及时总结自身的应答策略，促进自身应答观念和行为的改善。

个性化的应答源于对幼儿持续的关注和研究。本案例中，教师的应答可以说是针对幼儿个性特点的典型个性化应答。从师幼互动过程中，我们看出，教师对幼儿言行表现的即时分析与判断以及个性化应答的实施，有赖于教师日常对幼儿的观察，对幼儿个性特征的了解与分析，有赖于教师对幼儿的日常关注与研究。

建　　议：

深入反思此师幼互动情境中教师自身应答行为背后的观念，制订与幼儿持续互动的计划。

案例 4

滚动和转动[①]

芦 伟

教师思考：

这是我在观摩和研讨其他教师的师幼互动案例后，自己做的一次科学活动中的师幼互动教师应答尝试。反思这次师幼互动，自己其实犯了同样的毛病，那就是师幼互动中“以教师为本”，忽略了对幼儿的研究和关注。第一名幼儿用动作表示自己理解的滚动的样子，由于没有与我的提问相吻合，于是我通过重复提问的方式回应幼儿。第二名幼儿挖掘了自己平时的生活经验（可能在电视里看到的）来解释滚动，而我却以自己对“树怎么能滚动”的理解，把幼儿的回答无意间给予了成人式的提升。在对待前两名幼儿回答的问题上，我没有站在幼儿的角度上去考虑幼儿为什么这样回答，深度挖掘不够，更多体现的是教师的主导，忽视了对幼儿主体地位的重视，幼儿想表达的意图被我否定和忽视。幼儿并不是不理解滚动的含义，而是我没有关注到幼儿的核心需求。到了第三名幼儿回答问题时，我才意识到自己没有和前两名幼儿发生有效互动，应答的意识不够强，提问没有呈现递进层次与持续性。

研究案例分析：

对“以教师为本”师幼互动观的反思。本案例中，教师结合师幼互动中的应答言语和行为，对应答言语和行为背后反映出来的“以教师为本”的应答观念进行了反思。这种针对自身行为背后的观念的反思，是一种深刻的反思。经常进行这样的反思，带来的将是教师适宜观念向行为的真正转化。

师幼互动中的即时反思使教师应答出现拐点。教师对第一名和第二名幼儿的应答存在明显的“以教师本位”思想，基本上忽略了对幼儿言行表现的

---

① 案例见第三章第一节中典型师幼互动情境“滚动和转动”。

分析与关注。教师对第三名幼儿的应答，开始明显针对幼儿的表现给予回应，这是教师在应答中即时反思和调整自身行为的表现。

建 议：

教师在反思与实践中逐步实现从观念向行为的转化。从本案例可以看出，教师在有意识改善自己的“以教师为本”的师幼互动观，但在实际应答中却出现行为的无意识反复，这是正常现象。建议教师在不断的实践与反思中逐步实现观念向行为的转化，将其变为自觉的行为。

案例 5

他把我的塔弄坏了①

范敏敏

教师思考：

在这次冲突情境中，教师是在听到桦桦的叫声后才赶忙跑向建筑区的。教师经过对幼儿的询问，对这个冲突情境有了初步了解，知道了杉杉是不小心才把桦桦搭的塔碰倒的。之后的教师行为是告诉幼儿如何去做，但并没有留出时间和空间让幼儿自己想办法解决问题。此时，教师应该将问题抛给幼儿，而不应该直接将自己的想法交给幼儿，去指挥幼儿如何做。这样做对于幼儿深层次能力的挖掘与培养起不到有效作用，只是将冲突解决了，却没有真正体现其教育价值。面对这样的冲突情境，教师要在深入分析、研究幼儿的基础上，思考借助该冲突情境能发展幼儿什么能力。

桦桦（搭建者）的叫声引来了教师，那么我们应从以下几个方面考虑如何去帮助他提高自己的能力：（1）从情绪情感的层次来说，他需要别人的帮助与关心，需要他人的安慰，教师应先安抚他的情绪。（2）从语言发展层面来说，桦桦遇到问题后大叫，但没能及时对杉杉表达，教师应锻炼他的语言表达能力，引导他进行自我表达。（3）从社会性发展层面来说，教师应当引

---

① 案例见第三章第一节中典型师幼互动情境“他把我的塔弄坏了”。

导桦桦自己去想办法解决冲突，让他懂得体谅别人的无意识错误行为，知道原谅别人，然后找到一个合适的方法处理这件事，提高其解决问题的能力。

杉杉（破坏者）的解释也阐明了自己的立场。从以往杉杉的表现来看，他不会主动去承认错误。见到这种情况，教师应从以下几个方面着手：（1）重点考虑发展杉杉社会性层面的东西，让杉杉勇于去承担自己所做事情带来的后果；发展其解决问题的能力，让他与桦桦商量如何解决这个问题；强化规则意识，让他更明确建筑区活动中搭好的物品不能拆而要进行展示，只能收散积木，收积木的时候不要碰倒其他幼儿搭好的积木。（2）从情绪情感的层面来说，引导杉杉明白桦桦的感受，使其在这次师幼互动中学会移情，对其今后的发展起到一定作用。

由此可见，教师应从以下几个方面找到合适的策略：（1）教师了解情况后，先结合幼儿的平时表现思考，然后与当天的表现比较，进行判断。（2）教师尊重幼儿，体谅幼儿的心情，满足其情感上的需要。（3）教师学会等待，给幼儿留有空间，让其学会自己发现问题、解决问题，教师可以将问题抛给幼儿，而不应指挥幼儿做事。（4）教师强化幼儿的规则意识，让其懂得规则并自觉遵守。（5）教师关注整体情况，而不能只针对冲突解决而去想解决办法。

研究案例分析：

思考冲突的背后原因。看似简单的冲突情境，经过教师的深刻反思，我们看到了师幼互动中关注幼儿、分析和解读幼儿行为背后的东西，对教师适宜应答的重要意义。深入关注幼儿、研究幼儿，是实现教师适宜应答的基本前提。同时，我们看到了以冲突为主题的师幼互动情境的核心价值决不仅是冲突解决，而是在深入分析、研究幼儿的基础上，借助冲突情境满足幼儿的情感需要，最大限度地促进幼儿的相应发展。

建　　议：

建议在分析幼儿、确定冲突情境核心价值的基础上，进一步思考相应的教师应答策略，为实践中改进自身的应答行为提供技术支持。

案例 6

我们都是好朋友——一次社会性活动中的师幼互动

程　然

（一）

年 龄 班： 大班

发生背景：

社会领域注重幼儿在体验中学习。在大班社会领域活动“我们都是好朋友”中，我通过真实发生在我们身边的案例视频《怎么办?》，请幼儿讨论“当我们无意伤害了别人，我们会怎么想？怎么做？如果你是被伤害的小朋友，你会怎么想？怎么做?”。通过讨论，幼儿了解了双方的心情，知道当别人无意伤害了我们，向我们道歉并且及时改正后，我们应该原谅他。于是，我引导幼儿回忆自己身边发生的类似情况，请大家说一说自己当时是怎么解决的。幼儿畅所欲言。这时，天天举起了手……

互动过程：

天天：老师，以前我刚学会跳绳，跳的时候不小心抡到了小鲍的手，我跟他说了“对不起”，但是他没原谅我，还告诉了老师！

师：（点点头）哦，你是不小心的，对吗？先别难过，正好小鲍也在，我们先来听听他是怎么想的，好吗？

小鲍：我当时觉得她就是故意的，所以就告诉老师了。

师：嗯，你是这么想的。天天，你当时怎么想的？

天天：我觉得挺伤心的。我对他说“对不起”了，他还是不原谅我。

师：嗯，看来你们两个人都不高兴。我想，当时你们可能都有点着急，没把事情说清楚。（我将他们拉到我的身边。）

师：小鲍，当时你是不是被绳子打得很疼，所以心里生气了？

小鲍：嗯，对啊，我的手都红了。

师：要是我被打到，也会很疼的，因为疼就会生气，也顾不上听哪个小朋友在和我说话。当时你是这么想的吗？

小鲍：对啊，我觉得手很疼，然后就生气了，没理她，就告诉老师了。

师：嗯，我很理解你当时的想法。可程老师刚才听到天天说她当时刚刚学会跳绳，那她肯定还不熟练。她打到你，也许真的不是故意的。后来，她也诚恳地向你道歉了，现在想想，你觉得她会怎么想呢？

小鲍：我想她会挺伤心的，我当时就是太疼了，才没理她的。

师：嗯，那如果是现在，你会怎么做？

小鲍：我会原谅她，因为她也不是故意的。

师：真好。天天，你能体谅小鲍当时因为疼没有原谅你的心情吗？

天天：嗯，我要是被绳子打了，也会生气的。

师：你能体谅小鲍的心情，老师真为你高兴。天天，我们再一次认真地向小鲍道歉，让他听清楚，好吗？

天天：小鲍，对不起，我不是故意的，你手还疼吗，我给你揉揉？

小鲍：没关系，我不疼了，我也不应该生气。

（二）

发生背景：

当我们观看“好朋友从小班起一同成长、游戏”的视频时，幼儿回忆着，欢笑着：“咦，那不是我吗？”“哈哈，我和甜甜在学游泳呢！”“我们一直是好朋友。”……

通过回忆大家在一起快乐的画面，幼儿感受到了友情的可贵：“我们已经在幼儿园度过了两年快乐的时光。虽然有时我们出现了误会，朋友可能无意伤害了我们，但是我们都能够谅解他，因为我们永远是好朋友！”此时，音乐声响起，幼儿拉着好朋友的手随音乐一同跳了起来。这时，凯凯不小心将小新绊倒了……

互动过程：

师：咦，凯凯不小心把小新绊倒了，他也不是故意的，我们看看他们会怎么做？（凯凯急忙将小新扶起来。）

凯凯：小新，真对不起，我不是故意的。你疼不疼，我给你揉揉！（他抱着小新，帮他揉起了胳膊。）

小新：（笑了）没关系，我不疼！

凯凯：（高兴地亲了小新一口，拉着他的手）我们一起去跳舞吧！

师：（竖起大拇指）凯凯，小新，你们做得真好！

教师思考：

在本次活动中，我们希望幼儿能够在体验中学会解决同伴交往中的问题并且能谅解同伴的过失，感受有朋友的快乐。通过两次突发性的师幼互动，我感到幼儿之间心与心的贴近。作为教师，我们应在师幼互动中扮演倾听者、引导者的角色。作为幼儿的朋友，我们要站在他们的角度，以一颗真诚、宽容的心对待他们的提问、告状等行为。

在第一次师幼互动中，当天天提出问题时，她的心里其实很委屈，所以我首先想到的是保护幼儿的情绪，这样才能使幼儿在积极的情绪状态中与教师进行互动。稳定幼儿的情绪后，我结合两名幼儿的平日表现，对其行为进行分析和判断，了解到小鲍并不是故意不原谅对方，只是当时没有体谅对方，所以造成了误解。于是，我将重点放在帮助他们体会彼此的心情上。我分别询问了她和小鲍的想法，并且给予情感上的认同，通过“如果你是他/她，你当时会怎么想？”的问题，请幼儿站在对方的角度说一说自己的想法。通过递进式的询问，幼儿发现，原来在当时的情况下，对方其实也很难过。通过引导，他们最终真正体谅了对方，又成了朋友。

面对突发的第二次师幼互动，幼儿通过前期的感受，真切地表达了对朋友的体谅与关心。这种真实的转变，这种真情的流露，让作为教师的我为之感动。无须太多的语言，幼儿的微笑和拥抱告诉我：他们懂得并能做到爱与体谅。

研究案例分析：

找准师幼互动的核心价值并实施应答。本案例属于社会领域的典型案例。社会领域鼓励幼儿在体验中学会解决交往中的问题，它的核心是体验。社会领域的特点决定了幼儿要通过体验、感受来尝试解决生活中出现的问题。

由预设到生成，把握幼儿的核心需求。在第一次师幼互动的基础上，教师抓住偶发的第二次师幼互动，结合“我们都是好朋友”的主题，实施适宜的教师应答，给予幼儿适时的支持。师幼互动由预设向生成的转变，体现了教师发现教育契机、及时施教的敏锐度。

建　议：

在师幼互动过程中，教师要多下放些权利给幼儿，让幼儿充分表达，不要急于达成目标，忽略了幼儿的正常成长过程。

▶ 案例 7

幼儿为什么不回应

孔超男

年 龄 班： 小班

发生背景	在“我会变”的泥工制作活动中，幼儿通过拧的方法制作了麻花，幼儿举起制作好的麻花，给教师看。		
互动主题	运用团、搓的方法进行制作，展示作品		
互动过程	教　师	幼　儿	分　析
		幼儿：“老师，你看我做的麻花。”	这是幼儿发起的一次师幼互动，幼儿向教师展示自己的作品，我觉得首先幼儿是想得到教师的认可，其次才是寻求教师的帮助。
	教师：“你做的麻花真好看，你是用什么方法做的？” 教师：“我也想学一学，你能告诉我你是怎么做的吗？”	幼儿低下头，没有说话。	虽然教师认可了他的作品，但接下来的师幼互动产生了僵局，幼儿对教师的引导没有回应。

续表

	教　师	幼　儿	分　析
互动过程	教师开始指导旁边的幼儿。 教师："你做的麻花真好看，可以教教他吗?"	幼儿仍旧低下头，没有说话。	
互动结果	幼儿没有与教师产生预想的师幼互动情节。		
反思	虽然一开始教师对幼儿向教师展示作品的真正目的进行了判断，采用了肯定的方式来满足幼儿的情感需要，但接下来的师幼互动缺少一个重要的环节——倾听幼儿的真正需要。教师没做出适宜指导的真正原因是教师没有给幼儿说明自己想法的时间，也没给自己思考的时间。 教师遇到幼儿的偶发性问题、预想的师幼互动情节没有回应时，就要思考自己用的策略是不是适合幼儿？教师要认真倾听幼儿的想法，了解幼儿的真正需要，给自己思考和调整的时间，找到适宜幼儿的引导策略。 教师要多从幼儿的情感方面进行引导，如"你还想做什么?"当幼儿的情感得到满足，幼儿就愿意和教师互动。教师还可以问"你为什么做麻花呀?"，关切的语气能拉近教师与幼儿的距离。		

研究案例分析：

展示的背后是什么。案例中，幼儿向教师展示自己的作品，最直接的心理需要是获得教师的肯定和赞许。这一点，教师已经通过言语给予满足。然而在展示后，幼儿的进一步需求又是什么？教师没有追究，而是马上抛给幼儿一个问题，师幼互动的主动权转向了教师。

幼儿的不回应说明了什么。对于小班幼儿来说，程序性的提问，如"你是用什么方法做的"，显然不容易回答，这也是造成幼儿不回答的重要因素。因此，教师可以抓住小班幼儿的特点，用游戏化的口吻说："给我尝一口你的麻花吧。""我也想做一个你那样的麻花，我们一起做吧。"帮助幼儿获得情感认同，激发幼儿的表达愿望。案例中，幼儿的惯常表现和个性特征是什么，教师并没有深入思考，而是急于让幼儿说出制作麻花的方法，这也是导致教师面对幼儿的不回答束手无策的重要原因。

建 议：

准确分析和把握小班幼儿的年龄特征与发展水平，结合幼儿的个性特征和惯常表现，做出个性化的应答。

案例 8

幼儿之间的对话

郑 丽

年龄班： 大班

发生背景	在超市采购回来的路上，幼儿都高兴地拿着自己买的东西，有说有笑地走着，可朵朵和子骥却吵起架来。朵朵因为自己把妈妈给的三块钱都给妈妈买了好吃的，所以想分子骥买的水喝。可是，子骥却觉得那样不好，于是两人发生了争吵。		
互动主题	我想和你分水喝		
	教 师	幼 儿	分 析
互动过程	回到班里，我请幼儿坐好，把刚刚听到的故事告诉了大家："孩子们，你们觉得朵朵和子骥应该怎么办呢？"	朵朵："我用我自己的杯子，你给我倒一点儿，不就行了吗？" 子骥："你为什么非得喝我的呀？" 朵朵："因为我喜欢你，你是我的好朋友！" 子骥："那你为什么非得喜欢我啊？给你，我喝的水就少了。"（皱着眉头） 朵朵哭了。	面对幼儿之间的冲突，教师没有直接插手进行管教，而是把问题摆出来，让幼儿先说说自己的想法，引导幼儿自主解决问题。

续表

<table>
<tr><th></th><th>教　师</th><th>幼　儿</th><th>分　析</th></tr>
<tr><td rowspan="2">互动过程</td><td>教师：“嗯，真高兴看到大三班小朋友都这么关心小朋友！可是，朵朵，你能帮妈妈买好吃的，非常棒。但买完了，自己没吃的，就不高兴，这样做对吗？孩子们，你们觉得呢？”</td><td>小宝：“子骥应该给朵朵喝，因为他们是好朋友，要是他不给，我也不喜欢子骥了。”
家宝：“我可以给朵朵分享我的礼物！”
乐乐：“我也可以分享。”
其他幼儿：“我们都可以跟朵朵一起分享自己的礼物。”</td><td>对于幼儿大胆表达出自己的想法，教师给予了正面的肯定与强化。对于幼儿没有意识到的问题——大多对朵朵表示同情，但忽视了朵朵行为不正确的一面，教师抛出问题，请幼儿继续思考。</td></tr>
<tr><td>教师：“朵朵能想着妈妈，为妈妈买东西，值得大家学习，但是买礼物的时候没有想到自己的需求。子骥小朋友能够合理利用三元钱买完礼物，很好。但当同伴有困难的时候，大家应该主动帮别人，为好朋友解决困难，知道好朋友应该互相帮助。”</td><td>宣萱：“我觉得朵朵不应该哭。”
雪晴：“我觉得朵朵是伤心，因为子骥不给她水喝。”</td><td>教师把问题重新澄清，帮助幼儿梳理出正确思路。</td></tr>
<tr><td>互动结果</td><td colspan="3">朵朵得到班上其他幼儿的慰问，心情好了许多。对于子骥的不理解，朵朵也表达出自己的理解——他也有他的道理，不给我喝也是对的，因为水是他买的，他有权利做决定。
子骥对伤害好朋友的自尊心，也有些惭愧，悄悄地坐在一个角落，喝着自己的水，他的小脑袋里又在想着什么呢？每名幼儿都有自己的个性。因此，我没有引导幼儿一定要把自己的水分享给朵朵喝。留一些空间，让幼儿自己思考。</td></tr>
</table>

续表

反思	朵朵是一名聪明、懂事的幼儿。她能够想到自己的妈妈，给妈妈买礼物，自己却不买。这对于五岁的幼儿来说，是非常不容易的。这需要幼儿有很强的自制力，还要非常有主见。她想和好朋友分享好东西，这种需求也是对的。但当她征求别人意见，别人没有同意时，朵朵却强迫子骥必须按照自己的想法去做。这在成人看来不合常理，但也符合幼儿的年龄特点，需要教师加以引导。 子骥胆小，但很聪明。他固执，脾气也拧。当发生问题的时候，教师一定要站在幼儿的立场上，多想一想他们说的哪些地方有道理，让幼儿把这些道理讲出来，但也要注意让他们倾听别人的想法。 教师在解决同伴冲突问题时，一方面要支持、观察和倾听，找到问题的症结；另一方面要善于运用提问进行启发，引导同伴共同讨论，帮助幼儿打开思路。

研究案例分析：

关注日常表现，满足幼儿多方需求，促进幼儿发展。在师幼互动情境中，教师有意识地关注到幼儿在日常生活中交往中的对话，敏锐地觉察到其中蕴含的核心价值，有意识发起师幼互动，引导同伴之间展开对话，并通过同伴之间的对话，满足幼儿日常生活中的心理和情感需求。

建　　议：

给幼儿更多的自主思考空间，引导幼儿自主协商解决问题，而不是依靠教师的权威来主导师幼互动的进程。

案例 9

“浪费”的背后

吕小烨

年 龄 班： 中班

发生背景：

美术活动中，教师要求幼儿画自己喜欢的动物，幼儿正在准备自己的绘画用具，如白纸、水彩笔、垫板等。这时，佳玉却拿来了胶棒，开始将四张A4纸一张接一张粘在一起。我正在好奇佳玉的举动，这时候可心走到了我面前。

互动过程：

可心手指着佳玉的方向，皱着眉头大声说："吕老师，你看，佳玉在浪费纸呢，她用了四张纸。"我说："啊，是吗？那你知道她想做什么吗？"可心摇了摇头。我笑了笑说："我也不知道！我们一起去问问她，好不好？看看她到底是不是在浪费？"

于是，我们走到佳玉身边。我刚蹲下身还没开口，佳玉先说话了："吕老师，我没浪费，我是真的有用啊！我得画一张很大的画，需要很长的纸。"虽然觉得佳玉可能是在找借口，但我还是点了点头，表示相信她的话。接着我问她："你能告诉老师和小朋友，你想画什么吗？画什么需要这么长的纸呢？我们都很好奇。"佳玉马上高兴地对我说："嘿嘿，我要画一只长颈鹿，它的脖子很长很长啊，所以一张纸不够用。"

听了佳玉的话，我觉得她的解释很合理。但我想知道可心怎么想，所以并没有表态而是转向可心，问她："可心，你觉得呢？该不该算佳玉浪费，她能用这些纸吗？"可心好像理解了佳玉的做法，改变了指责的语气，说："如果她有用，就没办法了。"然后她又转身，对佳玉说："你有用的话就可以，如果你乱画就是浪费了。"听到这里，我对佳玉说："小朋友和老师希望你能充分利用这四张纸，不要浪费它们，画出一只美丽的长颈鹿让我们看看，好吗？"佳玉很坚定地点了点头。

互动结果：

佳玉一上午都在很认真地画画。因为纸太大，她上午没画完。于是，她下午自己又主动继续画，直到把画完成。我和其他幼儿都好奇地围过去欣赏她的画，大家不由地发出赞叹："真漂亮啊！"我看到可心也走到了佳玉身边称赞："你真棒，佳玉画得真好看。"

事后，佳玉趴在我耳边小声对我说："吕老师，你知道我怎么画得那么好吗？"我不解地重复了她的问题："怎么画得那么好？"佳玉笑着说："因为我心里一直想着不能浪费纸，所以才一直画、一直画，最后才画得这么好看的。"

教师思考：

在问题解决过程中，幼儿经历了对“浪费”这一概念从浅到深的认识过程。一开始，可心认为一次用四张纸就是浪费，但通过倾听佳玉的理由并一步步思考，她发现能够充分利用就不能算作浪费。对于佳玉来说，对“浪费”的理解则是通过亲身体会来获得的。为了不让自己浪费，她努力完成了一幅很大的作品，自己也因为充分利用了纸张而获得了成就感。这个过程既让幼儿知道了什么是浪费，也让他们明白了如何才能不浪费。我很庆幸在整个事件中，自己仅仅作为一个参与者去引导幼儿解决问题，而不是代替他们解决问题。如果一开始我阻止了佳玉的“浪费”，或者直接对可心说出“有用就不算浪费”，那么幼儿都少了一次自我教育的机会。因此，我庆幸自己没有过多干预幼儿的思考，而是给了幼儿自己处理问题的空间。

研究案例分析：

教师在由告状引发的师幼互动情境下，很容易去裁决“被告”的对与错，扮演“法官”的角色，从而抹杀幼儿的主动性。在这个案例中，教师的可贵之处是并没有急于下结论，而是把判断是非的权利交给了幼儿。教师对自身的准确定位，满足了不同幼儿的需求。

教师在师幼互动过程中始终没有急于对幼儿的行为进行判断，也没有给幼儿指向性的引导，而是让幼儿在亲历过程中体验浪费与不浪费并得出结论。

建　　议：

教师可借助师幼互动结果和幼儿的亲身感受，引导幼儿之间相互学习，巧妙解决告状幼儿与被告状幼儿的潜在冲突，为他们之间的进一步交往提供有利条件。

案例 10

镶嵌板工作

肖　茜

年龄班：中班

<table>
<tr><td>发生背景</td><td colspan="3">镶嵌板是让幼儿感受图形的一套蒙氏教具，幼儿可以去除中心的图形进行描画，也可以利用方形框架感知图形轮廓。今天来参加活动的幼儿有四名。其中，宇泽是第一次来。只见他拿着镶嵌板和白纸显得不知所措，周围的幼儿都在专心画着……</td></tr>
<tr><td>互动主题</td><td colspan="3">教师指导</td></tr>
<tr><td rowspan="4">互动过程</td><td>教　师</td><td>幼　儿</td><td>分　析</td></tr>
<tr><td></td><td>宇泽拿着镶嵌板在画册上比着，但好像怎么也不清楚上面的图案是怎么画成的。周围的幼儿正在专心作画，没有为他提供帮助。</td><td rowspan="2">幼儿对此很感兴趣，因此才会选择这个工作。
当遇到困难，有求助需求的时候，幼儿看到周围的同伴都在忙自己的事情，因此并没有向同伴寻求帮助。</td></tr>
<tr><td>“怎么了？是想画出这个图案吗？”</td><td>宇泽：“嗯，但是这些镶嵌板里没有跟它一样的图形。”
雪晴：“可以用那个梯形，正着用一次，再反着用一次就行了。”</td></tr>
<tr><td>“你觉得雪晴的办法怎么样？”</td><td>“我看看，嗯，对，如果只用一次镶嵌板，肯定是画不出这个图形来，但要是多用几次呢？”
宇泽用梯形镶嵌板在画册上摆了摆，说：“这样就可以了。”
在教师的鼓励下，宇泽终于用梯形镶嵌板画出了与画册上相同的轮廓。</td><td>教师发现幼儿对镶嵌板工作的操作方法及步骤不甚了解，因此，教师从这里入手，对其进行引导。</td></tr>
</table>

续表

	教师	幼儿	分析
互动过程		宇泽："老师，这里面的线怎么画？"	教师使用找起点和终点的办法，很清楚地为幼儿做出了示范，幼儿很快领会了画图的要领。
	"你看，这条直线可能是从哪里开始画的？你觉得起点在哪？" "在你自己的纸上，你觉得要从哪里开始画？给我指指看好吗？"	宇泽："这儿！" （他准确地找到了位置。）	
	"对了！这条直线一直连到哪里呢？这点（教师指直线的末端），你能在自己的纸上找到吗？"	宇泽很快又找对了地方。	
	"把这两点连上，是不是就可以把这条直线画出来了呢？"	宇泽："对！"（他高兴地用笔画出了一条直线。）	
	"不错！但是我发现了一个问题，这条线怎么才能把它画直呢？"	宇泽用梯形镶嵌板的一条边比了比："这个太短了，不够长。"	教师进一步引导幼儿开动脑筋，自主发现镶嵌板的用法。
	"你可以选一个够长的边呀！"	宇泽："呵呵，这样转过来就行了！"	
	"真棒！下一步该做什么了？"	宇泽："该涂颜色了！"	教师引导幼儿学会观察和对比，帮助幼儿自己发现镶嵌板工作的步骤。
	"嗯，你想先涂什么颜色？"	"紫色。"	
	"这个画册上哪些地方有紫色？"	"这里。"	
	"还有吗？"	"这里，这里。"	
	"嗯，好的，就像这样，在你自己的纸上找到和画册上一样的位置，然后涂上一样的颜色。加油吧！"		
互动结果	幼儿最终完成了他的第一个镶嵌板作品，很有成就感。他还告诉教师，今后自己还要来这里玩。		

研究案例分析：

全面了解幼儿特点，因材施教。在师幼互动案例中，教师对幼儿的性格特点、做事特点等有着较为充分的掌握。对幼儿的全面了解，有助于教师达成预设活动目标并实施师幼互动的策略，从而做到因材施教。

明确师幼互动情境的核心价值。在这个活动中，幼儿第一次尝试镶嵌板工作，既新奇，又有对其能力的挑战。教师并非有意破坏幼儿的创造力，而是循序渐进地先让幼儿在情感上接受并喜欢这个工作，其次在能力上使其掌握工作的技能、技巧。这样，幼儿才有创作的基础，才会在以后的活动中有发挥创造性的空间。

建　议：

对于内敛、谨慎的幼儿来说，教师的鼓励至关重要。教师要借助幼儿感兴趣的事物，激发幼儿参与活动的愿望和勇气，让幼儿感受到尝试的乐趣，借此培养幼儿养成自主学习、勇于探索的品质。

第四章

师幼互动中的教师适宜应答策略实践案例

研究师幼互动中的教师适宜应答策略，不仅使我们真正将教育的关注点回归到了幼儿，更引领我们深度解读幼儿的行为意图并进行价值判断，进而以个性化的师幼互动策略支持幼儿的个性化发展。

在本章，我们结合师幼互动中的教师适宜应答的程序性策略呈现一些典型的师幼互动案例，希望借助生动的案例进一步说明我们的研究过程，分享我们在研究过程中的思考，展现教师在儿童观、教育观上的转变。

第一节 观察幼儿的行为——从幼儿与环境的互动了解幼儿的活动意图

一、概述

观察、解读幼儿行为背后的原因是进行有效师幼互动的前提。在师幼互动中，教师对幼儿细致而全面的观察尤为重要。我们在日常与教师的交流以及在教研中对教师的观察后发现，在师幼互动过程中，教师面对幼儿的行为表现，想的往往是“能教给幼儿什么”和“能让幼儿学到什么”，对“幼儿为什么会有这样的表现”“幼儿行为背后的情感和心理需求是什么”关注不够。我们认为，一方面是因为教师对正确的教师应答观念的理解还没有真正内化，教师需要进一步站在幼儿的角度去反思、调整自身的教育；另一方面是我们对幼儿的观察不够深入，基于观察对幼儿行为背后的需求解读不够到位。因此，我们希望借助对幼儿行为的细致观察和解读，支持教师了解幼儿行为表现背后的需求，根据幼儿的需求提供有效的支持，让我们的教育行为更加有依据，让我们的支持更加贴近幼儿的需要，将教与学紧密联系在一起。

我们认为，观察的主要目的是通过观察幼儿的行为表现，解读幼儿的游戏兴趣、需求和意图，进而进行有针对性的支持和指导。在研究过程中，我们对教师如何观察、解读幼儿的行为表现有了以下几点认识。

（一）观察的维度

在实践研究的过程中，我们会发现教师的观察往往呈现出一种无目的的状态。如有些教师会困惑：“观察什么呢？孩子玩得挺好的。”事实上，教师所谓的“挺好”，只是最直观的表象。要想真正了解幼儿，教师还要进行细致观察。观察是为了更好地了解幼儿的游戏意图，分析幼儿的游戏水平，为进一步的支持提供依据。观察主要有以下维度。

幼儿的兴趣和需求。通过观察幼儿“玩什么”，我们可以了解幼儿当前的兴趣点。通过观察幼儿“是怎么玩的”，我们可以进一步判断幼儿的需求。

幼儿与材料和环境的互动。这是判断幼儿游戏意图、游戏水平的关键，也是判断材料和环境适宜性的关键。通过观察，教师可以了解幼儿对哪些材料感兴趣，他们是如何操作材料的，在操作过程中遇到了哪些问题等。

幼儿与同伴和教师的互动。主要观察幼儿与哪些人互动，互动的具体情境如何，互动的效果如何，教师的应答策略是否适宜等。通过观察师幼或幼儿之间的互动，我们进一步了解幼儿的需求、游戏水平以及教师的观念和行为等。

（二）观察的方法

在我们的实践研究中，教师曾经有过这样的困惑："这么多孩子，我们观察不过来!"其实，在认识观察重要性的基础上，还有一些观察的方法和策略，可以帮助我们提高观察的效率。

选取典型时段。主要针对本班幼儿近期的发展情况，选取目标行为出现最多的时段进行重点观察。如通过重点观察幼儿的盥洗环节，了解幼儿在生活习惯方面存在的优势和不足。

选取典型情境。主要根据近期实践研究的重点，选取典型的情境进行观察。如选取幼儿之间典型的冲突情境或者典型的师幼互动情境作为观察的重点。

选取典型幼儿。主要针对个别幼儿进行重点观察。如就某名幼儿的某种行为进行持续观察。

（三）记录的方法

记录是对幼儿进行有效分析和评价的依据。所以，在观察的基础上，教师要做好记录。根据观察目的和内容的不同，记录的方式也是灵活多样的，如文字、视频、图片等。在实践中，我们可以尝试多种方式相结合，从而客观地记录幼儿的游戏表现。所谓客观，就是真实记录、客观描述活动背景、情境状况、幼儿的行为表现等。如以下记录片段。

2014年5月10日上午9时，区域活动时间，在小班娃娃家，豆豆坐在小沙发上一手抱着娃娃，一手做出给娃娃喂饼干吃的动作。这时，浩浩推着小车走过来，顺手夺走豆豆手中的娃娃，说："宝宝该出去散步了!"豆豆"哇"地一声哭起来。浩浩站在原地，看看豆豆，然后说："宝宝吃饱了，该去散步了，一会儿回来你再喂他吃。”豆豆没说话，继续哭……

在观察的过程中，我们还可以借助表格来协助记录相关情况。如我们曾经使用过“幼儿区域活动观察记录表”（见表 4-1）。

表 4-1　幼儿区域活动观察记录表

<table>
<tr><td colspan="3">时间：________　班级：________　观察者：________</td></tr>
<tr><td colspan="3">区域：________　被观察教师：____
被观察幼儿：（1）______（2）______（3）______</td></tr>
<tr><td rowspan="2">环境支持幼儿自主学习情况</td><td>环境布置</td><td></td></tr>
<tr><td>材料提供</td><td></td></tr>
<tr><td rowspan="3">幼儿活动情况</td><td>与材料互动</td><td></td></tr>
<tr><td>与同伴互动</td><td></td></tr>
<tr><td>与教师互动</td><td></td></tr>
<tr><td rowspan="3">反思</td><td>问题</td><td></td></tr>
<tr><td>原因分析</td><td></td></tr>
<tr><td>策略调整</td><td></td></tr>
</table>

(四) 行为表现的分析

在观察的基础上，教师要对幼儿的行为表现进行解读，分析、判断和反思，具体维度如下。

幼儿的兴趣需求。主要包括在该情境中，幼儿有怎样的情绪表现？游戏的状态是否投入、专注？情境中的哪些情节、互动、材料表现出了幼儿的好奇心和期待？

幼儿的发展水平。主要包括在该情境中，幼儿获得了哪些发展？幼儿惯常表现和游戏情境中的表现是否一致？幼儿在某一领域的发展水平处于哪一阶段？

材料提供的适宜性。主要包括材料是否支持了幼儿的游戏活动？材料的使用频率如何？材料的难易程度如何？材料是否充足？

教师指导的适宜性。主要包括教师介入的时机是否适宜？教师的指导策略是否支持了幼儿的自主学习？

后续的支持策略。针对上述分析和判断，后续应当采取哪些措施进一步支持幼儿的主动学习，促进幼儿在某个或某些领域的发展？

二、活动案例

▶ 案例 1

老师，我揭不开

纪平平

年龄班： 小班

发生背景：

在美工活动“装饰悄悄屋”的集体教学中，幼儿分组对悄悄屋进行装饰。其中，有一组幼儿是用即时贴装饰悄悄屋。大部分幼儿都能自己动手揭开即时贴。但在巡回指导时，我发现涵涵对此操作有困难。于是，我在她身边稍停留了一下。

互动过程：

幼：纪老师，我揭不开这个，你能帮我揭一下吗？

师：纪老师教你一个好办法吧。你试着把这个小花要折的对边折一下，就会有个小口了。（幼儿动手对折了一下整朵花。）

师：涵涵，是折一下要揭开的那个边。（幼儿动手折了一下，即时贴的口子开了。）

教师：涵涵真棒，自己去贴到喜欢的地方吧。

教师思考：

这是我在日常生活中经常遇到的情境，每次都习惯采取不假思索的应答方式。研讨组在观摩了我的美工教学活动后给了我很多建议。

幼儿真正的需求，很可能不是遇到了技能方面的问题，而是在教师恰巧在身边的情况下，出于着急才向教师发出求助。教师不要急于帮助幼儿解决问题，而应在观察她自己能否解决的情况下，对幼儿进行即时的肯定和鼓励，告诉幼儿不要着急，或者假装和幼儿进行比赛，在比赛过程中，教师略显能力不强，寻求幼儿的指导，让幼儿充分树立自信心，达到促进幼儿发展的目的。

通过对幼儿的分析，以及全组教师的共同研讨，我深刻认识到：在幼儿求助及展示时，教师要及时考虑幼儿提问背后说明了什么，幼儿真正的需要是什么。如在这一师幼互动中，教师就没有考虑到这些问题，而是急于帮助幼儿，把自己的想法强加给幼儿，没有考虑到幼儿的发展。今后在遇到类似的问题时，我应该先给幼儿、自己多留出一些时间和空间，让幼儿得到充分发展。

同时，此次师幼互动让我开始反思材料的投放。在材料投放中，我只考虑到材料的样式与种类越多越好，而没有好好研究幼儿，更没有研究材料的层次性，为幼儿提供发展的空间。通过活动，我理解了研究幼儿以及材料层次性的重要性。材料要突出由易到难的层次，供不同能力的幼儿自主选择，让每名幼儿在活动中都得到发展。如在活动中，教师可为幼儿提供自己画、自己剪的材料；也可以提供教师画好、幼儿剪的材料；还可以提供幼儿画、教师剪的材料；最后还可以提供直接粘贴的材料。这样就可以让不同能力的幼儿在同一活动中，得到相应的发展。

另外，在活动前，教师还要认真分析活动的难点、重点，认真分析幼儿的原有经验及年龄特点，这样才能更好地把握活动重点，实现与幼儿的有效互动，更好地促进幼儿和教师的发展。

研究案例分析：

揣测幼儿的真正需要，找准师幼互动的核心价值。该师幼互动情境看似是幼儿发起的求助行为，教师的出现成为幼儿求助的重要原因。但是，幼儿在遇到困难时，对成人有一种必然的依赖性。此时，教师最重要的事情是结合幼儿的惯常表现、个性特征、能力水平，判断幼儿的真正需要是什么，确定借助该情境能发展该名幼儿的什么能力。案例中，幼儿需要的只是教师的鼓励。该师幼互动情境更大的价值在于支持幼儿自主解决问题，而不能简单理解为幼儿求助与教师直接提供帮助的相互关系。

做自主的叙事研究者。这是教师在研究后补写的一个师幼互动记录，可以看出集体研讨给教师带来的触动很大。一个看似习以为常的师幼互动片段的研讨，却给教师的应答观念和行为带来了冲突。教师开始自主地做师幼互动的叙事研究，在记录中反思自己的固有观念和行为。

建　　议：

面对幼儿的求助行为，教师要放缓师幼互动的节奏，不要急于提供帮助，要在观察、研究幼儿的基础上，最大限度地发展幼儿的主体性，激发幼儿的潜能，促进幼儿的自主发展。

▶ 案例 2

秘密的爱称

李诗岚

年 龄 班： 大班

发生背景：

诺诺是一个性格内向、动作缓慢、极其温柔的小姑娘，与人的交往能力较弱，在集体生活中也缺乏自信心。由于父母工作都很忙，诺诺从小由阿姨带大，包办代替过多，所以造成她自主性差，胆子很小，通常很难引起别人的注意。我在对她的观察和关爱中，发生了很多有趣的故事。

互动过程：

周三游泳课后，我正发放幼儿的浴巾。当叫到诺诺时，诺诺双手轻轻地接过浴巾，然后又紧紧地把浴巾抱在怀里，就像抱住自己心爱的小布娃娃，一边抚摸小浴巾，一边说："小可爱。"看到幼儿对自己的生活用品给予那么深的感情，我很惊讶！诺诺竟然在毛巾面前展现出她最温柔甜美的一面，平时她从未如此过。

此时，我以一个母亲的角色想到，对于时常寄宿在幼儿园里四岁多的幼儿来说，特别是对胆子小、缺乏自信心的诺诺而言，更是需要教师给予亲情般的呵护和关注，我想她一定很渴望别人像她对待小浴巾那样对待她。想到这里，我低头趴在她耳边，小声地称呼她："小可爱。"这时，诺诺抿着小嘴，陶醉地笑了！

从这以后，每当诺诺在生活和学习中遇到困难和问题时，我便以"小可爱"这样的鼓励方式来增强她的自信心，帮助她完善不足之处。"小可爱"这三个字是我对诺诺的秘密爱称。

教师思考：

每当听到这三个字，她都显得异常兴奋与快乐，流露出甜美、幸福的笑容。她的这种反应令我很震惊，或许这种震惊就像她第一次听到我叫她"小可爱"时的感动一样。我意识到，这个秘密爱称对诺诺有着非同寻常的重要意义。这是一种情理之中、意料之外的抚慰。或许在远离家庭的集体生活中，那正是一个小女孩梦寐以求的情感需求。我反思到，教师只有关注幼儿的情感细节，才能真正走进幼儿的内心世界，让幼儿在充满童心的氛围中健康快乐地成长。

研究案例分析：

细致的观察，捕捉幼儿的内心需求。在该案例中，教师通过对诺诺抚摸浴巾这一细节的观察，准确判断出幼儿需要关爱和呵护的心理。观察并准确判断幼儿的心理需求成为教师做出适宜应答的基础。

根据幼儿的个性特征和惯常表现做出个性化的应答。教师通过幼儿的一个行为细节，联想到诺诺性格比较内向、交往能力较差等特点，以“小可爱”的爱称打开了一个沉默、缺乏关怀的小女孩的情感之门，满足了幼儿对爱的需要。

建　议：

教师的应答应基于幼儿当时的表现、惯常表现以及个性特征等做出持续、个性化的应答。

▶ 案例 3

我也想让您喂我吃饭

肖晓玲

年 龄 班： 托班

发生背景：

一天中午，在轻柔的音乐声下，幼儿正吃着午餐，我忙着照顾年幼体弱的然然，但此时却发现自理能力非常强的铭铭居然坐在椅子上不动手，桌上的饭菜一口未动。

我走到他的身边，关心地问：“铭铭，不舒服吗？”他摇摇头。我又接着说：“今天吃的是红烧带鱼，真香，你爱吃吗？”铭铭说：“嗯，真香！我爱吃。”“那咱们快动手吧，快让鱼宝宝藏到你肚子里去游泳。”我的一席话把铭铭逗乐了。此时，铭铭又低着头有些害羞地说：“老师，我也想让您喂我吃饭。”铭铭的一席话，我似乎全明白了，原来铭铭看见我在吃饭环节中，总是照顾需要帮助的幼儿，他自己也希望得到教师的关注。于是，我满足了他的需求，喂了几口饭菜。随后在我的鼓励之下，铭铭又开始高兴地自己拿起小勺大口大口地吃饭。

教师思考：

通过多次参加教研活动，我慢慢地学会倾听幼儿的心声。以上正是因为有了我和铭铭的深入对话，我才做出了正确的判断。我也更深刻地明白教师要从幼儿的角度看问题，多问一个“为什么”，这样才能了解幼儿行为背后的真正原因，采取相应的策略，促进幼儿身心的健康发展。

研究案例分析：

细致的观察，捕捉到幼儿行为的异常。观察和了解幼儿是教师适宜应答的前提。案例中，教师在照顾能力较弱的幼儿的同时，观察到铭铭的异常表现并予以关注，体现出教师对幼儿行为的观察敏感性和强烈的教育意识。

耐心的询问和游戏化的语言激发了幼儿表达的愿望。面对幼儿的异常行为，教师采取了耐心询问的做法，了解幼儿行为背后的原因。游戏化的语言为幼儿营造了一个安全、轻松的氛围，使幼儿敢于说出自己的真实想法。

适当的帮助和及时的鼓励，满足了幼儿的心理需求。当教师得知幼儿想要喂饭的心理需求后，并没有因为其能力强而拒绝，而是采取了适当满足的策略，这样做保护了幼儿的情感。同时，教师鼓励其自己吃，这是针对幼儿的惯常表现所应采取的适宜策略。

建　　议：

托班幼儿爱模仿的年龄特征很明显，同时渴望建立和教师的亲密关系。因此，教师要注意幼儿的日常言语和行为，尽量满足不同发展水平幼儿的需求。

▶ 案例 4

百变魔尺

代丽萍

年 龄 班： 大班

发生背景：

子翔和龙龙在益智区玩百变魔尺。子翔很快摆弄出一把手枪。龙龙看了，学着他的样子也认真摆弄了几分钟，可怎么也摆弄不出子翔那把手枪的样子，于是请子翔帮忙。子翔很顺利地帮助龙龙也摆弄出一把一模一样的手枪，两个人玩起了枪战的游戏。玩了一会儿，龙龙再次摆弄手枪，而子翔离开了座位，先是去图书区对着大宝，“突突”地打了两下枪，大宝没有理会他。于是，他又去音乐区和小伙伴玩起了躲藏的游戏。看到子翔游走于各个活动区之间，我也拿了一个魔尺。

互动过程：

师：子翔，你的手枪还挺复杂的，功能肯定特别多！

子翔：是呀，这把手枪可牛了！

师：那你能不能教教我呀？

子翔：可以。（子翔拿过我手里的魔尺，像刚才帮助龙龙一样，熟练地开始摆弄，我忙喊：“停。”）

师：我是想让你教我，就像平时上课老师教你们一样，你来当老师，一步一步教我，行吗？

子翔：好吧，先这么拧，然后再推上去，再这样……好啦！

师：真的一样啊！

子翔：我拿这个挡着，你打不着。

师：我再扔个手榴弹。

子翔：我还有坦克。

……

教师思考：

子翔的社会交往能力和语言表达能力都比较强。在他人向他请求帮助的时候，他愿意帮助别人，并且在过程中很准确地运用了“拧”“推”等动词。从后来的情境游戏可以看出，他在武器这方面的知识比较丰富。

在这次师幼互动中，出于对其他活动区的幼儿考虑，我并没有继续支持子翔的“突突”行为，但选择了继续支持他的枪战游戏。当我发现他的兴趣点在情境游戏上时，我选择作为一个合作者，与他共同游戏，满足他的游戏需要，并且保障了其他幼儿的游戏环境。

研究案例分析：

从游离到投入。从这个案例的描述中，我们看到幼儿开始时随意地摆弄玩具，游离于活动区之外，后面在教师的陪伴下能够投入于游戏中并且融入了自己的想象。在这个过程中，幼儿的需求是什么？幼儿的变化说明了什么？通过教师的参与，我们发现幼儿愿意交往，喜欢情境游戏，在找不到同伴的情况下才会游离于各个活动区并干扰他人的活动。当教师尝试走近幼儿并满足他的交往需求后，幼儿立即表现出了对游戏的热情和专注。

分析幼儿需要，满足幼儿需求。在这个师幼互动的过程中，教师先是观察幼儿，表现出对幼儿活动的兴趣，然后以平等的身份加入幼儿的游戏中，这有助于教师了解幼儿的真实意图，避免教师的主观判断影响幼儿的游戏意图。教师与幼儿在放松状态下的师幼互动，有助于幼儿在游戏中积极发挥主动性，进行游戏和思考。

建　　议：

教师可以多留心幼儿的日常表现，进一步了解幼儿的兴趣需要，结合幼儿的兴趣和个性特点为幼儿提供游戏支持，给幼儿提供更大的思考和创造空间，为幼儿创造与同伴游戏的机会和平台。

▶ 案例 5

我来教你做南瓜

陈卉颖

年 龄 班： 大班

发生背景：

美工区时间，布丁非常认真地在做南瓜，因为明天就是“万圣节”了。布丁来到美工区的第一件事是用橡皮泥盖子把橘黄色的橡皮泥压成了一个扁扁的圆形，用剪刀剪成一条一条较粗的形状，然后用手搓，让每一根看起来都差不多大。他边做边说：“很像橘子瓣的样子。”他把搓好的橡皮泥条的顶部和尾部都往里面窝了一下，一个一个靠拢在一起，不一会儿就拢成了一个圈。之后，他又用绿色的橡皮泥捏了一个类似帽子形状的盖子，放到了刚做好的南瓜上面。这样一看，小南瓜非常完整。

互动过程：

布丁说："陈老师，您快看呀，这是我做的南瓜。"看到他脸上洋溢的笑容、手中拿着的作品，我认为自己应该先满足幼儿的情感需求，再帮助他梳理经验。于是我说："你做得真好呀，非常漂亮，能跟我分享一下，你是怎么做的吗？"布丁说："行，上面的叶片是用绿色的橡皮泥，先给它压扁，再揪一个小头，和帽子似的。南瓜是一搓一弯，像一个小月亮，但要一样，否则不好看。"

随后，我以学习者的身份参与到幼儿的活动中，请布丁教我和其他幼儿制作南瓜。幼儿制作的积极性非常高。布丁在活动过程中主动梳理并分享自己的制作经验给同伴们。

教师思考：

从幼儿认真积极投入的样子可以看出，幼儿对这个活动非常感兴趣，中途没有放弃，坚持完成作品。橡皮泥能激发幼儿艺术创作的灵感。布丁有自己的想法，是一名有创造性想法的幼儿，他不是模仿书中的做法，把橡皮泥先搓成一个圆，然后在上面画出南瓜的轮廓，而是直接把橡皮泥做成了月亮的形状，然后再将其靠拢在一起。

活动中，我始终观察幼儿在活动区的表现。从活动过程到幼儿的作品，都让我大吃一惊，活动中，我没有干涉幼儿，而让幼儿自由创作，这样幼儿有更大的发挥空间。随后，幼儿请我欣赏他的作品，我首先在言语上肯定，然后与幼儿共同参与到活动中，再次分析幼儿的想法，理解幼儿的经验水平、学习特点和个性特征，把握教育内容的核心价值及其发展线索，同时通过自己的教学技能帮助幼儿在所学领域得到发展。

研究案例分析：

珍视并欣赏幼儿的创造。幼儿期是创造力发展的重要时期。幼儿的创造性会体现在一日生活的点滴之中，教师要细致观察，及时发现幼儿的创造性表现，积极地给予关注和保护。教师的态度直接影响着幼儿创造性思维的发展。

结合案例和教师的分析，我们可以发现，幼儿在制作南瓜的过程中一直基于自己的理解，没有被各种手工书内容限制，而是创造性地进行南瓜制作。教师准确抓住了幼儿的创造性表现，第一时间对幼儿的作品给予充分肯定，及时满足了幼儿情感上的需求，这是对幼儿自主思考和创造性的一种支持。

建　议：

教师要以学习者的身份向幼儿请教，帮助幼儿梳理自己的认识和思考，支持幼儿巩固自主探究的方法，让幼儿从中获得自主思考的成就感，借此潜移默化地支持幼儿的创造性学习和思考。

案例6

串吧开业

董迎春

年龄班：大班

发生背景：

“十一”长假前，我们已经和幼儿一起开始了串吧的筹划。幼儿根据我们的讨论，想方设法收集材料。一些简单的材料已经收集到位：计算器、钱币、烤箱、肉串、菜单……

互动过程：

“董老师，串吧可以了吗？”虽然是“十一”长假回来后的第二天，我们串吧的物品收集得还不是特别多，但幼儿似乎并不觉得是什么大问题。“你们看看物品够多吗？如果你们觉得没问题，就开始吧。”幼儿早就观察过了，对串吧游戏已经跃跃欲试。“能玩！”大家异口同声，然后开始分配角色，我就在一旁看着他们游戏。

幼儿凭借自己的经验分配了三名幼儿当服务员，分别由妮妮、豆豆和行来当，美枝当收银员。面对着简单的游戏材料，幼儿却玩得不亦乐乎。这会儿，客人还没有来，大家都在各自准备着开张营业需要的菜单、钱币、计算器、烤箱、肉串等。不一会儿，迪迪来就餐了，试点了几个串，他给串吧提了建议："你们这个服务员上菜的速度可不快。""还有，我都等半天了，服务员都不来招呼我一下。"我一听，这名幼儿就餐经验丰富啊，建议道："迪迪，咱们今天第一次玩，大家有很多地方还没考虑那么周全呢，你倒是挺细的，要不你来当回店长，给大家伙开个小会，说一说来串吧上班应该注意的问题。""行啊，没问题!"听我这么说完，迪迪自信满满地招呼大家："来来来，咱们先开个会!"大家按次序站好，迪迪开始边摇动手指边提要求："第一，一定要注意热情服务，这样客人才愿意来串吧吃饭；第二，自己做自己的事，如收银员就管收银，服务员就管点菜、上菜，厨师就管烤串。大家认真工作，我待会儿会来巡查，好好表现，我给大家发工资。"大家听到发工资，都笑了。

教师思考：

以上游戏情境突出地体现了幼儿学习与交往的特点。(1) 幼儿的询问代表了他们已有参与串吧游戏的愿望，体现了他们的学习主动性与计划性。(2) 幼儿在游戏中建立了彼此社交关系，对于迪迪而言，他还贡献了自己对游戏的想法，使游戏对幼儿来说更加有趣。(3) 在游戏中，幼儿依靠语言相互交流，在"语言表达""倾听与理解能力"方面的能力也有所提升。

师幼互动应该有利于幼儿在情感、技巧、能力等多方面获得支持。因此，我在与幼儿的互动中采取的一些回应是出于以下思考。

1. 活动区的设计及材料的收集来源于幼儿，所以他们对这个区域的游戏充满了期待。幼儿进行游戏后，我的最深感受是：不要以成人的眼光来判断游戏材料是否足够丰富，要尊重幼儿的意愿，充分相信他们——幼儿在游戏中发现问题正是他们学习的表现，想办法解决问题则是他们的又一进步。

2. 对于在活动区观察到的游戏情境，我的分析是幼儿的游戏经验与水平差异明显。特别是对于刚刚升入大班才一个月的幼儿来说，他们在交往技能上就更加需要学习与丰富。迪迪丰富的就餐经验提醒了我，于是我以建议的方式请他当店长，希望幼儿借助同伴的经验来丰富游戏的内容与经验。

研究案例分析：

巧妙利用角色需求，给幼儿自主提升游戏水平的空间。角色游戏依靠幼儿角色扮演和幼儿间的交往来推动进行。大班幼儿的交往能力较强，但依然存在“自我中心”的情况，学会配合与合作是发展的关键。案例中，幼儿因为没有很好地配合，使得顾客被冷落，这时教师抓住了顾客的心理感受和需求，让幼儿通过交流和协商丰富游戏经验，提升游戏水平，这既保障了幼儿对游戏的主导，同时也支持了幼儿在游戏中的学习和发展。

建　　议：

教师能够抓住幼儿游戏中的闪光点，并利用它来促进幼儿的整体发展，非常用心。但在过程中，教师应尽量减少对幼儿的评价性语言，以多引导或建议的方式，让幼儿自主选择分享和接受游戏经验的方式，放手为幼儿提供更大的自主游戏和学习的空间。

▶ 案例 7

小小舞蹈老师

范嘉文

年 龄 班：大班

发生背景：

距新年联欢活动还剩不到两周的时间，女孩子正在为小舞台的演出节目而加紧排练……早餐过后，几个女孩子陆续来到音乐区挑选自己喜欢的服装和道具，然后开始各忙各的，有的边唱边跳，有的摆弄录音机……

互动过程：

爽走进音乐区后，果断地拿起一支话筒，接着用号召性的语言对大家说：“咱们排练《金孔雀》吧！”其他几个女孩应声走了过来。爽接着说：“我在前面唱，也跳舞，你们都是伴舞，豆豆你负责放音乐。”豆豆叉着腰，好像对爽的安排不太满意。她愣了一会儿，走到爽身边："为什么让我放音乐？""因为按队形，你离录音机最近。"豆豆慢慢地走向录音机，表情却显得有点为难。站在一旁的我看出了豆豆的心思，问："需要帮忙吗？"豆豆说："她们让我负责放音乐，可是我不知道是哪张盘。"于是，我和豆豆一起找出光盘，认清上面的标记后，又一起熟悉了播放歌曲的步骤。当《金孔雀》的前奏响起时，豆豆如释重负，马上站到自己的位置上开始排练。

音乐重复播放了几次，舞蹈却没有什么新的进展，幼儿也没有开始那样专注。悦悦把扇子放下，换成了麦克风，珍珠和豆豆开始讨论起《最炫民族风》的动作……一时间场面显得有点混乱。"你们还练不练了！？"爽大声说。悦悦说："我也想一边唱一边跳。"豆豆说："不是都练了好几遍了吗？该练《最炫民族风》了吧！"珍珠在一边抖着扇子，跃跃欲试地为下一首曲子做准备。爽显得有些无奈，撒着娇向我求助："老师，你看她们——"一直在一旁观看的我走到她们身边："我看到你们刚才练了好几遍《金孔雀》，已经排好了是吗？"爽抢着说："没有，她们老是记不住动作。"豆豆反驳："她拿着话筒，跟我们的动作不一样。"珍珠接着说："对，和我们舞蹈老师教的也不一样。"这时我说："看来咱们需要再商量商量动作，那你们是想统一动作，还是想做不一样的？"珍珠马上提议："可以像《最炫民族风》那样，前排做一种，后排做一种，最后再合也行。"豆豆说："那样太乱不好看。"爽说："可以第一段跟我学，第二段跟你学。"悦悦高兴地说："那你们俩快教我们吧！"珍珠也点头表示同意。音乐区里又掀起了第二波排练《金孔雀》的热潮。

教师思考：

在节目排练的过程中，爽显然扮演了女孩子中"领袖"的角色。她比同班的幼儿大半岁左右，说话做事又有条理，所以一般情况下大家还都比较听从她的指挥和安排。但是当遇到问题或分歧时，幼儿就不知道该如何应对。豆豆性格温柔，内心却很要强。遇到刚才的情况，她的第一反应是不想自己去放音乐。她为自己争取了一次，可又觉得爽的安排很有道理，一时间没有找到解决问题的办法。教师在观察幼儿活动的同时，也在根据每名幼儿的性格特点努力解读其内心世界。在幼儿需要帮助时，特别是内心需要认同和支持时，教师及时站出来，帮助她们在同伴间树立威信和自信。

在幼儿还没发生争执时，我已经看出了些许端倪，同时自己也在斗争——该不该介入？该怎样介入？而接下来的幼儿对话告诉我，她们不是对排练失去了兴趣，而是对重复的排练曲目失去了兴趣。怎样让幼儿重新打起精神？怎样引导她们在重复的音乐中找到排练的重点？接到幼儿的求助后，我直接切入了主题。在对话中，我发现幼儿在一次次排练中不仅能够约束自己，同时也关注到了别人。她们发现同伴间动作的不一致，却在音乐一遍遍的催促下缺乏交流。于是，我用简单的语言对她们遇到的问题进行了总结和梳理，引导她们在动作方面进行调整。幼儿能力很强，她们懂得经验的相互迁移，更懂得同伴的相互协商。

经过这一段时间的学习和实践，我对“观察”这一教师日常最普遍的教育行为有了新的认识和理解，更加专注幼儿在活动中的具体过程和表现，同时也更加注重对幼儿内心的解析和支持，这样我们才能选择最佳的介入时机，以平等的姿态走近幼儿，用尊重的态度做他们生活、游戏、学习的伙伴，用欣赏的眼光支持他们做真正的主人。

研究案例分析：

观察的基础上适宜介入，支持幼儿游戏意图。在案例中，我们可以看到大班幼儿在与其他幼儿建立社交关系方面一定的发展。他们有了初步的合作意识，并且愿意贡献自己的想法并参考他人的想法。但在发展的过程中，他们依然会受自我意识的影响，出现矛盾和冲突。案例中，教师能够在幼儿遇到问题和困惑的时候冷静耐心观察，并且循序渐进地询问，既支持了幼儿表达自己的感受和想法，同时也给幼儿提供了自主决定的机会。教师的介入都是在幼儿提出需求时，充分体现了幼儿对活动的主导。虽然教师的引导语不多，但在细致观察的基础上，教师提出的问题和建议都为幼儿寻找解决问题的方法提供了支持。在教师的提问下，幼儿逐渐厘清思路，共同寻找问题的解决方法并达成共识，找到一起游戏的新方式。

建　议：

从案例中，我们可以看出幼儿的表达和理解能力都很强，这体现了大班幼儿语言与思维发展的特点。在和同伴们一起开展活动的过程中，幼儿不仅需要能够很好地表达自己的想法和需求，还需要耐心地去了解到别人的想法，找到大家都满意的解决方法。因此，教师应该在日常生活中有意识地引导幼儿去了解同伴的想法，并体会这样做的意义和重要性。

案例 8

汉堡包拼图

史 昂

年 龄 班： 大班

发生背景：

活动区时间，桐桐选择在益智区玩图形拼图游戏。他把所有六边形的塑料片都拿了出来，在桌子上摆了一排，然后边看别人边没有目的地摆着。这时，康康从他身边经过。

互动过程：

康：我还会用这个做汉堡包呢，你会吗？

桐：我也会，这么简单谁不会呀！（说着便做了起来，边做边小声嘀咕）我的汉堡包里还有肉和蔬菜呢。（桐桐将一块红色梯形放在六边形上面，再将几块绿色三角形放在上面，用六边形封顶。）看我做好了，还有蔬菜和肉呢。

师：这汉堡包的层数可真多，可是我想要一个肉和蔬菜像面包一样大、整齐地摞在一起的汉堡包，我觉得那样一定更好吃，你能帮我做一个吗？

桐：没问题，太简单了！

（桐桐胸有成竹地开始操作，先取一个六边形做底，又取一个梯形。这次，他没有很随意地放在上面，而是很用心地用梯形的边对齐六边形的边，然后又取了一个梯形，边比量边放在六边形上。当用两个梯形拼成一个六边形时，他很开心。）

桐：老师，你看，我的肉饼做好了！

师：太棒了，用两个梯形肉饼做出了一个六边形的肉饼。

桐：我该夹上中间的面包了。

（桐桐放了一个六边形。）

师：下一层我想加点 cheese。

桐：是奶酪。（桐桐很疑惑地看着我。我指了指图形盒子，他好像明白了。）

桐：那我给你放点蓝色的 cheese 吧。

师：好啊，蓝色的奶酪很特殊，还是菱形的。

（桐桐取了两块蓝色菱形，拼在一起，沿着六边形的边摆放好，然后又取了两个菱形拼在一起，可是比来比去都放不进去，又没想到放下一块，有些着急。）

师：奶酪是不是太多，放不下啦？（桐桐看了我一眼，然后数了数菱形的个数。）

桐：有四块奶酪。

师：这个汉堡包放得下吗？

桐：放不下呀。

师：那怎么办呀？

（桐桐放下手里的一个菱形，拿着另一个比量，最后横着放在上面，好像突然明白了。）

桐：你看，你看，我摆好了，三块奶酪。

师：（边说边指着他的作品）太棒了，我的汉堡包有两块梯形的肉饼和三块菱形的奶酪。

桐：（语气有些兴奋）我该放蔬菜了。

师：我最喜欢蔬菜了，得多放点。

（桐桐很小心地取出绿色的三角图形，放在中间，但不能正确拼出六边形。他很疑惑，试来试去都不行，看着我。）

桐：这个怎么摆呀？

师：这个蔬菜太小了，可能从边上开始摆，会容易些。

（桐桐试着从边上对齐摆了一块，然后又取出一块比量，放在了第一块的旁边，越摆越自信，很认真的样子，做完了很兴奋。）

桐：你看，你看，我摆好了，这个不太好弄。

师：是不太好做，需要的蔬菜太多了，你数数放了几块蔬菜？

桐：六块。（认真数过）我再给你放上一块面包。（边说边小心地放上一块六边形）给你，汉堡包做好了。

师：太棒了，夹了三层好吃的，两块梯形肉饼，三块菱形奶酪，六块三角形的蔬菜，我太喜欢了。

教师思考：

桐桐平时很少选择玩活动区桌面游戏，游戏的专注能力也很弱，不能专心游戏，遇到困难很快放弃。尤其在没有成人陪伴的时候，他就显得更不容易集中精力。今天他选择益智区的材料，经过初步观察，我确定他并不知道这个材料如何操作，只是简单拼摆，显得没什么兴趣。

我本想引导他进行转轮拼图的游戏，但同伴的互动给了我一个向他发起师幼互动的机会。他也没有像平时那样排斥教师的介入，于是我以游戏的形式与他互动，以做汉堡包为由引导他发现图形拼图之间的转换关系和等量代换。我有意识用语言强化并帮助他梳理经验，使他对图形和相互转换关系建立了初步的意识和理解。他也体会到参与其中的乐趣，觉得这样很神奇，自己原来没有意识到一种图形可以拼成另一种图形。在游戏中，我明显感到他越来越有兴趣，愿意动手尝试，也很用心观察、思考，最终也获得了成功体验。

接下来，教师应注重培养他的游戏专注度，使他安静下来专心游戏，即便没有成人的陪伴也能按照自己的想法操作。在日后的活动区活动中，我会有意识鼓励他选择这个游戏，让他发现更多玩法，如转轮拼图、图形拼摆、图形记录等，激发他的探索兴趣，使他获得更多的成功体验，更愿意去尝试不一样的游戏，养成良好的学习习惯。

研究案例分析：

在顺应中寻找教育的契机。在这个案例中，我们看到教师始终在跟随幼儿的游戏，与幼儿开展互动。可以说，教师是在配合幼儿的游戏。结合教师的分析，我们可以发现，教师介入幼儿的游戏是有目标的，通过顺应支持幼儿的游戏意图，实现让幼儿投入、专注于游戏内容，并通过鼓励、描述幼儿行为、提出新问题等方式，引导幼儿不断丰富游戏的内容，体会到持续、深入开展一项游戏活动的乐趣。教师将幼儿的培养目标潜移默化地融入与幼儿的游戏活动中，顺应幼儿兴趣需求介入游戏，与其展开师幼互动，实现对幼儿专注力和自主游戏能力的培养。

建　议：

大班是幼儿社会交往能力发展的重要时期。因此在日常活动中，幼儿不应仅仅依靠教师的陪伴、配合来投入游戏，还可以更多地借助同伴资源激发对游戏的兴趣，从而提升对游戏的专注度。教师要有意识地为幼儿搭建与同伴合作交往的平台，支持幼儿在与同伴的共同游戏中体验探索乐趣。

案例 9

给瓶子宝宝找帽子

赵　妍

年 龄 班： 小班

发生背景：

山山对益智区的“给瓶子宝宝找帽子”的游戏产生了兴趣，他反复尝试着给不同的瓶子找瓶盖。由于没有掌握到一一对应的方法，他只是单纯地拿个瓶子不停地换瓶盖。我看到山山手里拿着一个瓶子，在不断地换着盖子，尝试着哪个盖子可以盖在这个瓶子上。于是，我坐在山山旁边，一边和另一名幼儿一起玩，一边偷偷地观察着山山。显然，幼儿知道在这些瓶盖中肯定有一个是瓶子的，但是他没有关注到两者（瓶子与瓶盖）之间的共同点，于是只能碰运气，一个一个去试。

互动过程：

山山在不断尝试的过程中，因为总找不到合适的瓶盖，他显得有些着急和焦虑。看到我坐在他对面，山山忙举着一个小瓶子，着急地对我说："赵老师，我找不到这个瓶子宝宝的帽子了。"我安慰他："别着急，咱们一个一个地给瓶子宝宝找一找。"山山挑了一个瓶子，又开始一个个地试瓶盖。

我看着山山这样一个一个地将瓶盖试盖在瓶子上，然后每次都把不能盖上的瓶盖又放回瓶盖筐，不断重复这样的动作，有的瓶盖都被试过两三次。当我发现山山有些不耐烦的时候，我忙走过去，蹲在他身边，悄悄对他说："看看这个瓶子身上有什么？"我试图让幼儿发现每个瓶子都有它自己的特点。山山拿着这个瓶子看了看，突然指着瓶子说："它身上有个圆形。"我马上又问："这个圆形是什么颜色的？"山山告诉我："是红色的。"我再次引发山山观察："再看看这些小盖子上面有什么？"山山逐一拿起瓶盖，翻看着这些瓶盖，像发现了新大陆一样，激动地说："小盖子上面有正方形、圆形、三角形。"突然之间，山山好像明白了什么，他拿起一个和手里的瓶子身上一样有红色圆形的瓶盖，尝试着盖上，拧了拧，果真是这个盖子。山山兴奋地举着瓶子对我说："赵老师，你看，我找到了。"

教师思考：

山山喜欢动手操作。在对他的观察过程中，我发现他对"拧"这个动作非常感兴趣，能够适度控制自己小肌肉的运动，愿意在"给瓶子宝宝找帽子"的活动中动手探索和发现，对一一对应的活动表现出极大的探究愿望。但由于年龄的原因，他只观察到了事物的一部分，而没有结合起来观察整体。

对于小班初期的幼儿，我们采用了最简单的方法，帮助幼儿掌握一一对应，那就是给相对应的物品贴上一样的标记。如瓶身上和瓶盖上有一样的图形，幼儿发现了瓶盖上的一些特征，在寻找的过程中尝试将其和有同样特征的瓶子联系在一起，说明他的潜意识中感觉到了两者之间有关系。最后，山山给所有的小瓶子都找到了瓶盖，而且他很得意自己发现了给瓶子找瓶盖的方法。活动区结束后，我让山山给其他幼儿介绍了自己的发现。

教师在和幼儿的互动过程中，有目的、有计划地引导幼儿发现瓶子和瓶盖之间的共同点，帮助幼儿掌握一一对应的学习方法。在延续的活动中，我还将继续帮助幼儿通过发现瓶子的瓶口、大小、颜色或标记不同等方式，不断探索瓶子瓶盖相对应的关系，丰富幼儿的生活经验，帮助他们掌握一一对应的方法。

研究案例分析：

平和心态，给幼儿探索的空间。案例中，当幼儿在游戏中遇到问题表现出急躁的情绪时，教师并没有急于给出解决问题的方法，而是以平和淡定的心态鼓励幼儿耐心尝试，给了幼儿一定的空间，让幼儿能够坚持探索解决问题的方法。此外，教师重视幼儿观察能力的培养，引导幼儿通过细致观察，找到解决问题的方法。

建　　议：

尊重幼儿学习的进程。在幼儿探索问题解决方法的过程中，教师不要急于引导幼儿学习教师心中的最佳方法，而是可作为幼儿游戏、探索的同伴，和幼儿一起在体验中找到属于幼儿自己的问题解决方法。

▶ 案例 10

去“儿童医院”体检

王　娜

年 龄 班： 中班

发生背景：

活动区游戏时，小赫在“儿童医院”体检。体检之后，他还在医院门口转来转去，不停地往医院里看。他轻声地对小雪说：“我能玩一会儿吗？”小雪看看小赫说：“我才刚刚玩。”小赫站在“儿童医院”外面不走，渴望地看着里面的幼儿游戏。

互动过程：

我走过去问：“小赫你想玩儿什么？”他说：“我想去当医生。”我说：“那你去跟他们商量一下。”小赫说：“我刚才问了小雪，她说她刚玩。”我说："那你想去别的区玩吗？"小赫摇摇头。我说："那怎么办呀？"小赫看看我说："我等他们下班。"我说："那你去问问他们什么时候下班呀？"小赫问："大夫，你们几点下班呀？"小雪说："我是早班，一会儿就下班。"小赫又说："我在旁边看会儿书，等你下班时叫我。"小雪说："好的。"过了十五分钟左右，小雪说："小赫你来吧！我下班了。"小赫高兴地说："好的，我来了。"

教师思考：

小赫遇到困难时能够自己想办法试图解决问题。但是当小雪不同意时，小赫就不知道该怎么办。小赫能够用语言清楚表达与交流，而且对其他幼儿制定的区域规则很清楚，有很强的规则意识。小雪专注于她的游戏，根本没发现小赫是多么想到"儿童医院"玩游戏。教师在与幼儿的互动中，尽量给幼儿自己表达的机会，包括让小赫告诉小雪自己想玩。

研究案例分析：

在了解幼儿需求的基础上，引导幼儿学会解决问题。在角色区同时想担当一个角色，常常是幼儿之间发生矛盾冲突的导火索。虽然在这个案例中，我们并没有看到幼儿之间发生冲突，但也可以感觉到两名幼儿因为沟通不够使情况陷入了僵局。可喜的是，教师并没有因为这个表面的平静景象而放过教育的契机。通过简单的询问和建议，教师成功地为两名幼儿搭建了沟通的平台，鼓励幼儿向同伴表达自己的需求和行动计划，引导幼儿从回避、搁置问题到积极主动地与他人沟通、尝试解决问题，再到通过协商让问题得到真正解决。简短的师幼互动中，幼儿体验到的是语言交流的真正意义。

建　　议：

教师给幼儿创设自己解决问题的机会，应该再等一等。以后的工作中，教师要多观察、多等待，相信幼儿有能力自己解决问题。

案例 11

这个怎么玩

窦卉森

年 龄 班： 大班

发生背景：

经过两天的熟悉，幼儿终于迫不及待地在餐后进入自己喜爱的活动区游戏，小哥却显得不是很积极。

互动过程：

他东走走，西走走，一会儿坐在其他幼儿旁边听听他们说些什么，一会儿又走到别处，坐下来看其他幼儿做游戏。很快，活动区活动就在他的观察中结束了。

第二天早饭后，小哥独自在活动室与卧室的区域之间反复走，一会儿看看其他幼儿在干什么，一会儿又看看有什么玩具。最终，他选择在卧室里游戏。小哥放好垫子后，选择了一个木质盒子的玩具。打开后，他看着盒子里大片、小片的板子，摆弄一番后就放下了，继续看着别人，然后收起了玩具。

第三天，小哥继续选择了这个盒子的玩具，结果还和昨天一样，看看这个，看看那个。这时，我走过去问他："小哥怎么了？"小哥怯生生地说："这个怎么玩，我不会玩。"我说："那我们一起看看怎么玩，好吗？"小哥马上点头答应。我问小哥："看看这些小卡片的角上都是一样的图形吗？都有什么图形呢？"小哥马上发现不同："有三角形、五角星、菱形、正方形……"他很快就把一样的图形放在了一起。小哥选择了一张大卡片，发现大卡片的角上有两种不同的图形，一个是实心的图形，一个是空心的图形。我问小哥："空心的小卡片放在哪里呢？"小哥很有信心地将同种图形的空心图片放在数字相同的位置上。我马上送上了一个大拇指："你真棒！"随后，我静静地坐在他的旁边，不再打扰。小哥非常仔细认真地进行游戏，还不时自言自语地数着数字。

教师思考：

新学期，小哥再次回到熟悉而又陌生的幼儿园，依旧显得腼腆，不怎么说话。对于新班级、新环境和新教师，他都很新奇。小哥很聪明，由于在幼儿园生活学习的时间不长，和同伴也不熟悉，所以对于一切新的事物都不太敢主动接触，喜欢一个人独自去观察，但也表现出渴望和同伴一起游戏、想接触游戏材料的愿望。终于在第二天，他勇敢地选择了一个玩具，努力尝试，但因不会操作，又不敢求助于同伴或者教师，所以放弃了。但是没想到第三天，他仍然会再次选择。对此，我有如下思考。

1. 教师适当地介入，帮助幼儿建立自信。前两天，我都没有介入到幼儿的游戏中。第三天在小哥仍然不知所措的时候，我的介入帮助他顺利开展了游戏，让他获得了成功感。

2. 鼓励幼儿尝试丰富多样的游戏材料，激发幼儿主动参与游戏的愿望。幼儿的胆怯有时候是因为害怕自己失败所以不敢去尝试，还有可能是因为平时没有接触过，确实不知道如何游戏。小哥的情况更说明这个特点。所以在区域活动中，教师更应该多鼓励他积极参与游戏。

3. 投放游戏材料的玩法说明书，有利于幼儿自主游戏。幼儿面对不会操作的游戏材料，自然会失去兴趣。那么在没有教师指导的情况下，如何使幼儿更好地自主游戏呢？这个玩具在一周内有很多幼儿取来玩，大多都是看看卡片上的图而不会去游戏。这种情况下，投放幼儿能看懂的一些线索图，帮助幼儿自主地开展游戏就变得很重要。

研究案例分析：

在观察中等待，发现幼儿的真兴趣，为幼儿提供有效支持。教师连续两天都在观察小哥在活动区的游戏情况。终于，教师在第三天介入。在观察过程中，教师结合幼儿性格特点，分析幼儿游离于活动区之外的原因，并在此基础上发现了幼儿感兴趣的玩具。在引导幼儿玩玩具的过程中，教师依然耐心引导，并在幼儿投入新的游戏探索后及时退出，继续观察幼儿的游戏。

建　　议：

教师可以通过观察，进一步发现幼儿的发展需求，对幼儿的下一步引导做出计划，并对尝试玩教具的投放方式进行分析和调整。

案例 12

书宝宝的家在哪里

程子威

年 龄 班： 小班

发生背景：

苗苗和煊煊来到图书小屋后，各自翻看图书，偶尔交谈几句，但都是与图书内容无关的话题。苗苗大体翻看了一本书后，随手把书一放，再拿起一本，翻了翻，又随手一放。不一会儿，图书小屋的图书就乱成一团。这时，煊煊在乱糟糟的图书堆里翻了翻，左看看、右看看，似乎不知道该看哪本书。

互动过程：

师：煊煊，你在做什么呢？

煊煊：程老师，我想要找《小猫钓鱼》。

苗苗：老师，我都不知道要看什么书了，这里的图书太多了。

师：你们看呀，书宝宝的家都找不到了，煊煊也找不到《小猫钓鱼》了。我们先把书都理好再看，好吗？

师：看书时，看完一本书，将书放回书宝宝的家后，我们再换另一本看。这样，我们的小图书就会整齐排队。等我们找想要看的书的时候，我们也能够一眼就看到。等一会儿活动区结束后，我们一起把这个小秘密告诉小五班其他小朋友，好不好？

苗苗和煊煊：（开心地）好！

教师思考：

经过一段时间，大部分幼儿都能够在图书区安静地坐下来看书，并且能轻拿轻放，认真看书。但是对于看完书后将图书送回去，再去拿另一本书的习惯还没有养成，所以我们在图书区经常看到在垫子上散落一些图书，书架上的图书也没有按照标记摆放。这次，我抓住了幼儿遇到困难的契机，提早进入活动，给予幼儿帮助，同时引导幼儿养成正确的看书常规，鼓励幼儿将正确的看书常规在活动区分享时告诉其他幼儿，这样可以让这两名幼儿深化自身常规的同时，也引导其他幼儿养成正确的看书常规。

对于介入的时机，教师应该再观察一段时间，先看看幼儿能不能自己发现问题，让幼儿在活动中遇到问题自己解决，而不是由教师来直接告诉幼儿。这才是活动需要达到的目的。在以后的区域活动时，作为教师，我们应该多给予幼儿空间与时间，认真观察每名幼儿，找准时机适时介入活动中，给予幼儿合适的帮助与引导。

研究案例分析：

抓住幼儿提出的问题，共同解决生活中的问题。案例中，教师及时抓住幼儿提出的“找不到书”的问题，引导幼儿共同解决图书区的整理杂乱的问题，让幼儿自主发现并且体验到杂乱带来的不便以及对整洁的需求，从而让幼儿明确整理工作的意义，促进幼儿更加主动地整理图书。

建　　议：

正如教师在反思中提到的，我们还可以给幼儿更充足的思考空间，让幼儿自己来发现“找不到书”这个问题产生的原因，还可以把这个问题与全班幼儿一起讨论，真正把幼儿的问题还给他们，支持幼儿体验自主发现问题、思考问题、解决问题的过程，充分利用生活契机让教育价值发挥到最大化。

▶ 案例 13

美丽的花边

李桂芝

年 龄 班：小班

发生背景：

近两周，因为晚上住宿的原因，大东的情绪很低落、易哭闹。为了稳定大东的情绪，转移他想家的注意力，我主动请大东教我剪窗花。大东很喜欢剪窗花，而且剪得很好。周三晚上，大东离园前，我还特意送给他一份饱含了我一片爱心的礼物——我精心剪成的一排小笑脸，希望大东每天都快快乐乐的。周四上午美工活动时……

互动过程：

其他幼儿都在安静地设计花边。大东手里拿着一张白色的纸条对我说："这是一张很长的纸，看见了吗？"我小声地说："看见了。"大东很快地将纸连续折叠成弹簧状，拿起剪刀开始熟练地剪起来，剪好后小心地打开纸条说："我也学会剪这种连着的花边了。"

我欣赏着大东手中一个个排列有序的笑脸。不敢相信还不到四岁的大东，一夜之间竟学会了连续剪的方法。"你给了老师一个惊喜，是妈妈教你的吗？"我试探着问道。"我自己琢磨的。您看，我还会这样剪。"大东说着，又麻利地用不同的折叠剪的方法，剪出了几条不同图案的花边，最后把几条花边一一对齐摆好，问我："您说哪条花边最漂亮？"我指着一排连续的蝴蝶说："这条最漂亮，其他的也挺好看的，你的看法呢？"大东忽闪着大眼睛笑着说："我说它们各有各的好看。这个像天上排队飞着的小鸟，这个像一串串的花……"我随着大东的介绍点头赞同着。

"李老师，我和您说个悄悄话。"大东趴在我的耳边轻声说，"明天我想教小朋友剪这种花边，可以吗？""当然可以了，小朋友一定很喜欢。"听了我的话，大东满怀欣喜地为自己的花边涂色去了。

教师思考：

在日常接触中，我了解到大东的个性与喜好，深知大东情绪不好的原因不单纯是不想住在幼儿园这么简单，而是需要在幼儿园找到更多自己喜欢的事情，并在其中获得教师及同伴的喜欢和肯定。因此，当大东因为住宿问题引起了强烈的情绪反应时，我从问题症结出发，通过充满真情与信任的对话，不仅满足了大东喜欢表达、表现、展现自己长项的需求，同时借助剪纸活动使大东获得了自我评价、认同的机会，借此帮他树立了自信，疏解了他的不良情绪，最终帮助他找到了在幼儿园生活的快乐，使大东又愉快地生活在教师、同伴之间。通过和大东的师幼互动，我更加关注幼儿的心理需求。

研究案例分析：

了解幼儿真正的心理需求。幼儿不想来幼儿园一定有他的理由。案例中的大东在与教师的互动过程中有很强的表现愿望，这是他对自己作品自信的表现，同时也表明他需要心理、情感方面的支持，需要被认同、接纳。

赏识性语言的运用，使幼儿有快乐的体验。教师巧用大东的特长来转移其注意力，使其产生愉快的情绪体验，并逐渐从消极的情绪中走出来。这种情绪体验会帮助幼儿找到在幼儿园的乐趣，从而更愿意接受幼儿园生活。关注幼儿的情感、关注幼儿的心理是教师做出适宜应答的基础。本案例中，教师对幼儿心理需求的关注和对幼儿的赏识与鼓励是一个亮点。

建　　议：

教师比较幼儿在本次师幼互动中的表现与惯常表现之间的异同，结合幼儿的个性特征，采取适宜的应答策略。

▶ 案例 14

机器人的天线

刘逸陶

年 龄 班： 中班

发生背景：

彬彬一直都很喜欢各种各样的机器人。在一天上午的区域活动时，班里新投放的半圆形塑料泡沫材料引起了他的注意。他取来了一个半圆形塑料泡沫，又取来了几支吸管，他想用吸管和塑料泡沫做一个小机器人。

互动过程：

彬彬目不转睛地盯着自己手中的半圆形塑料泡沫和吸管。他用左手攥住塑料泡沫，右手紧紧握住吸管平头一端，将吸管在塑料泡沫上拧来拧去，试图将吸管插进泡沫中。他试了很多次，还是没成功。我轻轻地走到他身边，蹲下身看着他不停地进行尝试。他又用力将吸管往泡沫中按，泡沫有了一点印痕，但是无法固定，一松手就会掉下来。他叹了口气，看着我说：“哎，没有办法了。”我笑着问他：“怎么了?”他一手拿着吸管一手拿着泡沫说：“这个根本就弄不进去，没办法了。”我举起他的吸管看了看，自言自语：“咦?这个吸管两头好像不太一样。”彬彬一把夺过我手中的吸管，看了看吸管的两头，转而用吸管的尖头一端往泡沫中插。彬彬用尖头成功地将吸管插进塑料泡沫中，但还是难以固定。他用手扶住吸管，举起来给我看：“你看，这是机器人的天线，它可以发射信号。”我说：“可以让我看看它吗?”他小心地把机器人递给我：“不过你得小心一点儿，别给弄掉了。”我拿起他的机器人，说：“怎么能让它的天线变得牢固呢?”彬彬说：“已经插进去了，但是它老掉。”我说：“也许可以借助一些其他的材料。”彬彬又走向材料区，拿回来了胶条座。这时候，收玩具的音乐响起了。

教师思考：

此次活动中，彬彬在制作机器人的过程中遇到了困难，而我很想介入他的游戏。于是，我选择了静静地走到他的身边，蹲下身，安静地注视着他。不久，他便开始与我交谈，抱怨制作机器人遇到了困难。于是，我找到了介入的时机，引导他发现吸管的两头是否不一样。教师要扮演一个支持者的角色，而不是一个领头人的角色，让幼儿自己决定游戏发展的方向和内容。我选择以支持者、参与者的身份介入，将游戏完全交给幼儿，让他带着我进行游戏。

《指南》明确指出：“幼儿艺术领域学习的关键在于充分创造条件和机会，在大自然和社会文化生活中萌发幼儿对美的感受和体验，丰富其想象力和创造力，引导幼儿学会用心灵去感受和发现美，用自己的方式去表现和创造美。”由此可见，艺术教育的关键在于教师充分创造条件和机会，引导幼儿感受和发现美以及表现和创造美。教师的侧重点不应在于幼儿是否画好了一幅画，幼儿是否能够做成一件美工作品。事实上，教师应当将重点放在幼儿是否获得了感受美、表达美的能力。教师可以成为一个学习者，一笔一笔地和幼儿一起学习画画。教师也可以化身成为一个游戏者，和幼儿坐在一起，没有距离感地游戏。

其实，活动并没有完全结束。在第二天的区域活动中，彬彬又拿起了小机器人，他用胶条将天线固定了。最终他完成了机器人制作，并拿来向我展示。尽管彬彬并没有在第一天的美工区活动中完成自己的作品，可他对美工活动的兴趣却大大增加。他想用自己的方式与能力表达自己的想法，并在之后的活动中完成作品。

研究案例分析：

表现出对幼儿游戏的兴趣，就是对幼儿的最好鼓励。这个案例更多地展现出的是幼儿与材料的互动，教师与幼儿的对话寥寥无几。但是，教师真诚的态度、对幼儿作品表现出浓厚的兴趣以及对幼儿完善作品提出的建议，都可能成为支持幼儿继续探索的动力。也许没有师幼互动，幼儿也会坚持完成自己的作品。但是我们在案例中却看到教师感兴趣的关注让幼儿有机会表达自己没有完成的设计，为作品赋予了天马行空的想象。

建　　议：

教师要让幼儿渴望肯定的心理需要得到满足，让幼儿更加自信，更有动力去克服困难并完成作品。

第二节　倾听幼儿的心声——从分析幼儿行为了解教师的价值判断

一、概述

在师幼互动过程中，教师是否关注到幼儿以及如何理解幼儿的行为，是决定教师应答行为是否适宜的基础性因素。

举一个很常见的例子。吃午点的时候，一名托班幼儿（不足三岁）举着香蕉说：“老师，这个香蕉有点儿黑了，我妈说了香蕉黑了就不能吃了。”教师说：“我帮你把黑的地方切下去，其他的地方都可以吃。”这名幼儿很不情愿地吃着，眼睛却不停地瞄着户外的玩具。看到幼儿这样的举动，教师对他说了一句话："你想玩什么，我帮你留一个，你好好把午点吃完，就可以出去玩了。"听到教师这么说，他马上坐好，开始踏踏实实地吃香蕉、喝水，然后高高兴兴地玩去了。

从这个例子中，我们不难看出，该幼儿与教师互动，表面上是陈述一个事实，也就是"香蕉变黑了，不能吃了"。但在这个事实背后，幼儿的真实意图却并不在于"妈妈说了香蕉黑了就不能吃了"，而是担心"自己出去晚了，喜欢的玩具可能就被先吃完的幼儿拿走了"。如果教师不能解读到幼儿这个真实意图，就很可能在回应幼儿时，仅仅停留在解决香蕉能否继续吃的问题上。对于幼儿而言，得到这样的应答并非是他向教师发起互动的初衷。上述案例中的教师由于做到了持续观察，敏感地捕捉到了幼儿的表情变化，进而发现了幼儿的真实需要，所以教师应答才能满足幼儿的内心需要，使幼儿能静下心来吃香蕉、喝水，这既解决了幼儿摄入必要营养的问题，又满足了幼儿想玩自己喜欢的玩具的愿望。

由此可以看出，教师一定要认真倾听幼儿的心声，通过幼儿言行举止了解幼儿的真实意图和想法。只有这样，教师才能为实施适宜应答打下坚实的基础。通过研究，我们对教师怎样才能准确地把握幼儿的心声，获得了如下认识和体会。

（一）教师要改变主观臆断的习惯

我们在分析师幼互动案例时发现，如果教师在与幼儿的互动过程中，不是从幼儿的立场分析他这么说、这么做的真实意图，进而采取适宜的应答策略，而仅仅是凭着自己的主观臆断来决定自己在师幼互动中的言行，就不可能实施适宜的应答。所以，要做到倾听幼儿的心声，教师首先要做的，就是改变在师幼互动中凭借主观臆断来应答的习惯，而应站在幼儿的角度，先分析幼儿言行背后的真实需要再适宜应答。

（二）教师应转变"以教为主"的观念

研究初期，我们发现"以教为主"似乎成了师幼互动的法则。尽管有的教师会想方设法调动幼儿学习的主动性，但最终的关注点仍然落在某个教育目标上，而这个目标几乎是指向能力、知识或者技能的。通过沟通，我们了解到，教师之所以这么做，是因为在他们看来，“如果不教幼儿学点儿什么，就没有尽到教师的责任”。

《纲要》的基本精神突出了情感、兴趣、态度和个性等方面的价值取向，能力、知识、技能的培养被放在了次要位置。作为教师，我们在与幼儿互动时就不能把关注点简单地放在教上，而应关注师幼互动对象的个性特征以及师幼互动过程中幼儿内心的真实需要、感受、想法等。一旦我们关注到了这些，就要转变“以教师为主”的观念，而是以“以幼儿为本”为指导与幼儿进行互动。

（三）教师应成为走进幼儿心灵的朋友

如何才能使教师有效地转变“以教为本”的理念和行为，进而能站在幼儿的立场去真正关注幼儿行为、解读行为背后的需求呢？我们认为这需要教师走进幼儿的心灵。真正读懂幼儿，以下三点是非常重要的。（1）持续观察。这是真正关注幼儿表现的前提。如果对幼儿的言行只是简单地听、看，教师很难抓住幼儿的真实意图。像在前面“吃香蕉”的例子中，教师的应答之所以适宜，正是源于教师做到了持续观察。（2）以幼儿的视角。这是能正确解释幼儿行为的基础。教师放弃对幼儿言行一厢情愿的理解，站在幼儿的视角上解释幼儿的言行，才可以让我们更贴近幼儿真实的内心世界。（3）读懂幼儿。这是在理解的基础上实施教师适宜应答的关键。要真正读懂幼儿，就要真正地理解幼儿，这就需要教师能放下架子，多问问幼儿“为什么”。只有了解了幼儿行为的真实意图，教师才能为自己采取何种应答策略找到客观依据。

我们一直在说关注幼儿，但到底“什么是关注幼儿”“怎样才是关注幼儿”，并没有明确的解释和说法。在研究中，我们认为在与幼儿的互动中，教师应把视角真正放在幼儿身上，正确解读幼儿的言行，倾听幼儿的心声，而这就是在关注幼儿，也是教师实施适宜应答的开始。

二、活动案例

案例 1

建筑区里的“北海之星”

韩　爽

年 龄 班： 大班

发生背景：

活动区时间到了。建筑区的幼儿一起讨论今天的活动计划，他们决定搭建“北海之星”（幼儿园操场上的大型游戏器械），并尝试画设计图。

互动过程：

乐乐计划搭建适合小班弟弟妹妹玩的简单“北海之星”，但必须色彩丰富，弟弟妹妹才会喜欢。他用红色的饮料罐做围墙，空心积木做屋顶，并把彩色瓦片按照从大到小的顺序装饰在上面，搭建了一个彩色的建筑物。

雷萱决定搭建适合中班幼儿玩的“北海之星”。她设计的是圆形的，因此她挑选了圆柱体做支柱，长方形做连接，搭建了一个圆形的建筑物。

多多和宸僖决定合作搭建大班幼儿玩的“北海之星”，是个三层的带游泳池的大型器械。宸僖一直看着自己的设计图。后来，他看到雷萱的搭建，就模仿着搭建了一层圆形的建筑。多多拿起他的设计图，说：“宸僖，咱们的设计图不是这样的，得用长方形积木搭，你看——”，边说边指着他们俩的设计图。宸僖抬头看了看：“唉，还真是，咱们这是三层的，那咱们拆了重新搭。”多多拿来方形积木，两个人开始一层一层重新搭建起来。

搭建基本完成以后，幼儿希望把三个“北海之星”连接起来，变成一个幼儿园最大、最棒的“北海之星”。于是，宸僖找来蒙氏教具的金色串珠并铺满地面，将三个“北海之星”之间用金色串珠铺成的路面连接起来。还没搭建完成，他们就非常开心了。

我一直在观察幼儿的游戏。当看到他们使用金色串珠的时候，我犹豫要不要提醒他们金色串珠是蒙氏教具，应该在蒙氏区玩。但看到幼儿玩得很开心，我没有打扰他们。直到宸僖过来对我说："你看看我和多多搭的三层的，还带个游泳池，这蓝色的垫子就是游泳池。"我点点头，说："你们合作得还挺顺利的，那地上这些金色串珠是怎么回事？"宸僖自豪地说："这是我们为了连起'北海之星'铺的路。"我马上接着问："为什么选择用蒙氏教具来铺路呢？你觉得它是建筑区的材料吗？"宸僖摸摸金色串珠："它是蒙氏教具。它虽然不是建筑区的材料，但是你看这个，摸上去疙疙瘩瘩的，小朋友踩上去一定特别舒服，我见过这样的路，是用石头铺的，踩着特别舒服，小朋友一定喜欢。"

通过交谈，我知道幼儿这不是盲目的玩。他思考了，并且知道蒙氏教育的玩法，只是他认为搭建活动真的需要这种材料，并且为自己找到这种材料感到很高兴。于是，我放弃了引导幼儿规范使用材料的想法，反而很好奇他们选择材料的理由。我接着问："那能不能用别的东西替代呢？或者请美工区的小朋友帮忙制作石子路？"宸僖摇摇头："不行，我觉得这个最合适，小朋友做出来的不一定是这个感觉，比如说用纸板涂上颜料是挺漂亮的，但是摸上去肯定不是这种路的感觉，没有东西可以替代，只有这个蒙氏教具合适。"幼儿的理由说服了我，他能够为自己的选择说明理由，我真得十分高兴。

活动区分享时，宸僖代表建筑区幼儿发言，介绍了他们的"北海之星"。我能看出他们为自己的作品感到骄傲。我也庆幸自己尊重了幼儿的选择，没有用自己的想法干扰他们的决定。

教师思考：

幼儿自主游戏时，教师首先应该做的是观察幼儿，给幼儿提供充分的游戏空间，用幼儿的思维去体会他们的想法，真正了解幼儿。作为大班的幼儿，他们能够考虑到不同年龄段幼儿的需求，搭建自己理想中更适合的游戏器械，在游戏中能够和同伴协商，通过分工合作来实现自己的计划，并且能够用计划检验、调整自己的作品。幼儿的这些进步，都在短短的区域游戏时间得到了充分的体现。

此外，我还深刻地体会到尊重幼儿游戏意图的真正意义。宸僖用蒙氏教具铺路，说明他特别有想法。在尊重幼儿、保护幼儿想法的基础上，我没有指责、质问幼儿，而是选择先了解幼儿行为背后的原因，以同伴的口吻去询问幼儿，并在心中做出价值判断。幼儿是在盲目地堆放教具，还是有自己的想法，我发现幼儿总能给我惊喜。他结合已有的生活经验阐述了自己的理由，在教师的询问下依然坚持自己的想法。我觉得这特别可贵。

之前，我一直纠结于是否应该告诉幼儿蒙氏教具应该怎么玩。但通过询问，我发现幼儿知道它不是建筑材料，只是在本次搭建中特别需要，所以才借用。如果当时我打断了幼儿的游戏或者制止了幼儿的行为，那么我可能永远无法了解幼儿丰富和美好的想法。尊重幼儿的游戏意图，其实就是尊重幼儿的自主成长，是成人能够给幼儿的最好支持。

促进幼儿自主发展，教师应该做的是尊重、了解并延伸幼儿的意图。今天的活动让我对幼儿的想法和能力有了全新的认识。后面的活动中，我会思考如何支持幼儿进一步完善他们设计的作品，如和他们一起寻找更适合的材料去搭建，丰富幼儿生活经验，支持他们将建筑的结构变得完善，充分发挥幼儿的主动性，鼓励幼儿想办法解决游戏中遇到的问题。我愿意作为一个伙伴，耐心期待幼儿的发现和成长。幼儿有自己的前进步伐，有自己实现梦想的方式。有些时候，教师的宽容、理解、等待，就是对他们最好的支持。

研究案例分析：

耐心了解幼儿行为背后的原因，充分尊重幼儿的游戏需求。在这个案例中，幼儿似乎打破了一些游戏常规，取用了蒙氏教具作为搭建游戏的材料。我们看到，虽然教师感觉幼儿的行为有些不妥，但并没有盲目下结论，而是俯下身来了解幼儿行为背后的原因。其实，游戏材料的用途原本是很开放的，很多时候是成人的规定限制了幼儿创造性使用材料。值得肯定的是，教师虽然存在成人对材料使用的定式思维，但是却能以尊重、平等、宽容的态度面对幼儿的打破规则的行为，并通过观察、询问、了解幼儿的想法和需求，最终选择支持幼儿的游戏意图。

建　　议：

教师的态度为师幼间的交流营造了轻松的氛围，这不仅能支持幼儿的游戏发展，还能促进和保护幼儿创造性思维的发展。

案例 2

不许动我的小汽车

赵　妍

年 龄 班： 小班

发生背景：

在平时的观察中，我发现牛牛个性非常强。他有自己的想法和做事情的原则，只要是他认准的事情，别人轻易不可能改变和说服他。由于这样的性格，牛牛在班里很少和其他幼儿一起玩，他总是说："我喜欢自己玩。"但是，在对牛牛平时活动的观察过程中，我又发现牛牛也是很向往和其他幼儿一起活动的，只是因为自己过于强硬的性格，使得很多幼儿不太敢靠近牛牛。对于牛牛这种个性非常强的幼儿，直接要求和婉转请求都是不可能的，教师只有通过其他形式才能让牛牛接受又自然而然地融入其他幼儿中间。

肖正很内向，不太会和其他幼儿交往。他想和其他幼儿玩，却经常不知道该怎么说、怎么做。对于肖正，教师能够通过介入和引导，让他慢慢感受到如何和其他幼儿交往，感受和同伴一起游戏的快乐。

互动过程：

活动区时间，我正在创意区观察幼儿的活动，听到牛牛喊我："赵老师，肖正动我的车。"我走过去，看到牛牛正气冲冲地对着肖正说："你不能动我的车。"肖正怯怯地看着牛牛。我对牛牛说："牛牛，肖正是想和你一起玩。"牛牛大声对我说："可是，那是我自己带来的汽车。"我又对牛牛说："你看，肖正也带来汽车了，一起玩多开心呀！"牛牛不知道说什么了，他皱着眉头对我说："你别和我说话了，我头疼。"看到牛牛这样，我知道牛牛一时半会儿是不可能接受我的建议的。于是，我将目标转移到了肖正那里。我走到肖正旁边，蹲下来对肖正说："肖正，咱们俩一起玩吧！"肖正很痛快地说："好吧！"于是，我玩起了肖正带来的小汽车，还时不时地问肖正："这个车是什么车？它是这么往前开的吗？怎么打开这个车门呢？"肖正高兴地给我介绍着："这是马自达，它是回力车。"边说还边给我演示着怎么才能开起来。

坐在肖正旁边的牛牛听到我和肖正说得津津有味，也不时地偷偷看着我们。当他听到我问肖正车门怎么开的时候，还没等肖正回答，牛牛便抢着对我和肖正说："车门是要这么开的。"边说边拿起自己的一辆汽车给我演示了起来。我想到，这正好是一个时机。我用商量的口吻对牛牛说："牛牛，你能让我试一试吗？"牛牛高兴地答应了。我边摆弄着小车边对牛牛说："让肖正也看一看吧！"牛牛这次很痛快地答应了。于是，肖正玩起了牛牛的小车，牛牛凑到肖正旁边高兴地告诉他，这个车是怎么掀开车门的，还可以打开后备箱的门……看到牛牛和肖正一起这么融洽地玩着，我悄悄地退了出来。

教师思考：

牛牛和肖正属于两名完全不同类型的幼儿。牛牛能够用语言表达自己的情绪，有一定的语言表达能力，并且能够和成人进行交谈，但是他并不能体会和理解其他幼儿或成人的感受。肖正是个比较内向和缺乏安全感的幼儿，他不能用语言表达自己的情绪和想法。但是在对肖正观察的过程中，我们发现，肖正其实特别向往和其他幼儿一起玩。

在牛牛向我告状的时候，我就在想，怎么能让这两名幼儿玩到一起。当牛牛直接告诉我"你别和我说话了，我头疼"的时候，我知道再怎么劝牛牛也没有效果了，于是我尊重牛牛的"不舒服"，转移到了肖正那里，想着可以从这里打开一个突破口。平时观察发现，这两个男孩子都特别喜欢汽车，也经常会从家里带来小汽车玩具，而且也经常会不自觉地坐到一起。所以我想，今天正好是一个机会。我在头脑里大概已经想好可以怎么去做，只是不太敢保证能让牛牛融入进来。我只能尝试着，和肖正一起探讨车的问题，吸引牛牛的注意力。当发现牛牛参与到我们的谈话中的时候，我马上开始下一步计划——让牛牛把自己的汽车玩具给肖正玩。我先是间接地请求牛牛，让我看一看他的小汽车，再转移到让肖正也看一看上。出于共同的爱好，牛牛同意了。我想，这次牛牛的同意，不光是因为他想展示一下自己的小汽车，还有就是牛牛发现了和肖正的共同点——都喜欢汽车，还可以玩到一起。

看到牛牛和肖正能够这么融洽地玩到一起的时候，我的内心也是非常开心和快乐的。相信通过今天的这件事，牛牛能够感受到和同伴一起游戏的快乐，他也能慢慢地融入集体活动中。同时我发现，自己在今天的事情中，在不断尝试的过程中，也收获了快乐。

研究案例分析：

为幼儿共同游戏搭建桥梁，促进同伴间交往。案例中，面对牛牛不愉快的情绪，教师选择先顺应牛牛的需求，让幼儿平复情绪，但并没有让两名幼儿分开游戏，而是从冲突的另一方——肖正入手，尝试帮助幼儿解决交往中遇到的问题。教师在与肖正的游戏过程中也同样在关注牛牛。汽车游戏不仅满足肖正游戏的需求，同时也用游戏的情节和氛围感染着牛牛。教师巧妙地调动着幼儿的兴趣，在与幼儿共同游戏的过程中自然地了解了两名幼儿共同的兴趣点和游戏需求。通过细心的观察和耐心的等待，教师寻找到了适合的契机，为两名幼儿搭建共同游戏的桥梁。在幼儿开始愉快游戏和交往之后，教师又适时退出，为幼儿之间开展更加自主、深入的同伴交往提供了空间。

建　　议：

小班幼儿以直觉行动思维为主，语言表达能力较弱，在与同伴交往的过程中容易产生误解，教师应在日常生活中引导幼儿学习表达自己的想法和情绪，从而促进幼儿更好地与同伴交流互动。

案例 3

老师，我不想拍球

翟　蕊

年 龄 班： 小班

<table>
<tr><td>发生背景</td><td colspan="3">户外活动，幼儿练习拍球。很多幼儿都拍得很好，我请他们给大家表演。同时，也有个别幼儿——姚姚拍得不太好，我就开始指导她。一番技术指导后，姚姚还是拍不好……</td></tr>
<tr><td>互动主题</td><td colspan="3">拍球指导</td></tr>
<tr><td rowspan="6">互动过程</td><td>教　师</td><td>幼　儿</td><td>分　析</td></tr>
<tr><td>教师：“没事儿，咱们练练就好了，加油！”教师继续讲解拍球技巧。</td><td>姚姚抱着球不动，看着我，一句话也不说。</td><td rowspan="3">我降低了拍球的难度。</td></tr>
<tr><td>教师：“咱俩一起拍吧！”</td><td>姚姚看我拍一下，她也拍，没有成功。</td></tr>
<tr><td>教师：“姚姚不用连着拍，只要让球弹起来，再抱住就行。”</td><td>姚姚抱着球不动，教师怎么说都不听，就是不拍球。</td></tr>
<tr><td>教师：“你怎么了？”</td><td>姚姚：“我不想拍了。”姚姚一直盯着我的眼睛，手里紧紧抱着球。</td><td rowspan="2">幼儿的表现说明她已经对拍球失去了兴趣。</td></tr>
<tr><td>教师：“那好，你自己先玩一会儿吧。”</td><td>姚姚一直抱着球看着我。几分钟后，姚姚发现我不看她了，自己扔球玩起来。</td></tr>
</table>

续表

	教师	幼儿	分析
互动过程	教师：“小朋友们，下面咱们拍着球去找小滑梯！”	幼儿纷纷拍着球走向滑梯，姚姚还是不拍球，扔球玩。	姚姚的自尊心比较强，需要时间和契机引发她再次参与活动。
	教师：“小朋友们，咱们拍着球去小房子那里吧！”	姚姚不再单独扔球，和其他幼儿一起玩。	
	教师：“下面咱们玩一个有意思的小游戏，小朋友用力向下扔皮球，看谁的皮球弹得高？”	姚姚向下扔球，慢慢地追着球拍了两下：“老师，我刚才拍了几下球。”	
	教师高兴地摸着她的头，说：“你真棒！”		
互动结果	姚姚虽然不能拍得很好，但是能够主动拍球。		
反思	通过姚姚拍球这件事，我对个别关注、个别指导有了进一步的理解。教师要从幼儿的心理需求出发。在活动过程中，有的幼儿不能按要求完成活动，这时就一定要个别指导吗？个别指导一定要指向活动目标吗？不同的幼儿有着不同的个性，也就有着不同的心理需求。像姚姚这样个性强、自尊心强的幼儿，显然个别指导不能促进她更好地发展，相反，教师要把自主权还给幼儿。在师幼互动过程中，教师要引导幼儿发挥自己的力量去克服困难，幼儿才能在快乐的氛围中成长。		

研究案例分析：

关注幼儿的心理需求。从上述师幼互动案例中，我们看到，在连续的片段中，幼儿对拍球的态度转变过程是：从拍不好到不想拍，再到高兴地拍。在这个过程中，幼儿真正的心理需求是什么？幼儿个性强、自尊心强、较敏感，不愿意被个别指导，她需要的是独立完成活动的机会和空间，需要的是实现心理上的自强与自尊。

机敏调整应答策略，实施个性化师幼互动。在这个师幼互动的过程中，教师主要采用了观察与调整的应答策略。面对幼儿对活动态度的转变，教师先是用鼓励的语言、动作等激励幼儿，但是适得其反。于是，教师重新思考幼儿外部表现的内在原因。基于对幼儿行为与心理的初步判断，教师调整应答策略，设计了一系列有趣的集体活动，让幼儿参与其中，最终促进了幼儿的快乐发展。

建　　议：

教师要积极调整应答策略，促进师幼之间良好的互动。

案例 4

老师，怎么打不开

王　佳

年 龄 班：大班

发生背景：

在砸核桃的过程中，凯宁因使用工具不当导致不能顺利打开核桃，向教师求助……

互动过程：

凯宁边用夹子夹核桃边说："老师，怎么打不开？""你是怎么做的？"我问他，想看看他的做法。"这样夹……"他边说，边把夹子平放在地上夹核桃，可是核桃总跑。"为什么打不开？核桃怎么了？"我问他。"核桃总跑。"他回答。"有别的好方法吗？除了放在地上夹，夹子还可以怎么用？"我问。"这样用……"说着，凯宁拿起了夹子，可还是放不稳核桃。"你现在想怎么用？把核桃放哪儿？"我问。"放在这洞里。"他回答，可是有些着急了。"我可以帮你拿稳夹子。"我提议。他同意了，然后把夹子交给我。

在我的帮助下，他终于夹住了核桃，可是夹了两下都没夹开，就有些着急了，但这时有"咯吱、咯吱"的声音。"啊！我都听到核桃裂开的声音了，再用点儿劲儿就打开了！"我鼓励他。终于第三下时，核桃被打开了，凯宁很高兴，可有成就感了。

教师思考：

在凯宁向我求助后，我先观察他是怎样做的，询问他的想法，判断造成他求助的真正原因，原来是幼儿使用工具方法不合适。找到原因，我开始引导他用正确的方法夹核桃，并给予他心理支持，不能让屡次失败的他有挫败感而放弃。最终，他克服了困难，收获了快乐。通过与凯宁的这次师幼互动，我对幼儿的心理需求更加关注。对于幼儿主动发起的求助，教师应该从技术指导和心理支持两个层面入手，尤其是要挖掘幼儿隐藏在外部表现背后的真正原因。

研究案例分析：

显性需求与隐性需求。在该师幼互动情境中，幼儿主动向教师发起求助，他的最明显的需求就是打开核桃，这是我们能够直接观察到的。但是在屡遭失败、寻求指导的背后，他是有着核心的心理需求，即对成就感的渴求。此时，教师单纯地进行技术指导不能满足幼儿的心理需求。在案例中，教师在对幼儿进行技术指导的同时，还注重对幼儿心理的支持。

适时适度提供支持和帮助。教师的应答行为要建立在对幼儿核心需求的全面把握上。在本次师幼互动情境中，教师运用观察、询问、建议性引导等应答策略来实现与幼儿的互动，并且及时鼓励、激励幼儿，使幼儿能够坚持打开核桃，从而享受到了成功的喜悦。这说明，教师已经关注到幼儿心理层面的需求。

建　　议：

教师要给幼儿充分的时间和空间，让他们自主探究。在不断的尝试错误中，幼儿的原有经验会得到更好的激发和拓展。

案例 5

抽屉里的画

王得君

年 龄 班： 大班

发生背景：

在一次活动后，幼儿通过绘画表现“自己能行”的事情，并把作品张贴在墙上。双德画完作品后，一直把画拿在手中。

互动过程：

师：孩子，你画好了吗？

（双德低头不说话。）

师：我可以看看你的画吗？

（双德还是不说话，把画给我看。画面很完整，是个小男孩在阳光下跳绳。）

师：你画得很棒，王老师都看出来了，你跳绳也很棒！

（双德点头默认。）

师：咱们把作品贴到墙上吧。你跳得这么棒，以后还可以帮助咱班小朋友。

双德：（拉开抽屉）我想把作品放在抽屉里。

师：作品在墙上，小朋友们可以看到啊。

双德：（把作品放到抽屉里）他们可以来我这里看。

师：双德，你愿意帮助小朋友们跳绳吗？你的作品贴在墙上，小朋友就知道了。咱们展示之后，再把作品还给你，好不好？

（双德把画拿出来，和我一起把它贴在墙上。）

教师思考：

当我发现双德拿着自己的画时，我先了解他出现了什么状况，是否需要帮忙。在与他谈话的过程中，通过对他表情的观察和言语的沟通，我一步步引发幼儿说出自己的想法。幼儿最后告诉教师，他想自己保留作品，我瞬间判断了幼儿的想法，觉得幼儿是担心自己的好作品没法留住。我按照这个判断给了他回应，说作品展示后还给他，双德果真同意把自己的作品展示在墙上。

但是，究竟幼儿是怎么想的，我似乎并不清楚，这让我反思自己的教育行为。教师的教育需求应该向幼儿的实际需要让步，这样才是真正尊重幼儿。此外，我反思到，有些时候在墙饰上教师用幼儿的绘画作品展示一些内容，但换墙饰时忽略了询问幼儿是否想自己保留作品，而是直接保留在教师这里。其实在幼儿的作品上墙面时，教师应尊重幼儿的意愿，作品下墙面时，也应问问幼儿是想把作品留给教师，还是想自己保留。

研究案例分析：

幼儿的展示与教师的展示。在本师幼互动情境中，幼儿的想法和教师的想法出现不一致，幼儿想把画放在抽屉里，教师想让幼儿把画贴在墙上。这种不一致充分体现出师幼互动情境中幼儿行为表现背后的核心需求与教师应答行为之间的不一致。幼儿想把画放在抽屉里，表明幼儿非常珍惜自己的作品，想保留自己的作品，这是幼儿自己的展示方式。幼儿的行为表现背后隐含着幼儿想保留自己作品的需求。这是教师应答幼儿并与幼儿互动的首要关注点。

观察、倾听、询问与教师的应答。在该师幼互动情境中，教师有意识地通过对幼儿表情的观察、言语询问和倾听，了解到幼儿不想把画贴到墙上的真实想法，并对幼儿的想法做出初步判断，认为幼儿是担心自己的好作品没有办法留住，所以才不愿意把画贴在墙上。基于对幼儿需求的判断，教师对幼儿做出了“将作品还给幼儿”的允诺。可以说，案例中的教师应答在一定程度上是基于对幼儿行为表现背后核心需求的判断。

建　议：

关注并满足幼儿的心理需求是教师适宜应答的基础。本次师幼互动情境中，教师虽然对幼儿的想法和心理需求做出了初步判断，但是教师的应答始终是围绕教师的愿望“把画贴在墙上展示”展开。建议教师在满足幼儿心理需求的基础上，结合幼儿的个性特征、现有表现与惯常表现的异同以及对该幼儿更有发展价值的角度思考更适宜的应答。

案例 6

充满异味的鞋

赖光秀

年龄班： 大班

发生背景：

如厕对于大班幼儿而言，应该是一个不难的问题。但在日常生活中，经常有个别幼儿由于大便时掌握不好蹲坑的距离而解在外面，很是尴尬。

今天中午，天琪把大便解在了外面，还不小心蹭到了鞋上，盥洗室顿时充满了异味。幼儿纷纷捂住鼻子走过来对我说："赖老师，天琪把大便拉在外面了。"

互动过程：

教　师	幼　儿	分　析
"老师来帮助你，先把屁股擦干净。"	天琪用刷子在刷自己的鞋。	幼儿很想快些把鞋上的大便清理干净。
"没关系，老师知道你不是故意的。"	"我不小心拉外面了。"天琪眼睛一直看着我，有些紧张。	幼儿认识到自己行为的后果，心里很着急，害怕教师批评。
"先穿拖鞋吧，下次有事一定要先告诉老师。"	"我的鞋上都是，怎么办？没有穿的了。"	幼儿担心自己没有鞋穿，教师的安慰使他放松了心情。
我给他拿了一双拖鞋换上，说："一会儿，老师有时间给你把鞋刷干净。"	"好吧，我记住了，有事要请老师帮忙。"	教师的引导使他明白，在幼儿园有事一定要找教师帮助。

续表

教　师	幼　儿	分　析
"是不是很臭？以后一定要小心！"	天琪捂住鼻子说："谢谢赖老师。"	幼儿自己也很难为情，有些不好意思。
"好的，老师刷干净给你烤暖气上，起床就可以穿了。"	"是呀，我去刷牙了。"	幼儿心里一定很感谢教师对他的帮助。
"有时间我们一起想一个好办法。"	天琪开心地笑了。	幼儿得到了教师像妈妈一样的温暖，很开心。

教师思考：

针对如厕这一问题，怎样才能避免出现今天的尴尬场面？首先，与幼儿进行了讨论，大小便蹲在哪个位置最合适，既不会拉在外面，又不会蹭到鞋上。幼儿想出了很多好的方法，如蹲好了不要来回动、做个标记贴在挡板上、脚离坑远一点、蹲坑时不要玩、好好上厕所等。最终，大家商量的结果是采取贴标记的方法，这有利于幼儿很快找准位置。其次，引导幼儿在幼儿园有事一定要找教师帮助，教师像家里的亲人一样爱幼儿，一定会帮助幼儿解决困难，这样幼儿会快乐地生活在幼儿园，懂得人与人之间要相互关心、帮助。再次，尊重幼儿的个体差异和身心发展规律，及时了解和理解他们的需要，积极引导和帮助他们掌握生活经验，提高生活自理能力，使幼儿在幼儿园的生活中获得快乐与自信。

研究案例分析：

尊重幼儿，保护幼儿的情感。在该案例中，当发现幼儿把大便蹭到鞋上后，教师采取了很平和的处理方式，帮助幼儿尽快摆脱尴尬情境，缓解了幼儿的紧张情绪，保护了幼儿的自尊心，充分体现教师对幼儿的尊重。同时，幼儿寻求帮助的心理需要也得到满足。

建　　议：

满足幼儿心理需求的师幼互动并不是教育的重点，生活学习永远是幼儿教育中的重点，因此教师应在接下来的生活中持续观察、引导、支持幼儿，帮助幼儿提升生活自理能力，相信幼儿会更加信赖教师。

案例 7

小蝌蚪之死

王　佳

年 龄 班： 大班

<table>
<tr><td>发生背景</td><td colspan="3">班里的小蝌蚪死了。大家知道小蝌蚪的死是因为欧宝往蝌蚪缸里放盐后，纷纷开始责备他。一直都很活跃的欧宝静静地坐在自然角，眼神透露出他心中的不知所措。</td></tr>
<tr><td>互动主题</td><td colspan="3">幼儿发起的问题讨论</td></tr>
<tr><td rowspan="4">互动过程</td><td>教　师</td><td>幼　儿</td><td>分　析</td></tr>
<tr><td></td><td>梓茵：“都是因为欧宝往鱼缸里放盐，小蝌蚪才死的……”有几名幼儿一起批评欧宝。
欧宝没有说话，眼神躲闪大家。</td><td rowspan="3">我没有责怪他，我理解幼儿做的事情不能用单纯的对或错来评定。教师一定要和幼儿多沟通，了解幼儿做事情的初衷，理解他们的想法，尊重幼儿的想法，保护幼儿探索的好奇心，帮助、支持他们用合理的方式进行探索，并与同伴分享收获。</td></tr>
<tr><td>教师：“欧宝，大家说的是真的吗？”</td><td>欧宝：“不是他们说的那样！”他转身躲开我们。</td></tr>
<tr><td>我向其他幼儿了解到，的确是欧宝往鱼缸里加盐，小蝌蚪才死的，盐是欧宝从小海螺里拿的。</td><td></td></tr>
</table>

续表

	教　师	幼　儿	分　析
互动过程	我轻轻拉起欧宝的手，试着和他聊天。 教师：“欧宝，我知道你很善良，而且特别喜欢小蝌蚪。每天你都来看它们，肯定不希望小蝌蚪死。”	欧宝不再回避我的眼神，显得有些委屈。	我单独与欧宝交流，站在他的角度考虑问题，用尊重、接纳的态度与他沟通，了解他心中真实的想法。 或许我的话给了欧宝安全感，他的小手不再从我手心里挣脱。 欧宝不太善于表达自己的内心想法，几个问题他都没回答，于是我不再追问。
	教师：“盐是你喂的吗？”	欧宝没回答。	
	教师：“你不是故意的，对吧？”	欧宝还是不回答。	
	教师：“孩子们，你们都喜欢小蝌蚪吗？”	幼儿：“喜欢！”	
	教师：“今天我们又知道了一个小秘密，就是—小蝌蚪不喜欢吃盐。” 教师：“你们很关心小蝌蚪，老师很感动。照顾小动物我们一定要细心，所以我们回家查一查小蝌蚪喜欢吃什么，以后我们可以更好地照顾它、保护它。”	幼儿点头认可。	教师应该支持幼儿的探索兴趣，这正是引导幼儿用正确方法进行探索的好机会。于是，我利用同伴资源互动，激发幼儿探索的好奇心。
	教师：“我发现有个小朋友特别细心，对自然角的东西观察得可仔细了。欧宝，和大家说说你从‘海螺’里面发现了什么？”	欧宝：“盐。”	
	教师：“希望小朋友们都会细心地观察、细心地照顾小动物，把新的发现告诉好朋友们。欧宝很勇敢，我们为欧宝加油！”		

续表

互动结果	欧宝情绪有所好转，别的幼儿也不再追问盐的事情。
反思	在与欧宝的师幼互动中，我意识到，对于幼儿做的一些事情不能用单纯的对或错来评定。教师一定要和幼儿多沟通，了解幼儿做事情的初衷，在此基础上理解和尊重幼儿的想法。尤其在这次师幼互动中，我的做法保护了幼儿探索的好奇心和探索的兴趣，帮助、支持他们用合理的方式进行探索，取得了较好的效果。

研究案例分析：

不说话说明了什么。不说话是本次师幼互动中幼儿主要的行为表现。面对同伴的批评，欧宝为什么不说话？欧宝不说话说明了什么呢？面对同伴的批评，欧宝不说话，还表现出躲闪，充分说明了欧宝意识到自己给小蝌蚪喂盐的行为才带来了小蝌蚪死亡的后果，心里有些不安。面对同伴的责问，这种不安更加明显。他的探索行为带来了大家不愿意看到的结果。此时，他需要有人安慰，需要同伴或教师倾听、了解他的真实想法。

不回答说明了什么。面对教师的提问，欧宝为什么不回答呢？真是像教师所说“欧宝不太善于表达自己的内心想法”吗？仔细分析教师的提问，我们发现教师没有深刻地察觉到幼儿不回答背后的心理需求，教师的提问总是指向让幼儿确认小蝌蚪死亡是他喂盐造成的，这样的提问加重了幼儿的内心不安，幼儿只有不回答。

建 议：

教师在安抚幼儿心理、保护幼儿情感的基础上，认真倾听幼儿的内心想法，同时给幼儿创造在同伴面前大胆表达自己内心想法的机会和条件。

案例 8

泽方吃平鱼

梁燕京

年龄班： 中班

发生背景：

泽方平常在进餐方面比较好，很少挑食。“今天我们吃的是炒芹菜和炖平鱼，主食是米饭。祝大家进餐愉快！”值日生报过菜名，幼儿开始大口大口地吃起来。我发现泽方看着盘子里的平鱼不肯吃。

互动过程：

教　师	幼　儿	分　析
“泽方，为什么不吃呢？”	“我不爱吃平鱼。”	泽方不一定是真的不爱吃平鱼，而是因为他没有尝过。
“为什么不爱吃呢？平鱼多好吃啊！”	“我妈没让我吃过。”	
“那你喜欢吃什么鱼呢？”	“有一次我妈给我吃了一条带鱼，我就爱吃。”	泽方对于曾经吃过的带鱼印象很好。
“是吗？那带鱼一定很好吃吧？”	泽方点点头。	
“你知道吗，平鱼还是带鱼的好朋友呢，平鱼也特别好吃！”	“真的吗？它们真的是好朋友吗？我尝尝。” 说完，他尝了尝。吃了一会儿，他又停了下来。	看泽方的表情，他觉得平鱼的味道还不错。
“泽方怎么了？”我一看，他指的是鱼皮，于是我故意做出很轻松的样子。	“老师，我不喜欢吃这个白的东西。”	泽方有了这次成功的尝试，对于以后的新鲜事物一定会更容易接受。
“这个白色的是鱼皮，它特别香，我最爱吃了。不信，你尝尝？”	泽方尝了尝，对我说：“好吃。”说着还举起了小手，说：“老师，我还想吃一条平鱼。”	

续表

教　师	幼　儿	分　析
“泽方今天真棒，不但爱吃带鱼，还爱吃平鱼了！”		对于泽方的大胆尝试，教师一定要给予正面的鼓励和表扬。

教师思考：

在此案例中，我对于幼儿的问题，采用了比较生动的语言，说他爱吃的带鱼和平鱼是好朋友，吸引幼儿愿意去尝试。当幼儿不肯吃鱼皮时，我又用轻松的表情和语调再次吸引幼儿进行尝试。对于幼儿的表现，教师抱着接纳的态度，在与幼儿的师幼互动中为幼儿营造了轻松而亲切的环境，帮助幼儿消除了内心的紧张情绪，逐渐接受了本来不爱吃的东西。

通过案例中对泽方的描述，我们不难看出，家庭膳食习惯对于幼儿的影响很重要。因此，教师接下来要和泽方的家长进行沟通，让幼儿在家庭膳食中也能不断接受新的食物。

研究案例分析：

适时介入，寻找根源，巧用策略。案例中，教师面对幼儿不吃平鱼的现象，并没有直接强调让幼儿必须吃或者为幼儿讲解平鱼的营养价值，而是采用了很巧妙的处理方式，先询问幼儿不爱吃的原因。得知幼儿没吃过时，教师又将平鱼跟幼儿爱吃的带鱼联系起来，采用的口吻是“你尝尝”，激发起幼儿的好奇心和尝试的欲望。

轻松谈话，适时鼓励，缓解情绪。整个师幼互动中，幼儿都没有紧张的情绪，反而是获得了一次成功尝试新事物的机会，为以后处理类似的事情打下了基础。教师最后的鼓励更是强化了幼儿的正确行为。

建　　议：

教师对师幼互动背景、过程、结果要交代清晰，并且有自己的分析、反思和对下一步工作的计划，这样才有针对性。

案例 9

棋区的故事

黄　薇

年 龄 班：中班

发生背景：

我和佳伦，还有明德一起玩飞行棋。飞行棋的规则是骰子扔到“6”，才能把棋飞出去，而且扔到了“6”还可以再扔骰子一次。我们挨个扔骰子，都没有人扔到“6”。后来，明德第一个扔到了“6”，然后飞了一颗棋，又扔了一次。佳伦眼睁睁看着明德扔骰子，他很着急。其实佳伦在明德扔之前刚扔完。但是现在他很着急，想扔到“6”，于是佳伦也没按顺序就拿起骰子扔，但他还是没有扔到“6”，却还要坚持玩飞行棋。

互动过程：

明德扔到“6”，特别高兴地说：“我扔到了‘6’，我还可以再扔一次！”佳伦说：“我也要飞！”然后就不按规则玩。明德急了，把佳伦的棋子拿起来说：“你不对，你乱玩！你没按顺序扔，而且没扔到‘6’就不能飞！”佳伦也着急地说：“就该我飞了！我就飞！”我说：“哎呀，那我什么时候扔呢？我觉得我都好久没扔骰子了。”佳伦不说话了。明德说：“刚才我扔完，就应该黄老师了。”佳伦说：“那老师你扔一个，看是不是‘6’。”然后，我就拿起骰子扔，还不是“6”，我说：“哎，我没有扔到‘6’，还不能走。我扔完了，该谁了？”佳伦拿起骰子说：“这回该我了。”“哎呀，也不是‘6’，不能飞。”接下来轮到明德扔了，我们又继续游戏。

教师思考：

这个案例涉及了幼儿的社会性培养和情感发展。在活动中，幼儿和教师能建立一个融洽的同伴游戏关系，并且幼儿能合作游戏，这很重要。佳伦在同伴的影响下能意识到自己做法的对错，并且能及时改正。在冲突解决方面，幼儿在教师的间接介入下，能协商解决所遇到的问题。

我是以一个参与者的身份和幼儿一起游戏的。在游戏过程中，我没有直接说佳伦不对，而是等两个人交流完，轮到我的时候，我模仿幼儿的行为，以幼儿的口吻说出规则，并且做正确示范，主动遵守游戏规则，间接地给予幼儿隐性指导，为幼儿树立榜样，让幼儿感受遵守规则的意义，体会遵守规则的重要性，引导幼儿能自觉主动遵守规则。

但是在游戏中，我应该给幼儿更多的自主空间，让幼儿自己解决过程中遇到的问题。虽然幼儿有矛盾，但是他们没有寻求帮助，也没有让我给出建议，所以我觉得介入的时机还是太早，如果再稍等一会儿，多给他们一点时间，让他们自己想办法解决，幼儿的成就感应该会更强。

研究案例分析：

游戏中的问题在游戏中解决，让幼儿在游戏中学习规则。案例中，在幼儿之间发生冲突的情况下，教师并没有急于介入，而是让幼儿充分表达自己的看法和需要，让幼儿释放情绪。当问题陷入僵局的时候，教师用幼儿对游戏的渴望，巧妙引导幼儿回归游戏进程。在继续游戏的愿望驱动下，幼儿都放下了情绪，接受了游戏的规则，并且共同按照规则进行游戏。

建　　议：

教师要发挥隐性指导作用，支持幼儿根据自己的需要自主判断和选择问题的解决方式，让幼儿在游戏中学习规则。

▶ 案例 10

去“儿童医院”看病

陈婧哲

年 龄 班：中班

发生背景：

区域活动时间，小妞在“儿童医院”当医生。小妞十分尽责地为幼儿看病，但后来没有病人了，她便在其他活动区里走来走去。

互动过程：

我来到“儿童医院”，对幼儿说：“孩子们，我能加入吗？”这时，小妞连忙走过来，说，“您就扮演病人吧。请您坐下，医生来给您检查啦！”说完，小妞一本正经地给我看起病来，先是拿起听诊器听，接着让我张开嘴巴：“啊——”她告诉我：“您感冒了，需要输液。”于是，她让我躺在床上，让护士给我扎针。就在这时，我看到另外一个活动区的两名幼儿发生了矛盾，就赶忙站起来把针头拔掉往出走。小妞看见后说：“您还没输完液呢！”我回头看了她们一眼，说：“行啦，你们先玩吧。”说完就走了。过了一会儿，我又来到“儿童医院”，小妞看见我皱了皱眉，嘴里嘟囔着：“不带你玩了，没输完液就走……”听到这话，我突然意识到自己刚刚做错了什么，于是很不好意思地走过去，说：“医生，对不起啊！我刚刚接到家里电话说有急事，没输完液就赶紧回家了。现在又不舒服了，您能不能帮我再看看啊？”小妞听了我的话，瞬间眉头舒展开来，说：“这样啊，哎，那你坐下，我再给你看看吧！不过下次可不能这样了，再要紧的事也没有身体要紧啊！”听了小妞的话，我笑了笑，连忙回答：“是。”

教师思考：

小妞在活动中能够与同伴友好合作，身为医生的她在给每位病人看完病后，都会告知护士接下来需要做什么处理，而且在活动中知道如何解决问题。

在区域活动中，作为教师，我们应相信幼儿的能力，给幼儿足够的空间并积极参与幼儿的游戏，服从幼儿安排，支持幼儿的游戏，巧妙运用鼓励的方法。幼儿虽小，但是生活经验却不贫乏。幼儿在教师的参与中得到了最大的鼓励，获得了分享的满足。当教师违反了游戏规则时，幼儿也会有所反应。其实在游戏的过程中，幼儿已经根据生活经验建立了游戏规则，游戏时产生的冲突给幼儿提供了自己解决问题的机会。

研究案例分析：

作为幼儿的游戏伙伴，用符合游戏情境的方式与幼儿互动。案例中，教师关注到了幼儿游戏的愿望，以病人的身份参与了“儿童医院”游戏，充当了幼儿的游戏伙伴，满足了幼儿的游戏需求。在幼儿投入游戏的时候，教师的确脱离角色，处理其他幼儿的问题，这让幼儿的游戏热情受到了影响。因此，当教师再回来的时候，幼儿明确表现出不满，教师及时反思并理解了幼儿情绪背后的原因，以角色情境给出了一个合理的解释，真诚表示希望参与幼儿的游戏。教师的角色性语言激发了幼儿的游戏兴趣，幼儿重新回归角色，继续游戏。

建　　议：

在与幼儿的游戏过程中，教师应真诚地参与幼儿的游戏，投入于游戏情境中。即便出现必须中止游戏的情况，教师也应本着尊重幼儿的态度，尽量照顾到幼儿的游戏热情，以游戏的口吻给出幼儿能够接受的理由，让幼儿真正体验到教师的真诚与尊重。

案例 11

我们还是好朋友

袁　甜

年 龄 班：中班

发生背景：

11 月 19 日下午，活动区时间，铜子、大米、威廉、牛牛在益智区玩磁铁。威廉说："我也想玩这个磁铁。"铜子说："那好，你玩吧。"威廉刚要伸手，大米一把就推开威廉，说："你不能玩！你选别的吧。"威廉皱着眉头问："我为什么不能玩？"铜子说："对呀！"大米提高音量说："就是不让你在这儿玩！"铜子说："威廉没事，你玩吧。"铜子刚说完，大米就站起来走到铜子面前，一把将铜子的椅子撤了，铜子一屁股坐在了地上，一脸委屈。大米然后气哼哼地回到座位。

互动过程：

我第一时间走到铜子面前询问："铜子磕到头没有？屁股疼不疼？"铜子缓过神来说："屁股疼，没磕着头，就是吓我一跳。"我问大米："你们这里刚刚玩得好好的，后来发生了什么事情？”大米说：“铜子非让威廉玩磁铁，我不想让威廉玩，我就把铜子的椅子撤了。”然后我问铜子：“是这样子吗？”铜子点了点头。我接着问大米：“你为什么不同意让威廉在这儿玩呢？”大米说：“这儿只能三个人玩，已经够了，威廉来了，磁铁该不够了。”我问威廉：“为什么要在这儿玩？”威廉说：“我今天就想玩这个，忘了人已经够了。大米就对我吼。”铜子在一边说：“我也忘了人够了。”我说：“那四个人都想玩，咱们该怎么办？到底谁玩呢？”大米说：“先到的三个人玩，威廉最后到，就得选别的玩具。”牛牛说：“轮着玩，我们先玩一会儿，然后换个人让威廉玩。”我说：“那咱们选择一种方法吧，是先到先得，还是轮换着玩？”

经过幼儿的你一言我一语，最终大家选择了“先到先得”，威廉离开了益智区去玩别的了。我看着大米说：“你跟铜子是最好的朋友吧，你说过的。”大米点了点头，又摇了摇头说：“可是他没向着我。”我说：“好朋友之间有事情是可以商量的，你不能伤害好朋友。铜子身后是玩具柜，磕着脑袋会很疼的，太危险了。”大米看了看铜子身后的柜子，低下了头。我说：“你觉得你该跟铜子说点什么？”大米走过去向铜子道歉，并且问铜子屁股磕得疼不疼。铜子说：“有点儿。”大米说：“那我给你揉揉吧。”一对好朋友又和好如初了。

教师思考：

在这个案例中，大米在游戏时与同伴遇到了问题，由于不知如何表达自己熟记的游戏规则，情急之下与同伴发生了冲突，撤掉了好朋友的椅子。经了解，他是因为铜子在他与威廉有矛盾时没向着他说话而生铜子的气。经过教师干涉，大米很快控制住了自己的情绪，意识到了自己行为对同伴的影响，知道了撤掉铜子的椅子的做法是不对的，并及时向铜子道了歉。这突出体现了幼儿的问题解决能力、情绪与道德发展水平、口语和词汇学习能力等。

当幼儿的游戏出现安全隐患的时候，教师立刻介入幼儿的游戏。正如情境描述的，大米撤了铜子的椅子，铜子一屁股坐在了地上。当时铜子身后是益智区的两个木头玩具柜，铜子坐下去时头差点撞在柜子上。首先，教师要冷静地走向幼儿，安抚受到伤害的幼儿，询问铜子有没有磕到头、疼不疼，然后蹲在有危险行为的幼儿身边，防止他再做不安全的事情。其次，教师要向幼儿了解情况，搜集信息。教师询问大米发生了什么事情。再次，教师要重述问题，把事情焦点抛出来，让幼儿都说一说心里的想法，询问幼儿解决问题的办法，逐步引导幼儿建立正确解决问题的意识，让他们自己提出解决方案，商讨最终实施方案。最后，教师要引导幼儿探讨大米的做法是否适宜，鼓励幼儿协商解决问题。

研究案例分析：

支持、引导幼儿理解他人，自主解决矛盾冲突。中班幼儿的社会性水平有一定程度的发展，渴望与同伴共同游戏，但交往能力不足，因此常常发生矛盾冲突。面对幼儿的冲突，教师把它当作幼儿的学习机会，在确保幼儿安全的前提下，平静地引导幼儿叙述事件发生的起因和过程，支持幼儿回顾游戏的规则，让幼儿在充分表达和倾听的过程中平复情绪，同时了解他人的需要并自己做出判断，一步步引导幼儿体验自主解决问题的过程，获得新的经验。

建　　议：

教师在分析幼儿行为原因和心理需求的基础上，引导幼儿用正确的方式表达自己的情绪和需求，尝试管理自己的情绪。

▶ 案例 12

不是我弄的

程子威

年 龄 班： 小班

（一）

发生背景：

活动区的时间到了。幼儿在各个活动区开心地玩着。我看着几个区域，想在幼儿最需要帮助的时候，给他们提供适当的指导与帮助。当我走到图书小屋的时候，我发现地上散落着几个手指玩偶，显然这是幼儿玩完之后，没有将手指玩偶及时收回。我看到图书区的三名幼儿都没在意地上的手指玩偶。当手指玩偶碍事的时候，他们都只是从手指玩偶身上跨过去。

互动过程：

我走过去对正在看书的小熊说："小熊，你们的手指玩偶掉了，你把他们捡起来吧！"小熊看了看手指玩偶，又看了看我，说："不是我弄的。"说完之后，他看了我一眼，不情愿地把书放下，将地上的手指玩偶一个个捡了起来，捡的过程中还瞟了我一眼。

（二）

发生背景：

新的一天，各区域的幼儿都在兴高采烈地进行着活动。我看到娃娃家的地垫外面躺着两个芭比娃娃。我又看了看班里面的所有幼儿。看到了小熊，想起他昨天捡手指玩偶的动作和表情，我不能再强求他来捡起这两个芭比娃娃了。

互动过程：

这时，我大声地对全班幼儿说："哎呀！怎么有两个芭比娃娃在这呀！真是可怜！它们找不到妈妈了，不知道有哪个好心的小朋友愿意和我一起把它们送回家呀？"说的同时，我询问的眼神看着小熊。没想到，我的话音刚落，身边的小熊看了看我，又看了看地上的芭比娃娃，笑着对我说："程老师，我来帮你把它们送回家吧！"我微笑着对他点点头。小熊一蹦一跳地跑过来，捡起来芭比娃娃，嘴里还小声地说着："别着急啊，小娃娃，我这就送你回家。"

教师思考：

两次相同的情境、不同的话语，带来了截然不同的两种效果。第一次能够看出小熊是完全不情愿的。我想他心里一定在想，手偶玩偶又不是我弄掉的，为什么要让我捡呢？此时，我还用了命令的严厉的口吻对幼儿提出了要求。虽然我只是想告诉幼儿，东西不管是谁掉的，我们都应该将东西捡起来。我的用意是好的，但并没有达到想要的效果。第二天遇到同样的事情。我想起头一天小熊看我的眼神，我知道再去拿命令的口吻对幼儿是不行的。一个问询的口吻、一个问询的眼神，都让幼儿看出了教师对他的尊重。看到小熊的笑，我知道这一次自己的方法是恰当的。所以在实施教育的过程中，我们的话语、姿态、方式方法对于教育幼儿来说，都是十分重要的。

研究案例分析：

变命令为建议，尊重幼儿的主体性。正如教师在反思中说的，同样的情况、不一样的口吻和师幼互动方式，幼儿的反应也会截然不同。回想我们在生活中，谁也不喜欢被别人用带有责备命令的口吻指挥做事情，相反以建议的方式提出方案，留出选择的空间，往往让人感到舒服并且容易接受。

建 议：

教师要尊重幼儿的主体性，首先要尊重幼儿的感受和情绪，以建议的口吻提出建设性的意见，给幼儿选择的空间，也许幼儿会更主动地去完成一些事情。

案例 13

哭有用吗

张 宏

年 龄 班： 小班

发生背景：

骞骞来园快两周了，每天哭闹找妈妈的时间减少了很多，但仍会有不固定的时间段哭闹一阵。他的哭声感染力很大，往往会影响到其他幼儿的情绪。通过观察，我发现骞骞特别喜欢问一些能得到教师肯定的问题，从而获得一种心理安慰，如：“老师，我吃完这顿饭，妈妈就来接了，对吧?”每次得到教师的肯定，他的情绪就能稳定下来，踏实地去吃饭或做游戏。再加上教师的表扬，他坚持不哭的时间会更长一些……今天，听到壮壮没完没了的哭声，他的情绪又受到影响了，玩具也不玩，书也不看，眼泪汪汪地望着我……

互动过程：

骞骞：我要找我妈妈，我妈妈怎么还不来啊？呜呜……

（教师放下哭泣中的壮壮，腾出一只手拦腰搂住他。）

师：怎么了？骞骞？你怎么忘了，妈妈等你睡醒觉，就来接你了。

骞骞：不睡醒……呜……我就要找我妈妈。（旁边壮壮的哭声更大了。）

师：骞骞，你看壮壮哭半天了，他妈妈来了吗？

骞骞：（看看壮壮）没来。

师：（凑到他身边）对了，骞骞是个聪明的孩子，我想问你个问题，你能告诉我吗？

（教师抱过他来，四目相视。）

骞骞：（注意力集中在我脸上，哭声小了）你要问什么呀？

师：（小声）你看壮壮哭半天了，他妈妈来了吗？

骞骞：（认真地四下张望了一下）没来。

师：对了，那你说壮壮这么哭有用吗？

骞骞：（拍一下双手，又摊开来）没用，他妈妈还是没来。

师：那我们劝劝壮壮别哭了。你问他哭有用吗？

骞骞：（完全停止了哭泣，还模仿教师的口气）哭有用吗？（拍了下手）哭一点儿用也没有，妈妈还是没来啊！

师：对了，骞骞真懂事。（冲着壮壮）我们在幼儿园玩会儿新玩具，吃点好吃的，睡醒觉妈妈就来了。（其实，这些话是说给壮壮和骞骞两个人听的。）

（骞骞脸上的表情完全轻松下来，看着壮壮，可能心想“壮壮怎么还不明白，还哭呢”，用手去拉壮壮。）

骞骞：别哭了，壮壮。

师：对了，骞骞快把你的“好办法”告诉壮壮。（这两天，骞骞总爱说：“老师，我有一好办法，吃完饭，喝完汤，妈妈就来了。”其实就是等着教师回答：“对！太对了！”这对他是一种心理安慰。）

骞骞：（看着壮壮，伸出食指）你呀，你不哭，睡醒觉，妈妈就来了，哭没用！

（就这样，在教师的耐心引导和夸奖下，骞骞完全平静下来，和其他幼儿一起玩去了。直到下午妈妈接，骞骞情绪都很轻松愉快。）

教师思考：

小班幼儿的情绪易变，特别易受外界因素的影响。所以当有幼儿情绪焦虑波动时，教师也要关注旁边的幼儿，以免引起更多幼儿焦虑，或将哭闹的幼儿引开。

这段师幼互动让我体会到利用小班幼儿注意力易转移、情绪易变化的特点，利用语言的反复强化，帮助幼儿进行自我心理调整的重要性。这些都是培养幼儿适应新环境的有效途径。同时，教师要注重个体差异、骞骞的日常表现所反映出的个人特点，教师观察到并抓住，才能有针对性地采用适合他的引导教育方法。

研究案例分析：

个性化的应答才是适宜的教师应答。在该师幼互动情境中，教师对幼儿的应答，不仅基于对小班幼儿一般年龄和心理特点的把握，更是基于对幼儿的个性特征和个体差异的把握。教师应答不仅要基于幼儿当时的即时表现，更要在差异的关注中采取适宜的策略，真正促进每名幼儿个性化的发展。

巧借同伴资源，实施隐性应答。在该师幼互动情境中，教师和幼儿是互动中相对固定的主体。教师抓住骞骞喜欢问问题的个性特点，间接地引发其与壮壮互动，使其在与同伴和教师的师幼互动中获得心理和情感需要的满足，进而缓解分离焦虑。

建　　议：

教师真正尊重幼儿内心的情感和需要，使幼儿建立起对教师长期信赖的情感通道，营造安全、舒适的心理环境，逐渐形成真正平等、和谐的师生关系。

案例 14

我给娃娃做饭

杨紫慧

年 龄 班：托班

发生背景：

早饭过后，幼儿来到娃娃家，有的幼儿在和娃娃一起游戏，给娃娃喂豆豆奶，有的幼儿在给娃娃做饭……

互动过程：

禄沣拿着黄瓜条漫无目的地四处张望，不知所措，但我并没有立刻去参与，而是等待着看他下一步想要做什么。过了一会儿，我再一次看到禄沣拿着手中的黄瓜左顾右盼，这才轻轻走到他的身边，蹲下来，对他说："我很好奇你在做什么？"刚开始，他有些茫然不知所措，想了想后高兴地向我介绍："黄瓜炒面条，我要做面条，杨老师也做吧？"我笑着回答："好啊。"我欣然接受禄沣给我安排的角色，开始向他学做黄瓜面条。他开心地教给我做面条的方法，嘴上说着："搓一搓……按一按……跟我学，杨老师！"

教师思考：

在整个师幼互动过程中，幼儿获得极大的成就感和满足感。所以，在幼儿无所事事、不知要做什么的时候，我们只要适时介入，接受幼儿给教师安排的角色，就能进一步激发他的自主游戏行为。教师参与师幼互动有利于幼儿在情感、技巧、能力等多方面获得支持。游戏中，教师用语言与幼儿交流，促进其语言表达能力发展。

在师幼互动的过程中，教师欠缺引导幼儿之间的交流。托班幼儿慢慢长大，对周围幼儿的了解和生活经验的累积越来越丰富，教师在今后的观察和指导中，应重点观察和引导幼儿之间的交流与互动。

研究案例分析：

俯下身来，做幼儿的伙伴，支持幼儿玩自己的游戏。教师两次关注到幼儿游离的游戏状态，但她并没有急于介入、引导，而是站在幼儿的角度，持续观察、思考幼儿的游戏需求。通过分析幼儿的表现，教师初步判断幼儿游戏的愿望，尝试从同伴角度俯下身和幼儿交谈。此时，教师并没有从成人的角度对幼儿的行为提出建议，而是作为同伴表达了对幼儿游戏的兴趣，让幼儿通过他人的真诚询问，感受到自己的玩具或活动很有趣，从而进一步激发游戏的愿望。在游戏过程中，教师始终学习幼儿游戏的方法，让幼儿对自己的游戏行为感到自信，从而激发幼儿梳理自己的游戏经验，支持幼儿为自己的游戏行为赋予意义，使游戏更加具有目的性。整个师幼互动过程，体现了教师对幼儿的关注与尊重。幼儿也从平等、融洽的交谈氛围中，找到了自己的游戏方向，在自主游戏过程中获得了新的经验。

建　　议：

教师应该根据游戏行为进一步分析幼儿的心理需求和游戏意图，在一日生活中关注幼儿表现出来的兴趣需要，通过丰富幼儿感兴趣的材料、拓展幼儿的生活经验、创造同伴游戏的机会等方法，支持幼儿更加自主地游戏。

第三节　发现幼儿的需求——从师幼互动情境价值判断了解教师的应答策略

一、概述

师幼互动具有情境性的特点。幼儿与教师之间进行的互动，绝大多数都是有意图的，而这个意图其实就是幼儿的需求。能否发现幼儿的需求并加以分析、判断和满足，是决定师幼互动质量的关键。尤其是在幼儿发起的师幼互动中，对情境中幼儿意图的理解会直接影响教师采取什么样的应答策略。

幼儿的需求有两种。一种是幼儿自身希望能得以满足的兴趣、愿望，即兴趣需求。另一种是教师认为的对促进幼儿个性化发展有益处的教育价值，即发展需求，但这种需求对幼儿而言通常都是无意识的，是教师在了解幼儿发展状况的基础上，通过综合分析判断得来的。

对幼儿兴趣需求的满足建立在教师倾听幼儿心声的基础上。也就是说，教师要能通过幼儿的言行分析把握幼儿的真实想法，给予幼儿及时的满足或引导，实现促进幼儿发展的目的。对这一点我们有专门的分析，这里不再重复。

对幼儿发展需求的满足则必须建立在两个条件之上。一个条件是教师对幼儿的潜在发展需求做出的判断是准确的。另一个条件是教师能够把幼儿的发展需求转化为幼儿意识到并乐于接受的内在需求。前一个条件是决定教师应答策略是否适宜的基础性因素，后一个条件是教师应答策略得以产生效果的保障性因素。

在具体的师幼互动情境中，幼儿的需求通常都直接指向该情境的核心教育价值。通过研究，我们认为对师幼互动情境核心价值的判断主要参考以下三方面因素。

（一）情境中幼儿行为的直接需求

如果没有其他因素的影响，师幼互动情境中幼儿直接呈现出来的需求可以直接反映该情境的核心教育价值，我们称之为常规价值。如托班幼儿在起床时，向教师发出“老师帮我穿衣服”的请求，如果幼儿平时就表现为生活自理能力较弱，那么此时这个以求助为主题的师幼互动情境，其核心的教育价值就是以此为契机，培养幼儿基本的生活自理能力。

（二）幼儿惯常表现与当前表现的一致性

幼儿的惯常表现与当前表现的一致程度，影响着教师对情境中幼儿需求的理解和把握，也影响着对情境核心价值的判断。如有名幼儿平时在活动区总是到处溜达，还经常影响其他幼儿。但有一天，当教师和其他幼儿下棋时，这名幼儿不仅始终坐在旁边看，还不停提醒大家，该表演的时候一定要表演。在这个情境中，该名幼儿能始终坚持待在一个区，从始至终一直关注表演的问题，这和他平时的表现大相径庭，这就非常值得教师去关注。因为幼儿出现反常行为总有一定的原因，而这个原因往往能引导教师把握住沟通和教育的契机，达到密切师幼感情、促进幼儿发展的目的。

通过对这名幼儿兴趣、特点的分析，教师意识到：他之所以坐得住、还总是提醒大家一定要表演，并且在有人表示不会表演时，能主动提出代替其表演，是因为他擅长讲故事。基于这些分析，我们可以做出这样的判断：今天他之所以表现出与以往不同的行为，是因为在观看下棋的过程中，他看到了展示自己优势的机会，同时也希望能以这种方式间接参与到游戏中。有了对幼儿这种需求的判断，教师在与其进行互动时，采取的应答策略就是对他维护规则的行为进行肯定，邀请他参与游戏，展现他的特长，并借机在同伴面前树立他的威信。反之，如果教师没有意识到幼儿惯常表现与当前表现不一致背后的价值，则很有可能习惯性地认为这名幼儿又在捣乱，采取的策略也就截然不同。

（三）情境涉及领域的核心教育价值

师幼互动情境的内容在一定程度上可以体现出幼儿在某一领域的发展状况，所以对该领域核心教育价值的把握和判断也影响着教师应答的质量。如在“我能行”的教学活动中，幼儿通过绘画的方式表现自己能做的事情。当一名幼儿主动向教师展示自己作品的时候，教师的回应是：“老师知道你想表现主动用盐水漱口和主动喝水，但没看出来哪个是用盐水漱口，哪个是主动喝水，你再去想想。”幼儿没有反应地看着教师，回去继续画。直到把画面完善了，教师夸她“真聪明”时，她才笑了一下。

从中我们可以发现，“我能行”是社会领域的活动，其核心价值在于借助绘画方式展现幼儿能行的地方，增强幼儿的自信心。基于这样的价值判断，当幼儿主动向教师展示作品时，教师应该给予赞赏和肯定。而教师在看明白幼儿画面主要意思的基础上，给幼儿提出完善和丰富画面的要求，这恰恰是对幼儿“我能行”的否定，是对幼儿向教师主动展示的本意的忽略，从而导致了师幼互动中幼儿的被动表现、消极反馈。教师在事后的反思中提到，“应结合本次活动目标为幼儿的长远发展考虑，应学会倾听幼儿的想法，满足幼儿的需求，给幼儿空间去让他们进行展示”。

二、活动案例

案例 1

电死我爸

李桂芝

年 龄 班： 小班

发生背景：

为了发展幼儿思维的灵活性和敏捷性，引导幼儿喜欢参加有趣的组词活动，我组织幼儿开展了相关活动。

互动过程：

当活动进行到每人说出一个带“电”的词语时，幼儿积极参与着：“电灯。”“电视。”“电冰箱。”……一个回合下来，我发现有的幼儿总是重复前面幼儿说过的词语。于是，我马上提出了新的要求：“请小朋友认真听、仔细想，看谁能说出和其他小朋友不一样的词。”幼儿的兴趣不减，安静倾听，大胆表达：“电动摩托车。”“电池。”“手电。”……我也情绪高涨地鼓励着幼儿：“真棒，太好了。”

我有意识地请平日回答问题不积极的幼儿先说。然后，我才叫一直举着小手的禄禄回答。只听他小声、快速地说出了四个字：“电死我爸。”旁边的小朋友嘻嘻地笑了起来。我也有些不能相信自己的耳朵，问：“你说什么?”“电死我爸。”禄禄说着，用双手捂住了眼睛。这时，其他幼儿的笑声、指责声一齐涌向了禄禄：“电死爸爸，就没有爸爸了。”“爸爸死了，就不能带你出去玩了。”“这样的孩子我们不喜欢。”……禄禄闭着眼睛捂住耳朵大声地说：“就是‘电死我爸’!”看到禄禄着急的样子，我想这名平日表现积极活跃的幼儿一定有他自己的想法。于是，我请幼儿安静下来，安抚着禄禄：“每个小朋友都爱自己的爸爸，禄禄也爱爸爸，怎么能电死爸爸呢，告诉小朋友你为什么这么说？”听了我的话，禄禄一下子平静了许多，鼓着小嘴说出了让我大吃一惊的缘由：“您不让说和前面小朋友一样的词，我实在想不出来，就想到‘电死我爸’啦。”

此刻，我的眼前浮现出禄禄高高举着因着急而晃动着的小手，还有急切想表达的眼神。为了达到教学活动的目标，为了调动更多幼儿的积极性，给不爱回答问题的幼儿提供表达的机会，我几乎把一贯表现积极踊跃的禄禄逼近了“死胡同”。幼儿的话让我顿然醒悟，我在全班幼儿面前检讨了自己，又一次调整了活动方案，请幼儿自由结合成几个小组，每组选出一名组长，自选不同的字进行“组词游戏”。在自由宽松的师幼、幼幼互动中，每名幼儿都说出了很多新的词语或短句。

教师思考：

此次活动中，作为教师，首先我忽略了幼儿喜欢模仿的年龄特点。受认知水平的制约，幼儿不能在一定时间、一定局限下想出大量的词语。他们更喜欢在模仿中学习同伴的经验，而教师只顾强调创造性、求异性，一味把重任压在了一个在教师心目中最有能力的幼儿身上。其次，我设置的活动目标存在偏差，造成了教师对活动结果的关注胜过对幼儿学习中获得的体验与乐趣的关注。试想如果教师把活动目标定位在“体验创造组词的乐趣，学习分享同伴的经验”上，幼儿的表达空间就会更宽泛，教师也更能唤起每名幼儿的已有经验，真正发挥每名幼儿的自主性与能动性。幸运的是在师幼平等的对话中，禄禄说出了自己的真实想法，教师也随即做出了积极调整，使每名幼儿都获得了发展。

研究案例分析：

尊重并倾听幼儿的心声。教师在听到幼儿说“电死我爸”后，没有责备或者置之不理，而是意识到事出有因，给幼儿机会说出自己的真实想法，体现了师幼互动中教师对幼儿的关注与尊重。

在幼儿面前检讨自己，强化了平等的师幼关系。教师意识到幼儿说出不合理的词与自己提的活动要求有关系，于是把责任揽到自己身上。这样做既安抚了禄禄的情绪，又避免了其他幼儿继续就这件事情进行争论，强化了师幼间的平等和融洽关系。

行动中的反思，使师幼互动得以持续和深入。在该师幼互动情境中，无论是互动中的即时反思还是互动后的反思，都体现了教师在师幼互动中研究幼儿、研究自身应答观念和行为的强烈意识和能力。

建　　议：

当听到幼儿的回答，看到其他幼儿的表现时，教师要很快意识到自己的师幼互动语言和教育行为给幼儿带来的影响，及时调整和转变自己的师幼互动语言和教育行为，使师幼互动得以持续和深入进行。

案例 2

点点和多咪的信

史　昂

年 龄 班：大班

发生背景：

在进行语言活动“点点和多咪的信”分小组讨论“多咪给点点的信”的时候，我进行了小组指导，倾听幼儿的想法和理解。

互动过程：

师：这封信上写了什么啊？

明阳：多咪和点点在中午的时候要在大树下见面，然后一起放风筝、打羽毛球，还吃冰淇淋。（我问完这一问题后，其他幼儿没有反应，只有明阳很快做出了反馈，并且说得很流畅。）

师：你说得真清楚。等会儿和全班小朋友来讲一讲，好吗？（我随后到另外的小组进行指导。小组讨论结束，全体幼儿分享讨论结果，几名幼儿发表自己的想法之后，我请明阳讲述。）

师：我刚才在下面听到一个小朋友讲得特别的好。明阳，你来给大家讲一讲好吗？（明阳非常坚决地摇摇头。）

师：没关系，试一试吧！（他还是非常坚决地摇摇头，脸上的表情有些紧张，于是我就没有再勉强他。）

师：那我来替你说，好吗？（看着我，点头）明阳刚才告诉我，他觉得这封信是多咪和点点在中午的时候要在大树下见面，对吗，明阳？（表示肯定，点头）然后，他们两个要一起放风筝、打羽毛球，最后在大树下一起吃冰淇淋。对吗，明阳？（他很认真地听我讲，点头表示肯定。）

教师思考：

这是一个由教师发起的师幼互动情境。我先注意倾听了明阳的讲述，对他的回答给予了肯定，但是在说完“明阳你来给大家讲一讲好吗？”之后就转去另一组，没有再注意该名幼儿的表现，所以后来请他在全体幼儿面前讲述时，他表现出来了紧张和退缩的情绪。

明阳在小组讨论时的表述非常清楚，说明他对图画的含义理解很准确并且有主动表达和展示自己的欲望。但为什么和在全体幼儿面前的表现出现如此大的反差呢？主要是我对幼儿的心理和情绪变化观察不够，拿捏不准。我只关注到了幼儿的解读与我期望的答案相符，并且希望通过这样的展示机会来发展幼儿的自信心，却没有关注到幼儿的性格和心理变化。

明阳是这学期刚刚转来的插班幼儿，前一阵子一直没有来幼儿园，平时在班级中的表现是不太愿意在集体中展示，但在个别或小组交流中表现得很踊跃，也很愿意与教师和其他幼儿交流、分享。

因此，如果教师关注到幼儿的需要，将这一情境换另一种方式，也许就会是不同的结果。教师可以在倾听完他的意见之后，征求一下幼儿本身的意见，看看他是不是愿意和全体幼儿分享。如果他愿意，再请他讲述。如果他不愿意，教师可以再鼓励，如告诉他：“你讲得很棒、很清楚。”如果一再鼓励还不见效，也不要勉强他，教师可以在全体幼儿面前称赞他的讲述，然后以一种合作者的口吻引导他讲述，如教师开头讲一两句后，再请他讲。如果他还是不愿意，教师可以接着讲他刚才说过的话。这样可以让他在心理上有个台阶，一点一点地接受，而不是一下子被晾在大家面前，使他心理和精神上感到紧张甚至恐惧。我也做了补救，没有再勉强他，而是替他讲，以得到他的肯定。这样既保证了他对活动的关注度，也在一定程度上缓解了他的紧张情绪。

这一情境的发生，使我认识到，教师需要为幼儿创造机会，但一定要创造适宜的机会。在这样的条件之下，师幼之间的互动才会是有效的。教师应该从幼儿的角度出发，考虑幼儿的性格和心理特点，迅速反应出当下情境可以发展幼儿哪些方面，教师应当运用怎样的适宜这名幼儿的策略和方法，还应该对幼儿的表现做出判断，即这样的表现说明幼儿怎样的心理活动。最重要的是，教师要对幼儿有充分了解，包括幼儿的个性特征、心理特点、惯常的行为表现和习惯等。只有这样，师幼互动才能产生积极的效果，使幼儿各方面能力得到发展和提高。

研究案例分析：

观念剖析与行为改善。本案例中，教师勇敢地呈现出应答中自己行为背后的真实想法，即希望幼儿在集体面前说出教师期望的答案，这实际上是师幼互动中“以教师为本”的体现。但是，教师对自己的想法进行了自我剖析，这是教师改善自身应答观念和行为的基础。教师有了对自身观念和行为的深刻分析与反思，才有了反思中对自身应答行为改善的认真思考，这也为教师再次遇到类似师幼互动情境积累了解决经验。

观察、倾听与“以幼儿为本”。幼儿拒绝教师在集体面前讲述的邀请的行为表现背后隐藏着幼儿内在的心理和情感需求，也折射出“以教师为本”的从教师出发的师幼互动行为带来的结果。

建　　议：

正如教师在反思中所提到的，如果邀请幼儿之前，教师能倾听一下幼儿的真实想法，然后结合日常观察判断了解幼儿的真实需要，再考虑采取适宜的应答方式发起师幼互动，那么，师幼互动中“以幼儿为本”、促进幼儿发展的目标将会落到实处。

案例3

老师，我不会

杨 硕

年 龄 班： 小班

发生背景：

活动中，教师在教幼儿穿袜子。

互动过程：

师：小朋友要把大脚趾伸到小袜子的袜尖！

妹妹：老师，我不会！

云锦：就像小火车一样，钻山洞。

师：云锦说得真好，妹妹你来试一试。

妹妹：老师，我不会。

田宇：（坐在妹妹的旁边）我来帮你弄弄！

师：谢谢田宇，其他小朋友继续穿袜子。

（我一边看着其他小朋友，一边观察着田宇和妹妹。）

田宇：（把袜子往妹妹脚上套）就这样，知道吗？

（我悄悄地走到他们身边。）

田宇：（转头看见我）老师，你看对吧！

师：做得不错，但是田宇教小朋友的时候，不能只帮她做，你要告诉她，你是怎么做的，要不然妹妹还是不会穿。你告诉她，你的大脚趾是怎么钻到袜尖的？

田宇：就是，你看着啊！

……

师：对，妹妹看到了吗？就像小火车钻山洞一样，你的大脚趾火车要钻到小袜子尖，试试看。

（妹妹试了两三次，终于会了。）

师：妹妹真棒，要谢谢田宇！

妹妹：谢谢田宇。

田宇：不客气！

教师思考：

在这次活动中，妹妹在教师的引导下还是不会穿袜子，可能是没有理解教师的话，也可能是她有依赖性。这时候，幼儿的帮助是最好的一剂良药，因为同伴之间的帮助不会伤害幼儿的自尊心。教师在旁边默默观察，并在幼儿发现穿袜子的方法后给予指导，这对幼儿也是一种尊重。在日常生活中，如果幼儿不会做某些事情，教师可以试着让同伴来帮忙，因为幼儿之间的对话，他们最容易理解和接受。

研究案例分析：

求助与帮助。在该师幼互动情境中，妹妹在教师的指导下，未能达到穿袜子的目标。此时，幼儿直接向教师发起求助，她是真的不会穿吗？还是有其他需求？另一名幼儿（田宇）的介入，是整个师幼互动的一个拐点。他的热心帮助，体现出他对展示和合作的需求。两名幼儿，一名求助，一名帮助，心理需求互补。最终，田宇的帮助让妹妹学会了穿袜子。所以，对幼儿心理需求的准确把握是促进幼儿快乐发展的动力。

善于引导，巧于借用。面对幼儿（妹妹）的求助行为，教师没有直接提供帮助，而是借用同伴资源。同时，教师及时肯定了田宇的行为，强化了其助人的意识和行为，使其体验到助人的乐趣。在求助和帮助的过程中，幼儿的社会性获得发展。案例中，教师发现幼儿的助人行为，及时加以鼓舞，引导幼儿帮助别人，并鼓励妹妹反复练习。在这一过程中，求助者和帮助者的动作技能、情绪情感等都得到不同程度的发展。

建　　议：

师幼互动中教师采用的应答方式应该是基于幼儿的个性特征和日常行为表现的。对于自理能力较差、依赖性较强的幼儿，教师应鼓励其自己动手，不要凡事都说“不会”，并且要及时鼓励幼儿的微小进步。在该师幼互动情境中，教师和妹妹是互动的主体，教师要分析妹妹的惯常行为表现和当前表现的一致性，思考该师幼互动情境的核心价值是什么，借助该师幼互动情境可以发展妹妹哪些方面的能力。在肯定同伴互助的同时，教师也要鼓励妹妹大胆尝试，不要总依赖别人。

▶ 案例 4

性子急的冬冬

范 陟

年龄班：中班

发生背景：

集体教育活动中，一向乖巧安静的安安一边大声呼叫着“老师、老师”，一边着急地举手。以前这名幼儿一直都很稳重，今天这种情况对这名幼儿而言可是第一次，于是我停下来……

互动过程：

“安安，怎么了？别着急，慢慢说！”安安从椅子上站起来，大声地对我说：“范老师，冬冬总不经过你允许就在底下自己回答问题，我都被他吵死啦！”这时，我的眼睛看着冬冬，发现他也瞪大眼睛看着我。看着冬冬一眨一眨的大眼睛，我对冬冬说：“冬冬，你看小朋友都给你提意见了，说你没有经过老师的允许，自己总是回答问题，你觉得自己应该怎么做啊？”听到我的提问，冬冬皱着眉头，摇着双手，表情着急地立刻答道：“我应该不说话，让老师请我，我再说。”

我听了冬冬的话，点头说：“那样做就对了，一会儿范老师还提问，我看看冬冬是不是举手回答问题啊？”冬冬立刻冲我点了点头，向我保证肯定会举手发言。我冲冬冬点了一下头，又冲安安也点了点头，就开始继续上课了，不过眼睛却一直注意着冬冬。过了一会儿，我刚开始提问，发现冬冬又在私下里自己说起来，虽然说得很好，可是却没有举手。

这时我出其不意地叫：“冬冬，请你回答这个问题。”冬冬说得正起劲，突然听到我叫他的名字，立刻站了起来，四处看了看，有点不知所措。看到冬冬不知所措的表情，我又重复了一遍问话：“冬冬，请你回答老师刚才问的这个问题。我们怎样拿着它就能让小工具不伤了手？”这回听明白了我的问题了，冬冬兴奋地对我说：“好啊，我们应该用手好好拿着，把它按在台子上，然后用另一只手拿着削皮器轻轻地刷，看着点儿我们的手，不要刮到了，否则就该流血了，小朋友就该疼了。”

听完冬冬的发言，我对全班幼儿说：“小朋友，你们觉得冬冬说得好不好？说得清楚不清楚啊？”幼儿一齐说：“清楚。”得到大家赞同的冬冬表情立刻得意起来。看到表情得意的冬冬，我语气一转继续对幼儿说：“可是我发现冬冬有了什么好主意，总是喜欢自己在下边跟旁边的几个小朋友分享，从不举手回答问题。冬冬以后要注意让全班小朋友都听见，这样大家也都有机会知道有些事情还可以用另一种方法做。冬冬，是不是？”

冬冬一听我这么说立刻着急了，表情有点紧张地对我说：“范老师，我是太着急了，有时候我举了手，你不叫我。”听了冬冬的回答，我了解了幼儿心里的想法，这时我又问：“如果小朋友都着急了，怎么办？小朋友都自己说自己的，怎么办？咱们还听得到小朋友们都在说些什么吗？”冬冬低下头看了我一眼，小声地回答我：“听不见了。”

看到幼儿意识到自己做得不对，我走到冬冬的面前蹲下与他平视，温柔地说：“范老师为什么一直没有请你回答问题，你知道吗？”“因为我太着急说了，没有举手……”冬冬抬起头小声地对我说。“所以，老师才没有办法请你回答问题。你在底下说，很多好主意小朋友都听不到，你愿不愿意跟更多小朋友分享你的好主意？”我趁热打铁问道。听到我的问话，冬冬立刻大声地说：“愿意。”冬冬的回答干脆有力。我高兴地问他：“那咱们就要举手回答问题，这样你的话所有小朋友都会听见，范老师看你举手也会请你说。你一举手，范老师就知道冬冬肯定又想出好办法来了。”冬冬点点头，一边说着“嗯”，一边把手举了起来。这时我皱了皱眉头，表情故意装成为难的样子，问冬冬：“如果冬冬举手了，范老师没有立刻叫你，而是请其他小朋友了，怎么办啊?”冬冬立刻高兴地回答了我:“那我先等一会儿，等其他小朋友说完了，老师就该请我说了。”“真棒！那范老师以后就看冬冬发言是不是能够这么棒。”冬冬高兴地点了点头。

互动结果：

从这次提问以后，在以后的活动中，我都注意冬冬，他确实每次都能按照教师的要求举手回答问题，可是如果教师没有第一个请到他或者没有及时请到他，他还是会着急地在私下里跟其他幼儿交流。但比起以前，冬冬确实进步了不少。

教师思考：

冬冬一直都有这个问题，我发现每次与其他幼儿聊天或上课回答问题，只要遇到他感兴趣的问题，他都会控制不住自己，要立刻把自己的想法告诉他人，没有养成很好的倾听习惯。只有在教师提醒后，冬冬才会有意识地去倾听他人。以前都是教师私下跟他交流，这次我打算借助其他幼儿，看能不能帮助他树立良好的倾听意识。

冬冬的表现跟他的性格分不开。冬冬是急性子，遇事着急说话，还会出现半天不知道应该怎么说、无法把事情讲清楚的情况。冬冬从小也没有养成良好的倾听习惯，而在回答问题的时候却能够有意识举手回答，说明他有这个意识，也想把他的想法跟大家分享，但最后还是自己在私下里说了，这说明他的规则意识也不强，没有养成良好的提问举手常规。

像这种情况，我自己想了几种办法：可以在提问的时候观察幼儿，争取给每名幼儿平等的机会。像性子比较急躁的冬冬这种类型的幼儿，教师应该用一点儿技巧，在提问的时候眼睛看着他们，鼓励他们，并且找一个恰当时机（第三名或再往后一两名）邀请他们发言，这样他们既知道教师看到他们举手，一会儿就会叫他们，也不会产生“我只要一举手，老师肯定第一个叫我”的想法；还可以在下边跟他们约定“上课一定要举手回答问题，不在下边随便说，只要举了手并且坚持举下去，老师一定请你回答问题”。

研究案例分析：

自己说和举手说。在集体教育活动中，冬冬总是自己在下面回答问题，充分说明冬冬有强烈的自我表达和自我展现的欲望，这是幼儿真实的心理需求。当这种需求得不到及时满足时，冬冬选择通过自己说的方式自我表达。这是冬冬的个性使然，但也和集体教育活动固有的教学秩序有关。幼儿只有举手才被教师叫，才有说的机会。冬冬担心自己没有说的机会，故采取不举手就自己说的方式。冬冬的表现生动地再现出幼儿的内心需求与现实之间的矛盾。

巧用情绪策略和同伴资源，倾听幼儿。在该师幼互动情境中，教师通过借助同伴的反应、无意间的提问、正面强化等方式，使幼儿意识到不举手说的不好，并在这个过程中倾听幼儿的真实想法，收到了一定的效果。

学会举手回答问题和学会倾听与分享。在这样的师幼互动情境中，我们如何看待和分析冬冬的行为，直接决定了该师幼互动情境的核心价值所在。冬冬急于表达自己的结果，必定会造成不能很好地倾听他人，不能与他人分享看法。结合冬冬的惯常表现，该师幼互动情境主要让幼儿倾听他人，适时与他人分享看法，这比学会举手回答更有价值。

建　　议：

情绪策略的运用要适度。在该师幼互动情境中，教师与幼儿的互动，常使幼儿处于一种着急、紧张、不知所措的心理和情绪状态，这对于改变该幼儿性子急的行为以及让幼儿在快乐中成长是不利的。建议教师从分析幼儿的心理需要入手，先缓解和稳定幼儿着急的心理状态，在此基础上再引导幼儿学会倾听与分享。

案例5

玩平衡树

于伟红

年龄班：大班

<table>
<tr><td>发生背景</td><td colspan="3">早饭后的区域活动开始了。郝蕴在教室里走来走去。他选择的第一个活动区是建筑区，可是玩了很短的时间就出来了，站在建筑区外不停地看着教室的每一个角落。他笑了，快步来到科学区，和小鹿一起进行关于电的活动。教师看到他找到了新工作，就放心地与其他幼儿一起玩。没有多长时间，郝蕴在教室里又开始了第二次“长跑”活动，一会儿看看这名幼儿，一会儿看看那名幼儿，还不时地帮个倒忙，引起同伴不满。</td></tr>
<tr><td>互动主题</td><td colspan="3">帮助幼儿养成持之以恒的做事习惯</td></tr>
<tr><td rowspan="6">互动过程</td><td>教　师</td><td>幼　儿</td><td>分　析</td></tr>
<tr><td>“郝蕴，我们来试一试这棵平衡树，可以吗？”</td><td>他看了看，说：“好吧。”</td><td>平衡树最能够锻炼幼儿的恒心和毅力。</td></tr>
<tr><td>“我们一起插，好吗？”</td><td>“可以。”</td><td>教师向幼儿展示玩法，并将自己对这个玩具的喜爱传递给幼儿。</td></tr>
<tr><td>“我看你完全可以自己玩了，我想离开你一会儿，行吗？你可以坚持做完吗？”</td><td>他点了点头。</td><td>教师希望他可以坚持把这个活动做完。</td></tr>
<tr><td>教师躲在一边看。</td><td>他做得很匆忙，一边插一边掉。不一会儿，他开始两手不停地搓，眼睛在东张西望。</td><td>他有些坚持不住，可能在寻求帮助。看来，教师该出手了。</td></tr>
<tr><td>“郝蕴，我就在你身边，不急，慢慢来，再插插看，应该没有什么问题。不行，还有老师呢，你继续吧！”</td><td>他没出声，也没看见教师在什么地方跟他讲话。
他没有了刚才的动作，静静地看着那棵没有插完的树。</td><td>教师适时地给予幼儿言语的帮助，帮助幼儿树立自信心，希望他能坚持做完这件事。</td></tr>
</table>

续表

	教　师	幼　儿	分　析
互动过程		他动手了，继续插那些散落在桌子上的树叶。	他看上去很专心，有诚意。
		树叶不停地往上插，但也不停地往下掉。于是，他开始抓自己的头皮，并叹气。	幼儿准备放弃了，因为他遇到自己不能解决的问题了。
	“郝蕴，我来帮你了!”教师看上去是在帮助插，实际上是在检查并帮他插将要落下的树叶。 “你应该再用点力气，叶子就不会掉了，可能是用力大小出现了问题。”	“我试试!”他的声音有些大。	教师帮助幼儿分析原因，引发幼儿继续活动的勇气。
互动结果	一阵忙乎后，树叶都插在了树上。他坐在桌边，用双手和胳膊将这棵树抱在自己的怀里，看着周围并不在意他的伙伴们。就这样过了许久，他也笑了许久。		

研究案例分析:

灵敏地觉察和判断幼儿表现，把握师幼互动的核心价值。从师幼互动情境可以看出，教师将此次师幼互动的核心价值定位在“让幼儿体验坚持做事的快乐，帮助幼儿养成坚持做事的习惯”上，这种定位取决于教师对幼儿惯常表现的关注，取决于教师对幼儿发展状况的把握，取决于教师对师幼互动情境中幼儿表现的敏感觉察和判断。我们认为，每次师幼互动核心价值的判断和实现，最终要看该次师幼互动是否有效地促进了幼儿在某方面的发展。

建　　议:

深入分析和思考幼儿不能坚持做事的深层次原因，考虑采取更灵活、更适宜、持续的多方位师幼互动形式。

案例 6

我们搭的房子

赵雪梅

年 龄 班： 小班

发生背景：

在建筑区，含章和翔宇在搭小房子，小美美把小动物散了一地，懿珊去拿积木但碰倒了房子。

互动过程：

翔宇：（大叫）老师，懿珊把我们的房子碰倒了。

师：（看着散在地上的小动物）哎呀！可不是，房子倒了，小动物都没有地方住了。（教师观察后，对他的问题以游戏形式肯定。）

懿珊：（噘着小嘴）我不是故意的，对不起。

含章：（向教师叙述发生问题的经过）她的手一扶小房顶，小房子就塌了。

懿珊：这有这么多小动物，我过不去。

师：（以游戏的口吻介入活动，分析原因）为什么这么多的小动物都躺在这儿啊？

小美美：它们在睡觉。

师：小斑马和大狮子睡在一起，会高兴吗？

小美美：（摇摇头）大狮子会吃掉小斑马。

师：（帮助幼儿解决问题）那么我们怎么保护小斑马呀？

小美美：（笑着）给大狮子搭个家，再给小斑马搭个家。

翔宇：（找到了解决问题的办法）都给它们搭了家，再让它们住进去。

师：好吧，那我们一起来搭建吧。

教师思考：

在活动区，懿珊碰倒了翔宇的房子，翔宇大叫："老师，懿珊把我们的房子碰倒了。”他大叫的目的是想引起教师的注意，帮他解决这个问题。教师先是观察，找出原因，然后以提问的方式帮助他解决问题。这种教师与幼儿形成合作伙伴关系、解决幼儿之间冲突的方式易于被幼儿接受，而且能引发幼儿思考寻找解决问题的办法。

研究案例分析：

冲突情境的核心价值是什么？在该师幼互动情境中，幼儿以向教师告状的形式展现幼儿搭建过程中产生的冲突。面对此冲突情境，教师要解决的问题到底是什么？师幼互动中教师要发展幼儿什么？这都是我们思考该师幼互动情境核心价值的依据。是帮助小动物分类搭家？还是引导幼儿以自己的方式解决问题？案例中，教师通过观察，发现引发幼儿冲突的原因，直接引导幼儿给动物分类搭建，将冲突情境的价值转向幼儿搭建能力的提高上。这在一定程度上偏离了该冲突情境的核心价值，教师在其中直接充当的是冲突问题的替代解决者。

建　　议：

如果深入分析情境中幼儿的行为表现，该情境的核心价值则是引导幼儿在冲突中以适合的方式自己解决问题，使幼儿尝试理解别人，做到在游戏中友好相处。

▶ 案例 7

我想到建筑区玩

王　娜

年 龄 班：小班

发生背景	今天早饭，天一不喜欢吃，所以吃得很慢。他吃完饭，走到建筑区要进去玩。壮壮说：“我们已经有三个小朋友了，你不能进了。”天一很不情愿地离开建筑区，又来到娃娃家看了看。娃娃家当时有两名幼儿，他不想去就走了，然后在桌子旁边转来转去，不知道干什么。

续表

<table>
<tr><td>互动主题</td><td colspan="3">解决问题</td></tr>
<tr><td rowspan="11">互动过程</td><td>教　师</td><td>幼　儿</td><td>分　析</td></tr>
<tr><td>“天一，你怎么不去活动区呀？”</td><td>“我想去建筑区。”</td><td rowspan="2">幼儿很不高兴，没有选到自己想玩的活动区。</td></tr>
<tr><td>我看看建筑区：“建筑区小朋友已经有三个了，你不能去了。”</td><td>天一点点头，很不高兴。</td></tr>
<tr><td>“你可以先玩会儿别的，一会儿建筑区有地儿再去。”</td><td>“我什么都不想玩儿。”</td><td>幼儿很不高兴。</td></tr>
<tr><td>“你今天为什么没先去建筑区呢？”</td><td>“因为我吃饭慢了。”</td><td rowspan="2">幼儿知道因为自己做事情慢了，所以没有选上自己喜欢的活动区。</td></tr>
<tr><td>“那明天你快一点儿就可以了，是吗？”</td><td>天一点点头。</td></tr>
<tr><td>“这样吧，我教你用插片来搭建楼房，好吗？”</td><td>他看着我不说话。</td><td>幼儿不相信。</td></tr>
<tr><td>“你不相信吗？”我边说边用插片插起来。</td><td>天一看着。</td><td>幼儿半信半疑。</td></tr>
<tr><td>我插了一个房子说：“你想插吗？”</td><td>他说：“想。”</td><td>幼儿被插的小房子吸引了。</td></tr>
<tr><td>我教他一步步插。</td><td>他拿着自己插好的房子说：“老师，看我棒吗？”</td><td rowspan="2">天一觉得自己很棒，感受到了成功的喜悦。</td></tr>
<tr><td>我说：“你真棒。”</td><td></td></tr>
<tr><td>互动结果</td><td colspan="3">天一和我用插片插出了很多东西，他很高兴。他虽然没去建筑区，但是在这个区域里也得到了同样的满足。同时，他获得了成功的喜悦。</td></tr>
<tr><td>反思</td><td colspan="3">幼儿的兴趣点不同，有的幼儿特别喜欢娃娃家，有的幼儿特别喜欢建筑区。但由于空间有限，活动区不能容纳很多幼儿。教师要培养幼儿的规则意识，让他们知道有的幼儿不能到自己喜欢的活动区里游戏。但是，我们不能置之不理，可以引导他们进行与他们喜欢区域活动类似的活动，这样既可以使他们的愿望得到满足，同时也能够使他们在活动过程中获得发展。通过这件事，我觉得无论什么时候都应该细心观察幼儿，了解幼儿的想法，给予幼儿及时的帮助，使幼儿得到满足和发展。</td></tr>
</table>

研究案例分析：

游戏需求的满足。从案例中幼儿的表现，我们可以看出幼儿发自内心的游戏需求——想到建筑区玩，这是幼儿游戏最初、最直接的需求。这种直接的兴趣需求决定了该师幼互动情境的常规价值是满足幼儿的需求，并通过搭建活动促进幼儿在该方面的发展。但在本案例中，固有的游戏规则使得幼儿的游戏需求不能得到即时满足。面对这种情况，教师应该如何对师幼互动情境的核心价值做出取舍呢？教师敏锐观察到了幼儿想到建筑区玩的需求，通过共同游戏的应答策略转移幼儿的注意力，使得幼儿游戏需求获得满足。

建　议：

教师应答时处理好游戏需求的满足与游戏规则遵守之间的关系，思考幼儿今天的表现与惯常表现的异同，进一步倾听幼儿关于游戏规则的想法，尝试把问题抛给幼儿自己解决，让幼儿自己在调整规则的过程中获得游戏需要的即时满足。

案例 8

重获自由的鸟

芦　伟

年 龄 班：中班

发生背景：

在一次主题为“鸟”的绘画教育活动中，许多幼儿都让自己画的小鸟在天空中飞翔，或者在森林里歌唱。我看到一个男孩子在自己画的鸟的周围画了许多红色单线条的图案。

互动过程：

师：（指着那些线条）这是什么？

幼：笼子。

师：为什么鸟在笼子里？

幼：猎人在笼子里放了它喜欢吃的虫子。

师：鸟为了一条虫子而失去了自由，真是不值得。

（幼儿看着教师，好像在思考教师的话。）

师：鸟飞到笼子里有什么感想呢？

幼：后悔了。

师：嗯，看来只有你能帮助它了。

幼：（想了想）它趁着主人给它喂食的时候就逃跑了。

师：你能帮助这只鸟找到一个它最喜欢生活的地方吗？

幼：没问题！

……

幼：（拿着画）这是它飞到森林里了。这是一只鸟给它叼虫子吃。这是另一只鸟和它们一起玩儿。

师：这回，这只鸟获得了自由，在最喜欢的地方生活。它和它的朋友都很高兴。

教师思考：

这名幼儿平时在家时就喜欢编故事给家长讲，用家长的话说，就是“胡编”。但恰恰在这个“胡编”中，我看到了幼儿丰富的想象力。他很聪明，也很能理解他人意图。在这次绘画活动中，他的目的是想看看自己画的与别人的有何不同。我及时抓住了他爱想象的思维特点，通过几个提问引导他继续进行想象，终于引发了他对鸟的关心与爱护。也许这张画在别人看来乱七八糟，但在我看来那是一幅内容丰富、具有深刻意义的图画，这也使我在师幼互动中感受到了乐趣。

研究案例分析：

不一样的画面，不一样的内心需求。画面是幼儿最直接和真实的内心表达方式。通过教师对幼儿日常行为的观察和了解，我们判断出师幼互动情境中该幼儿独特的画面背后隐藏着幼儿对想象和表达的需求。

了解、赏识和理解幼儿是教师适宜应答的基础。在师幼互动情境中，幼儿画面呈现的结果是简单的，但是教师对于画面背后所隐藏意义的判断却不简单，体现了教师对于幼儿惯常表现、思维特点、个性特征等方面的关注和分析。正是有了对幼儿的这些了解，教师才会有师幼互动中对幼儿的赏识和接纳，才会有自然而有意义的对话出现。

基于幼儿心理情感和需要的对话，使师幼互动变得有意义。师幼互动情境中教师和幼儿的对话体现出了教师的应答智慧。教师巧妙地抓住了幼儿喜欢画得与众不同，喜欢借助画面想象与表达的心理需要，自然融入幼儿的思维和情感世界，与他展开深入对话。事实证明，基于幼儿心理和情感需要的应答使幼儿获得了个性化的发展。

建　议：

把握好教师和幼儿师幼互动的节奏。教师完全可以给幼儿更多思考和表达的空间，在幼儿充分表达自己想法的基础上，顺应幼儿的思维和情感发展，引导幼儿充分表达、想象，进而丰富画面，而不是急于让幼儿单纯地丰富画面。

▶ 案例 9

特殊的沙锤

卫慧屏

年 龄 班：大班

发生背景：

音乐课上，幼儿围坐成半圆，准备上奥福音乐课，活动的内容是“我最喜欢”。我向幼儿介绍乐器，有沙锤、撞钟、手摇铃等，同时向幼儿提出了取乐器的要求，请幼儿到中间取乐器并按乐器的种类坐好。

互动过程：

伴着《小步舞曲》的音乐，幼儿陆续到圈中央取乐器并找位置入座。有的幼儿很迅速，有的幼儿让别人先取。音乐停了，幼儿已经坐好等待表演。这时候，美代走到我身边对我说：“老师没有我想要的乐器了。”我说：“老师看到你刚才谦让了别人，所以最后自己喜欢的乐器没有了，对吧？”美代说：

“是，我等别人拿完我才拿。”我说：“你做得对，小朋友都该向你学习。你想到哪一组表演？”美代说：“我想到沙锤的一组，可是现在只有手摇铃。”我说：“别着急，现成的沙锤没有了，但是老师要奖励像你这样谦让的小朋友一个最好、最特殊的沙锤。”美代有些吃惊地冲我点点头。我找来两个塑料瓶，将自然角的小米倒了进去，盖好盖摇了摇说：“这个给你，你听听它的声音和沙锤一样吗？”美代满脸兴奋地摇起来：“老师太棒了，我的沙锤是最新款的。”说完，她向周围幼儿摇起来炫耀。美代拿着沙锤格外高兴，伴着音乐的节奏，用手中的乐器伴奏起来。音乐活动结束后，其他幼儿都围了过来，观看这个新式沙锤。美代说：“卫老师真有办法，回去我要把这个好办法教给爸爸妈妈。”

教师思考：

美代在取乐器的时候没有抢而是谦让了别人，所以排到最后时乐器却没有了。美代的行为值得大家学习，但是最后却因为没有乐器很难过。也许下次她为了拿到自己的乐器不会再谦让别人。为了尊重美代并鼓励她的做法，我现场制作了沙锤给她，让她很意外和高兴。此时，我认为又一个教育契机来了。我希望借助自制乐器引导幼儿从解决问题的角度思考，尝试想办法，自己动手满足自己的需求。我通过与美代的互动，在肯定她谦让别人的做法的同时，也教育了其他幼儿要学会谦让，并且以探索制作乐器的活动支持幼儿自己想办法解决问题。

研究案例分析：

把握师幼互动的核心价值，引导幼儿正向发展。很明显，这一师幼互动案例是由幼儿发起的以求助为主题的师幼互动。幼儿在选择有限的乐器资源时，与其他幼儿发生了单方面的冲突，因谦让没有选到想要的乐器。这种情况在日常生活中时有发生。教师处理不当，会给幼儿带来负面影响。在该案例中，教师把握师幼互动的核心价值，尊重并保护幼儿的情感，巧妙化解冲突，使幼儿在认知、情感等方面得到了发展。

巧用教师应答策略，促进幼儿有效发展。教师积极肯定幼儿的谦让行为，并以亲手制作的特殊沙锤作为对幼儿的奖励，进一步强化了谦让行为的积极作用，这也有利于幼儿社会性行为的健康发展。教师没有采用说教的方式，而是借助幼儿之间的相互学习巧妙地进行引导。

建　　议：

教师给幼儿适度的空间，发挥幼儿的主动性，引导幼儿自己动脑解决问题。

案例 10

小牙膏的故事

张　宏

年 龄 班： 大班

发生背景：

幼儿午饭后，陆陆续续进入盥洗室开始刷牙。其间有个别幼儿拿着用过的干瘪牙膏皮找到教师，说："张老师，我的牙膏用完了。"于是，我就各自给了他们一支新的牙膏，并叮嘱他们在牙膏皮上标上自己的数字。此时，世豪也走进盥洗室，紧接着也拿着牙膏找到我。

互动过程：

世豪：张老师，我的牙膏也该换了。（拿着牙膏在我面前晃了晃）挤不出来了。

师：（看了看他的牙膏，还剩 1/5 的量，只是管口处被粘住，挤不出来了）你的牙膏用完了吗？

世豪：挤不出来了。

师：你捏捏里面还有吗？为什么挤不出来了？

世豪：里面还有些，可是怎么挤也挤不出来了，口那儿堵住了。

师：（拿着牙膏看了看）怎么会堵住了呢？你捏捏，里面还有这么多，难道不要了吗？

世豪：我老是盖不紧盖，牙膏一干就挤不动了。张老师，你帮我挤出来吧。

师：我可以帮你，可是下次又干了，又堵了，每次都找老师帮你吗？我们能不能想办法让它不堵呢？

世豪：以后我再刷完牙，赶紧盖好盖儿就不堵了。

师：(取出一根干净的牙签给他) 我给你根牙签儿你看用得上吗？

世豪：(用牙签将堵住管口的牙膏捅开，用手一挤将牙膏挤出来) 行了，弄开了。

师：你为什么总盖不紧牙膏盖呢？是忘了吗？盖子其实就连在牙膏皮上呀。

世豪：有时候我着急，没盖紧就走了。有时候我也盖，可是盖不严，它自己又开了。

师：那你找找原因，为什么盖不严？

世豪：可能用劲小了。

师：(试了试) 盖盖儿要用很大劲吗？

世豪：我有时候牙膏挤出来多了，没用干净，就粘在口上了，所以就盖不上盖。

师：对了，我想也是这原因，你看看别人盖得紧的牙膏，口那儿是不是都很干净？那你以后使用牙膏得怎么注意这问题呢？

世豪：不能一下子挤太多，用多少挤多少，就像墙上画的那么大小（一颗黄豆大小）。牙膏口干净了，盖就盖得严。

师：(拿过一支牙膏示范给他看) 我有一小窍门，万一挤多了，用这个方法可以让出来的牙膏缩回去，但是牙膏袋里的牙膏太少就不实用了。

……

世豪：(试了一下，挤上牙膏) 刷牙的时候我要告诉伙伴，我的牙膏捅开了，里面牙膏还挺多呢！

教师思考：

幼儿使用牙膏的速度是与幼儿的出勤率以及住宿率成正比的，同时更受幼儿刷牙方法、习惯等因素的影响。最近班上一些幼儿看到同伴换新牙膏，就想丢弃旧牙膏、更换新牙膏。我觉得应该抓住这个教育时机，帮助幼儿养成认真做事的良好习惯并积累生活经验，同时培养幼儿爱护物品的意识。

世豪一方面想更换牙膏，另一方面也是想请教师帮助他解决牙膏的问题。我从最具体的细节开始，引导他形成良好的刷牙习惯以及爱护物品的意识，同时教给他一些小窍门。我相信接下来他会在同伴中发挥作用，将新的生活经验、节约的意识转化为自觉自愿的行为，从中获得成就感，进而促进自身良好生活习惯的养成。

研究案例分析：

真需求与假需求。该案例反映的问题是在幼儿中普遍存在的现象。幼儿一方面想更换牙膏，另一方面也想请求教师帮助他解决牙膏的问题。哪一个是幼儿真正的需求？教师通过观察和对话及时认识到了幼儿的真正需求是想请教师帮助他解决牙膏的问题。判断幼儿的核心需求、真需求，是教师采取适宜应答策略的前提条件。

直接帮助与间接引导。面对幼儿的求助，教师没有直接给予满足，而是通过一系列的提问，引导幼儿一步步说出问题的原因出在哪儿。通过师幼互动，幼儿不但认识到牙膏堵上的原因，明白了如何避免类似问题再次发生，还学习了小窍门，原有的经验得到激发和拓展。

建　议：

教师的提问要有利于师幼互动的持续和问题解决，教师在保护幼儿情感的同时，给幼儿充分的时间去思考问题，找到答案。

▶ 案例 11

我当图书管理员

杨占英

年 龄 班：大班

发生背景	早饭后，文文进入图书馆，当了一名图书管理员。可是由于有些幼儿要去参加体检，因此图书馆一下没人了，文文便开始无所事事，一会儿和别的幼儿说话，一会儿在班上溜达……

续表

<table>
<tr><td>互动主题</td><td colspan="3">适时介入，明确任务，深入游戏</td></tr>
<tr><td rowspan="10">互动过程</td><td>教　师</td><td>幼　儿</td><td>分　析</td></tr>
<tr><td>“文文，我想选一本书看。”</td><td>“杨老师，你选哪本?”</td><td rowspan="7">为了使幼儿明确图书管理员在没人看书时可以做些什么，教师以提问的方式引导他选择自己需要做的事。</td></tr>
<tr><td>“嗯……我怎么看不清楚呀！这本书是第几本呀?”我皱起眉头，示意书架零乱。</td><td>“您是不是选《找一找》这本书呀?”</td></tr>
<tr><td>“不是……是它后面挡着的那本。”</td><td>他在书架上上下翻看：“啊！是《转一转》吧?”</td></tr>
<tr><td>“看你忙的，幸好现在就我一人借书，要是一会儿人多了，你可真忙不过来了！需要我先帮忙整理一下吗?”</td><td>文文赶忙整理图书：“不用了!”</td></tr>
<tr><td>“你今天准备给小朋友推荐哪本书呀?”</td><td>他随意从书架上拿了一本。</td></tr>
<tr><td>“为什么选这本书？一会儿你要说说推荐理由。”</td><td>“啊！那我先看看。”
“杨老师，这本书可以让小朋友动脑筋，而且还可以学习画画。”</td></tr>
<tr><td>“你推荐的理由很充分，现在你想做点什么?”</td><td>“我先看看书吧!”</td></tr>
<tr><td></td><td>一会儿工夫，幼儿都来借书，发现没有管理员了，原来文文跑到小舞台卖票去了。</td><td rowspan="2">教师要培养幼儿的做事习惯，所以当文文没能执行一项任务时，教师进了有意识引导。</td></tr>
<tr><td>“文文，大家来看书了，正找你呢?”</td><td>“刚才没人看书，我看小舞台没人卖票就过去了。”</td></tr>
</table>

续表

	教　师	幼　儿	分　析
互动过程	“你热心帮忙，愿望很好，但要看什么时间！刚才图书馆没人，现在来人了。如果你想做另外一件事，应先找到接替你工作的人，对吗？”	“啊，那我回去，小舞台怎么办呢？” 我们的对话被另一位幼儿听到了，她主动接替了卖票的工作。	
	“这回你知道做事要有始有终，认真负责了，对吗？”	“嗯，我知道了。”	
互动结果	文文喜欢交往，愿意表现自己，但专注、踏实的做事习惯还需提高。今天在教师的引导下，他不但明确了图书管理员在没人看书时的职责，还体会到做事有始有终、做完一件事再做另一件事的道理。在游戏区小结时，他还和同伴进行了分享。		
反思	1. 对于文文这样一名聪明、外向的幼儿，为了培养他的任务意识和做事习惯，教师在此情境中首先介入引导，这是为了不打消他的游戏积极性。然后，教师通过有目的的、有针对性的提问，帮助幼儿厘清思路并明确任务。 2. 这一现象说明幼儿对图书管理员的职责和工作内容还不够清晰。在此次活动中，教师有目的的引导，使幼儿明确了任务。活动有了一定的效果。以后教师还需要开展相关活动，让幼儿进一步了解图书管理员除借阅、管理图书外还可做些什么，如引导幼儿发现阅读的好方法，借此不断丰富活动内容。		

研究案例分析：

以借书者的身份介入，营造平等的师幼关系。该师幼互动过程是由教师发起的，但是教师却以借书者的身份介入，这样就会营造一种轻松的交流氛围，让幼儿有安全感，从而愿意和教师互动。

逐层引导，保护幼儿的自尊心，使幼儿在原有经验之上获得提升。教师有目的地创设冲突情境，即看不清书架上的图书，让幼儿自己意识到该做什么。然后，教师引导幼儿仔细阅读要给其他幼儿推荐的图书。在整个师幼互动过程中，教师逐层引导，但又是以幼儿愿意接受的方式进行，教师的策略保护了幼儿的自尊心。

建　　议：

教师意识到文文聪明又好强的个性特征，因此不能采取直接告知的策略，而是循循善诱，让幼儿自己意识到图书管理员的职责，同时意识到做事情要善始善终。

案例 12

谁的房子更结实

陈婧哲

年 龄 班： 中班

发生背景：

区域活动时间，才智在桌面上玩长条积木。才智抓起一把长条积木，整齐地摆在桌面上，一直重复这个动作。

互动过程：

我走到才智身边，静静地看他搭积木。才智抬头看了看我，说："老师，我要搭一个特别结实的房子！"我说："好啊！那我也搭！"于是，我们分别搭了起来。

搭好后，才智说："老师，我们比一比谁的房子厉害！"说着，就吹一大口气。一吹气，才智的房子倒了，他看了看我，说："你的房子好厉害呀！"不一会儿，他拆掉自己倒了的房子，按照我的又搭了一个。然后，他和周围的幼儿说："快过来看，我和陈老师的房子可结实了！"

教师思考：

在活动中，才智能够将每个小积木稳稳地搭建起来，说明他小肌肉动作的发展比较灵活、协调。在他发现自己的房子不够结实而教师的房子很结实时，他仔细观察教师搭建的方法，并将其正确模仿下来。

作为教师，我给予幼儿一定的隐性指导，但在活动中没有抓住时机，没能及时将知识点提炼出来，让幼儿理解。

研究案例分析：

和幼儿一起游戏，做幼儿发展的支架。案例中，教师作为幼儿的游戏伙伴，和幼儿一起玩搭建游戏。教师的参与激发了幼儿游戏的兴趣。过程中，教师并没有过多的语言引导，但通过搭建的作品让幼儿了解了不一样的搭建方式，这样既尊重了幼儿游戏的主体地位，同时又对幼儿的学习起到了隐性支架作用。

建　议：

正如教师反思中提到的，在幼儿游戏的过程中教师要细致观察、及时捕捉促进幼儿发展的价值点，如在搭建完成时，可以和幼儿一起观察两栋建筑有何不同？引导幼儿思考为什么这样的搭建更结实？适时的提问能够引发幼儿深入思考，支持幼儿找到问题背后的原因，建构属于自己的新经验。

案例 13

自己变出小桃心

李桂芝

年 龄 班：中班

发生背景：

这几天，妞妞利用木质小桃心已经完成了几幅有创意的作品：桃心迷宫、桃心女孩、桃心棒棒糖，得到了其他幼儿的喜爱。

互动过程：

早饭后的区域游戏时间，妞妞又一次选择了美工区活动。美工区收纳箱里的零散小桃心没有了，妞妞从纸箱里找到了一整包小桃心。她用剪刀剪开了一个小角，用双手撕扯塑料袋，但用力撕了几下都没有打开。她又用牙齿用力咬。为了幼儿的健康，教师说：“妞妞，把塑料袋放在嘴里咬可不卫生呀，小牙齿这么用力地撕咬东西也会受伤。”妞妞马上把塑料袋递过来说：“老师，您帮我打开吧。”教师鼓励她：“我可以帮你。不过，刚才我看你使用了小剪刀。你自己再试试看吧。”妞妞接受了教师的建议，手拿小剪刀将塑料袋开口的边缘全部剪下来，之后用双手向两边撕扯，左撕右撕就是撕不开。这时，坐在一边的琪琪对妞妞说：“你要向下剪，剪得越深越好。”妞妞拿着剪刀，思考着但没有动手剪。教师说：“琪琪，你告诉妞妞为什么要这样剪？”琪琪一边在塑料袋上比画，一边说：“你往下剪，这个胶就没了。”妞妞似乎听明白了，拿起剪刀果断地沿着塑料袋的边剪了下去，塑料袋张开了大大的嘴巴。妞妞放下剪刀，用手拿出木质小桃心，美美地歪着头说：“我的小桃心终于变出来了。”

教师思考：

妞妞在遇到困难时能寻求他人帮助解决问题，最终在同伴的帮助下解决了问题。由此看出，幼儿园区域活动中的幼儿自主性发展，需要教师给幼儿提供更多的机会，让幼儿自己去发现、探索，耐心倾听同伴的建议。在游戏中，教师应该细心观察幼儿的各种行为表现，适时、适度介入幼儿的活动。教师要做的是用商量、建议性口吻提示幼儿，激发幼儿参加活动的自信心，这更有利于幼儿学习自主性的发挥。

研究案例分析：

站在幼儿背后，鼓励幼儿克服困难，解决问题。幼儿在遇到困难的时候，第一时间就会想到求助成人。作为教师，我们明确心中的培养目标，是帮助幼儿解决问题，还是支持幼儿学习解决问题的方法。在师幼互动过程中，幼儿明确地向教师求助，教师既没有拒绝幼儿，也没有直接帮助幼儿解决问题，而是通过提建议的方式，支持幼儿借助工具继续探索。此外，教师还巧妙地借助同伴资源，帮助幼儿发现问题的根源，让幼儿在同伴的提示下自主解决问题，打开了幼儿解决问题的思路，使幼儿获得成就感。

建　　议：

中班幼儿自主解决问题的意识和能力都在逐渐形成。教师可抓住幼儿活动中的闪亮点，引导幼儿将自己解决问题的好方法和感受分享给同伴，强化幼儿自主解决问题的意识，丰富幼儿解决问题的思想和方法。

第五章

师幼互动中的教师适宜应答策略研究对教师观念和行为的影响

师幼互动的效果直接影响幼儿园过程性质量的水平，而教师的应答水平决定了师幼互动的质量，关系着幼儿在师幼互动情境中的发展状况。教师能否适宜应答，和教师教育观念、师德水平、专业能力等息息相关。因此，研究师幼互动中的教师应答策略，使我们既找到了提升幼儿园教育质量的关键，又把对幼儿园整体教育质量的追求转化成对每时每刻过程性教育质量的追求，更把幼儿身心发展与教师专业发展有机联系在一起。本章和大家分享的教师在此问题上的思考与探索，反映的是教师在参与师幼互动中的教师适宜应答策略研究过程中观念和行为的转变。

研究使教师在成长，这种成长渗透于研究、实践的每个环节、每个瞬间。研究使教师不断反思自身行为背后的隐性观念，审视自身的应答行为，并在研究实践中调整自身的观念和行为，不断丰富教师应答的实践智慧。下面展现了在课题研究过程中部分教师对此问题的思考与探索。

成长的脚印——面对幼儿发起的展示

王得君

本学期，我参与了幼儿园教育教学组有关师幼互动的研究。我本着研究探索的心态，以幼儿为本，一次一次实践、反思、调整，收获颇多。我学会了在教育教学活动中怎样真正关注幼儿，怎样根据幼儿的不同瞬间表现判断、分析出他们的需求，并用适宜的策略促进其发展。尤其是对幼儿向教师主动发起展示时，教师应该怎么做，我有了很多新的认识。

在案例“老师，你看我画得好吗”① 中，晶晶主动找我，展示自己的作品。我因为急于想帮助她丰富画面，而没有倾听她自己对画的说明。晶晶的表现，说明她想通过展示作品获得满足感和自信心。我却忽略了给晶晶一定的时间与空间表达自己的想法，只是直接指出晶晶画面上存在的问题。当时，我只在乎了晶晶通过画画表现“我能用盐水漱口、主动饮水”，而忘了幼儿在展示过程中，教师要给幼儿建立更大的自信，让幼儿通过自己的思考发现问题。

教师不应该只在乎幼儿的画面是否丰富，是否达到本次活动的目标，应该对幼儿的发展设立长远目标，从幼儿的言语和行为上初步判断展示的原因：是想听到教师的肯定，建立更大的自信；还是想让同伴欣赏；或是想获得帮助，把画画得更好。幼儿通过教师对自己的画的肯定，能建立自己在画画方面的自信。教师应多学会倾听幼儿的想法，不能忽略幼儿的需求。如当晶晶

① 案例见第三章第一节中典型师幼互动情境“老师，你看我画得好吗”。

主动来找教师展示作品时，教师应先倾听晶晶的想法，肯定她画面上的优点。倾听之后，教师引导晶晶自己发现画面如何更好。幼儿会在这个过程中更有自信，这样才会和教师有更多交流，也让幼儿发现画面怎样表达更好。学会倾听幼儿的想法，了解他们的需求和长远目标，会使幼儿在过程和结果中体验到成功，体验“我也行”的自豪与快乐。

在案例“我来说，你来猜”（附后）中，幼儿的表现反映出他们很喜欢参与这个活动。很多幼儿在听过教师两个提示后总指第一桌，说明他们没有明白规则。我发现清清的表情后，瞬间判断清清有展示的愿望，于是借鉴“我也行”活动的思路，想到应先满足清清的情感需要，给清清展示的空间，让她讲一讲自己的理由并在全班面前展示自己，这样也可以起到同伴交流与学习的作用。对于活动中指错的幼儿，教师没有立刻否认，而让他们通过听清清的说明，进行自己思考。幼儿通过清清的理由，知道了描述活动的提示要联系在一起才能找到答案。清清展示后的快乐心情，让我感受到幼儿展示时的进步。我感受到幼儿发起的师幼互动会有不同的行为表现，不仅有言语，还有很多非言语的表现，包括动作、眼神。教师应真正观察到每名幼儿的个性需求。

在案例“泡泡的故事”① 中，舒展的表达含蓄一些。教师拿起图片，刚要讲故事，舒展试探性问教师是否是讲泡泡在水里的事。得到确定后，他才表达出自己想展示的愿望。教师以鼓励的口吻“那你来试着讲一讲”，支持幼儿想表达的愿望。幼儿得到教师鼓励后，只是看着教师，没有说话。教师进一步激发鼓励，幼儿最后才大胆讲，并得到全班幼儿的认可。在舒展发起展示时，我瞬间想到满足他的情感需求，还想到他的核心需求应该是在集体面前发表自己的想法，与同伴分享自己的想法，得到教师、同伴的认可。因为舒展非常有个性，平常在班里经常因为奇怪的想法不被其他幼儿接受，有时还会引起和其他幼儿的矛盾。所以，他在集体面前不太敢表达自己的想法，怕自己的想法不被接受。他只有在感觉自己的想法很有把握时，才会表达。

① 案例见第三章第一节中典型师幼互动情境“泡泡的故事”。

面对舒展的情况，我认为核心教育价值应该是发展幼儿的社会性交往能力，在集体中敢于发表自己的想法，想说、敢说、能说，发展幼儿的自信心。教师接受幼儿的展示，并且根据对幼儿个性了解做出瞬间判断，及时鼓励幼儿的想法、作品，使幼儿情感得到满足，得到关注。教师巧妙引导、鼓励舒展讲故事，引出后面的音乐活动，并且利用同伴资源给了舒展很大鼓励。

总之，这三次活动都是幼儿向我发起的展示，从第一次展示中幼儿没有表情地把画挂在墙上，到第二次展示中幼儿通过表情向我表达展示的愿望，再到第三次展示中幼儿用试探性语言发起展示，每一次不同的展示行为都给了我深刻反思的机会。我总结了以下几方面。

1. 幼儿发起展示时，表现是不同的。这包括言语直接展示，如“王老师，您看!”，还有言语间接展示，如“王老师，是不是……我也能……”，更有非言语的行为动作、眼神、表情暗示、示意，或是言语与非言语的结合。教师一定要有敏锐的观察力，关注到每名幼儿的展示表现。幼儿的一个眼神、一句问话可能都是有需求的。

2. 根据幼儿的年龄、个性特点，瞬间判断幼儿展示行为背后的核心需求。在第一次我与晶晶的互动后，我反思到自己当时没有准确判断出晶晶的需求，一直在用我的想法带着晶晶走。虽然晶晶最后的作品画面丰富了，但是她并不开心，因为她的核心需求是得到我对她展示作品的认可和接纳，寻求积极的赞扬。我想，如果当时我积极回馈了晶晶，再引导晶晶丰富画面、发展其绘画能力，晶晶一定做得更好。有了这次经验，在后两次幼儿发起展示时，我都根据他们的性格判断他们有什么需要。清清的表现说明她想要自我表现，并向全班分享她的想法。舒展的需求应该是在集体面前发表自己的想法，向同伴分享自己的想法，得到教师、同伴的认可。

3. 幼儿发起的展示情境有核心教育价值。每个教育活动、教学环节都有它的教育价值，幼儿发起的展示情境也不例外。幼儿发起展示后，教师先满足他的情感需求，然后思考还可以发展其什么？是大胆、自信，是主动与人交往能力，是表达能力，还是自我评价能力？教师正确把握核心教育价值相当重要。

4. 教师适宜的应答策略促进不同幼儿的发展。幼儿向教师发起展示时，教师关注到幼儿的表现、判断分析出他的需求，做出适宜的应答，才会达到相应的核心教育价值。经过实践，我认为在幼儿发起师幼互动时，教师关注幼儿，应该多倾听、多询问，满足幼儿的情感需要，多站在幼儿的角度考虑问题，接纳幼儿的想法，给幼儿提建议，引导幼儿自我评价，引导同伴互动。教师要细心留意、观察，思考幼儿的不同展示、不同需要，用适合他们的策略，真正使每名幼儿都获得个性化发展。

典型师幼互动情境

我来说，你来猜

年龄班： 大班

发生背景：

在集体绘画活动中，我采用描述的方式请幼儿取彩笔和纸。本班有四桌幼儿，我让幼儿参考教师提示，思考是哪桌。在活动中，清清用行为、表情向我发起展示……

互动过程：

师：今天，咱们通过游戏，请每一桌小朋友取笔和纸，好不好？

幼：好，太好了！

师：请听老师的描述提示。提示一，这桌共有八名小朋友。（这时候，有的幼儿指有八名幼儿的第一桌，有的指第三桌。）

师：好，请听提示二。这桌有三个女孩，五个男孩，其中一个男孩穿蓝色上衣。

（清清立刻手指第三桌。）

东东：第一桌也有八个小朋友啊。

（其他幼儿也有指第一桌，清清一直手指第三桌，眼睛看着教师，表情很着急。）

师：清清你认为是第三桌，讲讲你的理由，好吗？

清清：我有两点理由。一是第三桌有八个小朋友，二是第三桌有五个男孩，家家穿的是蓝色上衣。

（其他幼儿都在认真听。）

师：那你有什么更能证明是第三桌吗？

清清：（笑着说）第三桌和第一桌都有八个小朋友，可是第一桌有四个女孩、四个男孩，跟老师的提示二不一样，所以肯定是第三桌了！

师：小朋友听清楚了吗？

幼：清楚了。

东东：清清真聪明！

师：你们每一个小朋友都很聪明，要认真思考描述的每一个提示，像清清一样把每一个提示都联系在一起想问题。咱们为清清拍手吧！

（清清笑了，其他幼儿也笑着为她鼓掌。）

浅谈教学活动中教师发起的师幼互动

芦　伟

在教学活动中的师幼互动情境中，教师的应答关系到幼儿在活动中是否获得了发展，是否能引导幼儿做更加深入的思考，更关系到教师在活动中是否对当时的情况做出及时、正确的反应，及时调整应答的策略，并在和幼儿有效的师幼互动中完成了教学活动并达到教学目标。在研究和实践中，我经历了从懵懂到清晰，从无意识到有意识，从学习评价别人到尝试自己做活动进行反思。实践、反思、再实践、再反思，使我对教学活动中教师如何与幼儿互动有了许多收获。

一次教师发起的典型师幼互动案例引发的思考

园内师幼互动研究的氛围非常热烈。我在讨论中既获得了感性认识，又学会了用自己理解的师幼互动理论分析其他教师的活动，为以后将理论运用于实践打下良好基础。

在观摩了案例“小兔和大象”① 后，我对活动也进行了反思。活动中，教师再三启发幼儿说出音乐中表现的动物是大象，但幼儿始终被前一个动物形象困扰，这说明幼儿还沉浸在前面的游戏情境中。幼儿的核心需要是想通过第二段音乐来表现第一段音乐中的动物，满足自己的情感需要，幼儿的原有经验对教师应答的效果产生了一定影响。教师的提问并未呈现递进层次与持续性，这是由教师发起的师幼互动。在这种形式的师幼互动中，提问如果有局限性，很容易使教师陷入进退两难的境地，对幼儿也容易产生启而不发的效果。教师的应答行为目的性强，但没有体现出持续性和深入性，也说明教师在这个阶段考虑到的只是如何尽快完成目标，让幼儿如何围绕目标回答自己想要的结果，而对满足幼儿情感上的需求却被忽略了。这就要求教师要明确幼儿行为背后需要的究竟是什么，进而关注到幼儿的核心需要。忽视幼儿的这种需求，无论在情感上还是在提高幼儿原有发展水平上，都不会有很好的效果，而会使教师的应答失去真正意义，“欲速则不达”。这也是教师在教学活动中会经常遇到的问题。

在反思同伴行为基础上的自我尝试与修正

在反思了他人的活动后，我尝试着组织了一个科学活动“滚动和转动”②，活动中出现了与前面那位教师同样的问题。幼儿通过对球、圈以及自己身体的操作，初步感知了滚动、转动以及它们之间的区别。但在最后的活动环节中，我与幼儿之间的师幼互动却出现了问题。我对此进行了反思。

第一名幼儿用动作表示自己理解的滚动的样子，但未与教师发出的提问

① 案例见第二章第一节中典型师幼互动情境“小兔和大象”。

② 案例见第三章第一节中典型师幼互动情境“滚动和转动”。

吻合，我则理解成幼儿的双手是在表示转动，看到的是表象。后来在反复观看录像时，我发现自己在表示滚动时做了许多和幼儿相同的动作，并未觉察到不经意的动作误导了幼儿。第二名幼儿根据自己平时的生活经验（可能在电视里看到的）来解释滚动，而我却以自己对树怎么能滚动的理解，把幼儿的回答无意间给予了成人式的提升。

在对待前两名幼儿回答的问题上，我没有能够站在幼儿的角度上去考虑幼儿为什么这样回答，深度挖掘不够，更多体现的是教师的主导，忽视了幼儿的主体地位。幼儿想表达的自我却被我否定和忽视。我没有关注到幼儿的核心需求。到了第三名幼儿回答问题时，我才意识到，我没有和前两名幼儿发生有效应答，应答意识还不够强，提问没有呈现递进层次与持续性。

在同伴互助后的再次实践与反思

课后，教师们一起对当时的情况进行了有效教师应答策略分析的集体反思。大家得到一致结论：第一，教师要问问幼儿为什么这样理解？自己所做的动作代表的是什么？第二，站在幼儿的角度去考虑问题，以幼儿的思维方式理解幼儿的回答，认真倾听，不代替幼儿思考。第三，教师要调整急于让幼儿进行正确表达的心态。第四，教师在活动前预设可能会出现的问题及解决方法，在细小的方面关注、了解、挖掘幼儿做与说的背后所隐含的更深层次的内容。

带着这些问题和对师幼互动的新认识，我再次进行了尝试。

在案例“重获自由的鸟”① 中，我发现这名幼儿的画很特别，他的核心需求借助原本不丰富的画面语言表达自己的思想，希望有人欣赏、支持他的想法。师幼互动的效果体现了教师对幼儿的尊重和理解，追问的“为什么”有利于帮助幼儿调整、纠正自己的行为，使幼儿在不知不觉中接纳教师的建议。教师应答的语言有利于幼儿的进一步深入思考，也具有一定的层次性和持续性，使教师和幼儿之间的对话能够顺利进行。

---

① 案例参见第四章第三节中案例 8　“重获自由的鸟”。

通过和教师们共同反思讨论以及自己的实践与总结，我对教学活动情境中教师发起的师幼互动有了更深刻的认识。

1. 理解了师幼互动与应答的关系。原来一直将师幼互动与应答的概念相混淆，认为师幼互动即是应答。现在，我知道了师幼互动的外延更宽泛，需围绕一个鲜明的主题展开，解决问题。它是一种情境，而应答是一种行为。一个师幼互动情境包含若干个应答，应答要在师幼互动的情境中才能产生。

2. 关注和分析幼儿的回答表现，做出适宜应答。没有一个教师在上教育活动时不希望幼儿与自己有良好的配合，但幼儿毕竟有自己特有的思维方式，教师除了要站在幼儿的角度去理解、帮助幼儿，还应为幼儿提供材料以支持验证当时的想法，使自己能够及时调整当时的行为，更有效地与幼儿进行互动。

3. 不断增强应答意识和自觉性，做到有效应答。看别人的活动时，自己总是能提出对方许多适宜与不适宜的应答行为方式，并会用理论去评价活动、教师和幼儿。自己做活动时，如果不是反复看录像资料，不进行反思，是感悟不出哪里是在做应答。最好的方法是教师当场就能接住幼儿抛过来的“球”，做出及时有效的应答。只有通过不断实践，在实践中积累、反思，教师才能逐渐领悟。

4. 在批判性反思中成长。对于教师来说，对日常活动乃至每个细节的反思都尤为重要。无论是集体研讨还是自我反思，对自己都有帮助。在反思中，教师会有平时不愿意触碰的痛点，但反思可以帮助教师改变观念、端正态度、调整教育行为。

这三次师幼互动的应答过程就是不断批判自己、反思教育行为的过程，也会使自己的应答水平呈螺旋式上升。

由与一名告状幼儿的师幼互动引发的思考

李建慧

幼儿的表现和教师以往与幼儿的师幼互动方式以及教师的指导方法有直

接关系。结合案例（附后），我认真地做了一次反思。

中班幼儿的思维具有自我中心化特点，考虑事情总是以自己的感觉为出发点，不善于站在别人的观点和立场上想问题。虽然他们经过小班一年的生活、学习后，各方面的能力都有所提高，但由于才刚刚摆脱小班的幼稚和依赖，又不具备大班的成熟和独立，因此在日常生活中常常会有告状行为发生，碰到一点点事情就爱告状。与他们相处，教师每天总会听到许多的告状声："老师，逢逢抢了我的玩具。""老师，洋洋把图书给撕破了。""老师，凡凡又在玩水。"

告状行为分为两种。第一种是冲突的直接参与者或者弱势者，由于自己的利益或身体受到直接伤害而主动发起的告状行为。第二种是冲突的旁观者，以第三者的身份向教师告状，讲述别人间的事情。尧尧就是典型的第二种情况。在开始和这样的幼儿接触时，由于我经验缺乏，对实际情况把握不准，所以没能准确了解幼儿的个性特点。当尧尧告状时，我并没有过多考虑幼儿此种做法背后的真正目的和需要，而是直接切入冲突主题，关注发生冲突的两名幼儿，忽视了对告状幼儿的关注。

随着我和尧尧的接触越来越多，我发现他的告状行为越来越频繁，即使是很小的事情也喜欢向教师告状。我认真反思了和尧尧的每次师幼互动。在这类事情的处理中，我太急于介入事情，帮助弱势幼儿，忽略了师幼互动中最核心的问题，即和谁互动，没有搞清楚师幼互动的对象。我直接介入的结果是给了尧尧一种成功感，以至于他认为自己的告状给教师带来了影响，对教师是有作用的，进而导致这类告状行为逐渐增加，他希望通过这种行为引起教师的关注。

今后在告状行为的处理上，我的重点应该放在尧尧身上，而不是介入到其他幼儿的矛盾中，分析尧尧告状的真正目的，再对其发起的师幼互动给予适当回应。于是，我改变策略，对幼儿进行长期观察与指导。在一日生活的各个环节，我有意识和尧尧多接触，吃饭时送去对他的关心，户外活动时有意拉他的小手，教学活动时对他及时鼓励，让他感觉到教师时刻都在关注他。

在对尧尧的行为有了一定了解后，当他再来告状时，我根据不同情况进行了有针对性指导。

第一种是单纯反映情况。如看到其他幼儿违反了班内常规做出了不良行为，他会产生极大的不满，于是向教师告状，希望教师予以纠正。这种情况，教师要马上做出处理，维护幼儿心中的规则意识。如中午，幼儿刷牙准备上床午睡的时候，尧尧会跑过来对我说："李老师，凡凡在那教小朋友做洗涤灵呢。"（用牙膏蘸水来刷牙杯，能够弄出很多泡沫）这是原则问题，我首先谢谢他向教师反映这个情况，然后请他做自己该做的事。之后，我走进盥洗室，告诉幼儿："牙膏是小朋友用来刷牙的，这样浪费是不对的，而且牙刷是刷牙齿的，用来刷杯子是不卫生的，容易生病。"同时，我告诉尧尧："凡凡做得不对的事，老师和小朋友都会提醒他，你自己也应该做自己此时该做的事。"

第二种是为了寻求帮助。当幼儿的利益受到同伴威胁的时候，幼儿会向教师告状，此时教师应给予幼儿信心与勇气，给出正确引导。如户外活动之前幼儿在晒台换鞋，尧尧来告状说："××小朋友不让他开柜门换鞋。"这时，我会过去问幼儿："我们用的是推拉柜门，大家都着急想换完鞋赶紧下楼，有什么更好的办法可以不用等待，让我们能同时换鞋？"幼儿会想到把柜门放到中间，这样大家就都可以用了。

第三种是为了引起教师的关注。当尧尧来告状"安安抢了宁宁的三角插片"时，我看了一下现场的情况，宁宁并没有很生气，可能三角插片对她来说也不是非用不可。她用了方形来代替，所以这两名幼儿谈不上是插片冲突。此时的尧尧和他们在一张桌子旁坐着，手里拿着三个插片正在插不知道是什么造型的作品，眼睛却四处看着别的幼儿。我对尧尧说："安安刚到这桌用了宁宁的插片，你觉得他不应该这么做，是吗？我发现宁宁特聪明，你看，她用了方形的插片来代替三角形的插片，还做了一些改装，非常有想象力，特别好。看看你能不能也像她那么棒，插出特别好看的作品？"尧尧点点头。在快收玩具的时候，尧尧跑过来对我说："李老师，你看我搭的，我想展示一下，可以吗？"我看见他手里拿的是一架很一般的飞机，但这是他第一次提出展示，所以我同意了，然后对他说："对了，刚才安安去你们桌之前，我看见安安折的小青蛙特别好看，还做了装饰呢，你看见了吗？"他摇了摇头。我引导幼儿把注意力放在学习别人的优点上，慢慢地帮助幼儿找回他对活动的兴趣。

后来的一天，尧尧又跑过来找我："李老师，刚才我看见安安插了一个飞机，我就插了一架战斗机，你快来看看。"听到这些话，我很欣慰，虽然他还在关注着别的幼儿的游戏。但是通过这段时间的引导，他关注的重点已经改变了，他不再只关注幼儿之间的冲突问题，而是在向同伴学习更多、更好的本领。

现在，尧尧的告状行为逐渐减少。但通过幼儿能力的增强、性格的变化，我看出尧尧在中班有了良好的过渡。告状行为本来就是一种很常见且很复杂的行为，我们要逐渐培养幼儿自我解决问题的能力，根据每名幼儿的不同性格特点进行有针对性的指导，利用幼儿的自身优势促进其在原有基础上有所提高。

典型师幼互动情境

爱告状的尧尧

年龄班：中班

发生背景：

尧尧在班里属于各方面表现都一般的幼儿，组织活动时也不会很主动地发言，还时不时地走神，看看别的幼儿做事。户外活动，他总是走在大部分幼儿的后面，和几名固定的幼儿跑闹着。

互动过程：

每天他都会来找我几次："李老师，你去看看吧，团团打安安的头。""李老师，刚才佳佳在那看书，冬冬过去就抢她的书。""李老师，乐乐刚才打我肚子，还不跟我说'对不起'。"他就像是教师的"第三只眼睛"，总能发现一些问题来向教师汇报。

一天，他像往常一样，向我告状：“李老师，你去看看吧，团团抢冬冬的玩具，他们打起来了。”听到这个“打”字，我很敏感，赶紧起身随他看去。可是，团团跟冬冬并没有打架，是在大声嚷嚷。我仔细一听，原来他们两个人在讲道理，互相为自己辩解。看到这样的情景，我选择了退后做一个旁观者，因为幼儿有能力解决这个问题。我突然意识到，尧尧为什么总是关注其他幼儿间的矛盾呢，哪怕是两名幼儿在游戏中的战斗，他也会马上跑来告诉教师呢？

关注幼儿行为背后的原因——由日常师幼互动案例谈研究带给我的启示

翟　蕊

案例 1：滚珠画

滚珠画因为材料新颖，从投放以来一直是幼儿都很喜欢的一项美工区活动。今天正好赶上我去指导美工区活动，我看着几名幼儿正在做滚珠画，于是就走到他们旁边观察。他们做了一会儿，墨墨突然说：“老师，我不想玩滚珠画了。”听到她这么一说，我有点吃惊，因为墨墨平时很喜欢做滚珠画，她也经常在区域活动总结时与别人分享她的画。可今天她刚做了一幅作品，怎么就不想做了呢？于是我问：“墨墨你做得很好，怎么不想做了呢？”墨墨说：“没意思。”她这么一说，旁边的润润也说：“我也不想做了。”当时我想也许是幼儿行为的一种偶然性，所以并没有过多地干涉，请他们选择了自己喜欢的区域。可是在后来连续几天的活动中，我发现去做滚珠画的幼儿越来越少，并不像一开始时那么热闹了，甚至有时根本没有人愿意玩滚珠画。

我想这一定是有原因的。于是，我在幼儿游戏时找到几名幼儿聊天：“你们喜欢玩滚珠画吗？”“喜欢！”幼儿异口同声。看来幼儿还是很喜欢滚珠作画的形式，我很纳闷地继续追问："那我怎么这几天没看见你们去玩滚珠画呢？"有的幼儿说："我会了。"有的幼儿说："没有意思。"我突然意识到，幼儿通过操作已经掌握，但提供的材料并没有让幼儿继续探究和尝试下去，也没有对他们的创造给予物质上的支持。所以，幼儿在尝试过几次后，就不再那么感兴趣。

想到这里，我马上对滚珠画的材料进行了调整，投放了用不同材质制作的滚珠，幼儿可以尝试用不同材料创作不同的轨迹。同时，我还进一步引导幼儿将滚珠画进行再创造，如用滚珠画进行制作、剪纸等。经过调整，滚珠画又成了幼儿非常喜欢和参与度极高的活动区项目。

其实在以前的活动中，我们也经常会遇见幼儿在游戏的过程中换区，那时的我也并没有多想什么，觉得幼儿换区很正常。但是参加区域组学习后，我学会了凡事要多想一个为什么。正是这些为什么促使我不断进行思考。当了解到幼儿换区的原因是活动区的材料对他已经没有难度和挑战时，我才知道幼儿为什么会有换区的行为。只有知道幼儿行为背后的原因，我才能有的放矢地解决问题。

案例 2：棕色的大树

区域活动开始了，我来到美工区。因为我和幼儿将前面的墙一起制作成了美工墙，幼儿可以用自己喜欢的涂、粘、团的方式进行制作，并在美工墙上进行展览，所以幼儿都非常喜欢，参与活动的幼儿也特别多。

这时，我看到了琪琪正在涂一棵大树，可他却用棕色的油画棒在涂树叶。于是，我走过去蹲下来问他："你涂的是什么啊？"他说："我在涂大树叶。"我又问："你的大树叶是什么颜色的啊？"他看了看我没有说话。我想，他应该明白了。于是，我说："你想想大树叶是什么颜色的，想好了再涂，待会儿我再来看。"我离开了他，去看别的幼儿。过了一会儿，当我再次来到他的身边时，我发现他还是在涂棕色的大树叶，于是又蹲下来问他："大树叶应该是什么颜色的啊？"他放慢了涂的速度，但还是不说话。这时，我想到我们班外面就有很多的树，于是想可以让他通过观察发现树叶的颜色。我说："咱们一起看看大树叶是什么颜色吧！"说完，我充满自信地转过头看向外面。就在这时，我愣住了。已经是秋天了，树叶已经变黄。经过每天的风吹日晒，远远地望去，树叶看起来就是棕色的，而且是深棕色的感觉，幼儿画的并没有错。

自己固有的思考模式让我觉得大树叶应该是绿色的，但幼儿画的才是真实的大树。同时，我也意识到这名幼儿的可贵之处。在我第一次对他进行错误指导时，他并没有听教师的话而改成绿色，相反是坚持了自己眼睛看到的，将自己看到的颜色画了下来。也正是他的坚持，让我看到了原来自己是错误的。于是，我鼓励他，进一步引导他将大树的明暗变化进行表现。

教师在潜意识里似乎都有一些固有的教育观念和模式，但是今天的区域指导让我意识到这是多么可怕的事情。教师总以为自己是对的，但幼儿眼睛看到的才是真实的世界，他们也会将自己的真实感受表现出来。所以，我们看到幼儿的行为，如果只是根据自己的经验和固有经验理所当然去指导，那就不可能真正了解幼儿，还很有可能将幼儿最有价值的发现淹没。所以，作为教师，尤其是一名年轻的教师，我们应该放掉自己的教育习惯和经验，真实、平等、认真地去倾听和发现幼儿的内心世界。

参加教学组师幼互动研究带给我的收获与体会

史　昂

参加教学组的研究活动，让我了解到一个研究成果的出炉需要经过一个从无到有、从模糊到清晰、从泛到细的过程，而这一过程需要经过实践及其之后的理论分析而成。在一次又一次的观摩和亲身实践中，我收获了许多有益的经验。在研讨过程中，我逐渐转变着自己的教学理念，更加懂得“教育源于幼儿，反过来又施于幼儿”的道理，更加明白教育应站在发展幼儿的角度考虑。活动应从幼儿的问题和原有经验中提炼，活动的准备更应考虑到每名幼儿的发展需要。教师要为幼儿提供有层次的材料，精心设计每一个提问，谨慎对待每一次与幼儿的互动应答，使每一次与幼儿的交往互动都是有效的，这样才能使幼儿有所发展和提高。

一、正确引导，清晰目标

教学组的每一次研究都以某一明确的活动目标为中心展开。组长每次根据前一次活动讨论的结果，生成更为细化的目标，这些目标是具有实践根据的更具体目标。有了目标，才有了研讨的支柱和灵魂，教师们才更加明确问题的讨论方向。正因为有这些目标，此后的每一次教学活动都有所超越，并在其中进一步挖掘存在的问题，形成新的研讨目标，寻找更理想的解决途径和方法。

之前的活动中，我们就师幼互动的类型进行了归类和讨论，发现教师与幼儿的互动可分为求助、提问、展示等不同形式。每次活动中，教师以自己的师幼互动笔记为参照，围绕“从笔记中看到了什么?”“发现什么问题?”“什么样的互动笔记更有价值?”等问题展开讨论。最终我们达成共识：肯定、鼓励、赞赏幼儿，满足其心理需求；给幼儿表达的空间和时间；在幼儿可以理解的范围内给予适当的指导；多观察幼儿，尤其是非言语表现。

二、共同研讨，成果共享

教学组的每次活动，让每位教师都有所收获。大家通过对真实案例的讨论和分析，发现彼此的优势和不足，归纳出的理论在教师中分享，每位教师都以开放的心态来面对每次的研讨活动。不论是有经验的老教师还是年轻教师，每个人都可以表达自己的想法和建议。遇到困惑时，大家一起讨论并想办法。

可以说，教学组一点一滴成果的出炉都凝聚了全体教师的智慧。芦老师更主动请缨，以自己的体育活动为案例并制作成录像，供全体教师观看并围绕活动中的几次师幼互动情境展开讨论。教师们畅所欲言，发表自己的见解。芦老师更是以开放的心态，客观反思自己的教育行为。通过观看、讨论、总结，我受益匪浅。在与幼儿互动时，教师要注意倾听幼儿的心声，多给幼儿一些时间，这样教师做出的反馈才会更具针对性，更能促进幼儿发展，满足幼儿的需要。

三、培养新人，升华理论

“新星杯”活动的开展，给每位青年教师提供了展现自我的平台。每位参赛的教师更是不遗余力准备，将每个细节都做好充分考虑，活动计划在一次又一次的尝试中不断调整。在活动中，青年教师也很注重师幼互动的过程，精心设计活动的提问，预想幼儿可能的答案，并逐一考虑应做出怎样的反馈。

幼儿是幼儿园的活动主体，教师开展的一切活动也应当围绕幼儿的生理、心理和发展需要。教师在备课时，第一要考虑幼儿的兴趣，这直接决定了幼儿在活动中的参与情况。如果是幼儿感兴趣的内容，他们一定会十分积极、踊跃地参与活动。第二要考虑幼儿的已有经验，也就是幼儿的经验准备。如果教师准备的活动与幼儿的生活和已有经验离得很远，幼儿则不可能有所发展，更不会对活动产生兴趣。第三要考虑幼儿的需要，包括生理、心理和发展的需要。活动应该是从幼儿的问题中衍生而来，如针对幼儿对于蜗牛的好奇就可以设计一系列以此为中心的活动。第四要从幼儿的角度出发，考虑幼儿对教师的活动设置是否感兴趣、是否理解。第五要满足不同层次幼儿的不同发展需要，提供有层次的材料，这样就避免了“齐步走”的现象，更加注重“以幼儿为本”，使幼儿在活动中得到能力的发展和心理上的成就感。第六要有与幼儿互动的意识，将幼儿给予教师的每一个暗示、提问或反馈都当作是发展幼儿的契机。教师抱有这样的想法与幼儿互动，收效会更加理想。

“新星杯”并不仅仅是青年教师的活动，而是全体教师共同参与的过程。正是那些默默无闻的老教师在背后给予我们指导、支持与鼓励，才有今天我们活动的顺利开展。正是活动后有针对性的深入讨论，才使我们的经验和理论有所升华。“新星杯”体现了每位教师的参与，更凝聚了每位教师的努力、智慧与奉献。

除此之外，教学组组长更注重发掘青年教师的领导能力，有意识鼓励青年教师参与教学组研讨活动的设计与主持工作，鼓励青年教师大胆表达，帮助青年教师设计研讨活动流程并担任活动主持人，组织全体教学组教师开展活动。

四、有意识互动，发展幼儿

教师与幼儿之间的互动可以是教师发起的，也可以是幼儿发起的。那么，如何更有效地利用师幼互动情境，在非常短的时间内迅速反应出这一情境可以发展这名幼儿哪些方面的能力呢？在师幼互动过程中，幼儿的每一个表现都体现幼儿的心理和情绪、情感变化。教师要积极与幼儿互动，有意识思考幼儿当下的表现说明什么，判断幼儿的心理需求是什么，这样的表现的出现频率如何。对于不同表现，教师要采取不同的指导策略，考虑怎样做才更适合幼儿。

青年教师缺乏的是教学经验以及面对幼儿突发情况的应变能力。那么，教师就要要求自己设想的更多些，在活动前对活动有整体把握：预设活动中的提问，考虑幼儿的可能答案；有目的、有针对性、有意识地与幼儿互动；不断总结幼儿的不同表现属于哪种心理需求。师幼互动的最终目的只有一个，那就是发展幼儿。只有了解幼儿各方面的发展需要，教师才能有目的地对其进行引导。因此，教师要将活动计划做小、做细、做实，充分了解班里每名幼儿的特点，将活动分成不同层次，对活动做细致分析，找出活动难点。对于不同能力层次的幼儿提问，以及幼儿的可能回答，教师都要做细致分析和把握，这样才会在活动中避免突发情况或教师本身经验不足所带来的慌乱情绪。

通过参加教学组有关师幼互动的研究，我受益匪浅。我们并不是单纯的“纸上谈兵”，而是有教学中提炼的具有普遍性和代表性的问题。教师们共同讨论，寻找适宜的解决途径，总结归纳更加有效的方法。最终，我们关注的是将成果运用于实践中，提高教师的教育能力和理论水平，发展幼儿各方面的能力。

相信在今后的教学活动中，我们会更加关注与幼儿的有效互动，注意创设师幼互动情境，运用适宜的师幼互动方式，设计更合理的师幼互动提问和回答，使幼儿在有目的、有针对性的师幼互动情境中得到最大发展。

我参与研究的心路历程

范敏敏

一、参与研究前的工作状态

第一年上班，我被安排到小班，担任助理教师一职。满怀热情的我见到一张张稚嫩的笑脸，温暖不由涌上心头。但当与幼儿进行接触后，我发现幼儿总是对我爱答不理，他们只顾自己游戏，似乎根本没把我当作教师来相处。这让我觉得自己没办法与他们自然、近距离地相处，让我有种莫名的失落感。

我开始反思自己的行为，我总是对幼儿笑脸相迎、有求必应，但不会对他们的错误行为进行指正与帮助。我感到幼儿对我的态度并不是十分尊敬。在与班里老教师接触的过程中，我发现要想让幼儿够尊重你，首先要让幼儿能听你的话。就这样，我在与幼儿的接触过程中，慢慢由他们对我的不管不顾，变成他们在我的严加管教之下能够尊重我、听我说话。但这种强制性的方法，没能尊重幼儿的想法，只是简单解决幼儿矛盾。

二、研究初期的概念澄清

2007 年 5 月，区域组的研究工作正式展开。在教研开展的初期，我曾出现过误区，对于师幼互动的理解停留于字面理解，认为教师只要参与幼儿的活动就是互动；教师只要与幼儿对话，就可认定为是应答。因此在活动中，我常常会出现这种情况：区域中幼儿正沉醉于自己的活动，为了追求形式上的师幼互动，我在不请自来的前提下参与到幼儿的活动中；为了体现形式上的应答，我也会在不请自来的情况中没话找话，主动跟幼儿说一些没有太多建设性意义的话题。导致这些错误行为的根本原因是，我没能认清什么是师幼互动。

我对区域组的第一次活动印象深刻，这不仅仅是一个研究的开始，更是我对平时教育行为反思的开始。“师幼互动、应答策略、适宜性……”很多关键词，对于每位教师来讲，都是表面意义上的理解。针对这一点，在第一次活动中，区域组对这些概念进行了具体、明确的澄清。在研究张老师案例的过程中，我们通过分析教师的教学行为，理解了什么是师幼互动，即双方同时在场，双方的行为有相互指向性，能够意识到彼此的影响并有所反应。在这样的分析和学习下，我知道作为教师，如果想使自己的应答适宜，就要关注幼儿的行为，判断幼儿行为背后的需要，了解并制定具体的应答策略。

那么，什么样的策略是适宜的？在研讨中我们得出了这样的原则：满足幼儿需要、解决出现的问题、促进幼儿的发展。在座的每一位教师分析案例，结合自身实际情况总结归纳、整理提升概念。慢慢地，我们了解了师幼互动的形式也是各不相同的：有幼儿发起的互动——求助、告状、寻求关注与安慰，有教师发起的互动——为解决问题、提出要求或任务、帮助幼儿梳理获得经验……在接下来的观摩活动中，我们还理解了教师的应答行为无论从目的、内容还是形式上来说都具有明显的教育性，都要通过应答过程满足幼儿的需要，帮助幼儿解决问题，并在过程中促进幼儿的发展和提高。

三、研究中遇到的问题

在之后的实践研究过程中，我充当的角色有所改变。当幼儿遇到困难时，我会及时介入帮助解决；当幼儿操作时材料缺乏，我会及时补充；当幼儿操作受阻时，我会及时帮忙；当幼儿之间发生冲突时，我会及时介入，避免幼儿发生外伤……但是，我却没有思考幼儿求助背后真正需要教师做的究竟是什么。包办代替式的引导成为我与幼儿互动时最常出现的方式，这对幼儿非但没有任何帮助，反而忽略了幼儿在活动过程中获得的发展。

区域活动能最大限度发挥幼儿主体性，让幼儿主动学习。在这里，幼儿可以自主选择游戏，幼儿也可以大胆创造。作为一名教师，我们应当怎样做，才能将区域活动的精髓运用到实际工作中呢？这便是我在本组研究过程中遇到的最大问题。

四、尝试将研究结论运用于实践

实践中，有的教师在区域活动中，不管幼儿需要不需要教师，都要进行指导；有的教师充当了“消防员”，解决冲突成为主要的任务；有的教师没完没了地和个别幼儿进行沟通，忽视对其他幼儿的观察与指导……指导成为一种表面的现象，随之而来的应答策略就显得单一和没有实效性。教师应答策略的适宜性同时也反映着教师的原有水平。

针对这样的问题，我们进行了案例分析，帮助教师在师幼互动过程中关注幼儿行为背后的需求，并根据幼儿的需要采取适宜的教育策略。那么，在师幼互动中，教师如何才能做到适宜应答呢?

经过研究，我们发现，营造宽松的游戏氛围是教师适宜应答的策略之一。游戏是幼儿的基本活动。轻松的游戏氛围，不仅包含教师对幼儿的爱，更包含教师为幼儿创造的有准备的游戏环境。通过观摩不同年龄班的区域活动，课题组的教师都有这样的一个感受：融洽的师幼关系为幼儿营造了温馨的学习和游戏环境，而这样的环境是教师与幼儿共同学习和游戏的基础，这种氛围的形成源自教师对幼儿付出的真挚爱心。年龄越小的幼儿，对宽松的游戏氛围的需求越明显。对于中大班幼儿来讲，良好游戏常规的形成是游戏的关键，而良好游戏常规的形成也源于教师在日常生活中与幼儿的共同努力。

五、实践中出现的新问题

当时，我所在的小四班幼儿已经能较好掌握围合的搭建技巧，有些幼儿有了搭高的意识。在教师的引导下，他们发现房屋是需要房顶的，房顶可以帮助小动物遮风挡雨。于是，我为他们提供了一些新的操作材料，满足他们的需求。活动开始前，我在建筑区投放了新的操作材料——透明房顶。幼儿在搭建过程中，能都将其作为房顶放在建筑物的上层。但由于幼儿对其都很感兴趣，所以材料的数量有些不足。这时，祎祎、仁玉和源源三名幼儿发生了冲突。冲突的发生是因为祎祎的房顶被别人拿走了。面对这些冲突，我采取了一些应急措施。但这些应急措施只能暂时阻止冲突的进一步发生，而不能让幼儿得到更好发展。

面对这种现象，区域组教师一起进行了激烈讨论。材料投放不够充分，这是导致幼儿发生冲突的直接原因。我的指导策略是转移其中一名幼儿的注意力。对于祎祎来说，她更多地是在情感上获得了满足。她的东西被抢走了，教师介入后，她拿回了她认为是自己的东西，很开心。对于佳玉和源源来说，教师采取了另一种策略，她让幼儿将抢夺另一个房顶的注意力转移到充分利用自己的已有辅助建构材料上。表面上来看，这种方式解决了幼儿之间的冲突，但从本质上来说，这是一种消极的策略。教师只考虑了一方幼儿的感受，而没有考虑另一方幼儿的感受与双方幼儿的发展。教师把自己的判断强加于幼儿，没有把权利交给幼儿，没有体现幼儿的主体地位。教师也没有站在幼儿发展的角度考虑问题，而只是为了解决冲突。因此，教师的使用方法没能引导教师进行更深层次的考虑问题。

六、研究意识和习惯逐渐形成

在日常工作中，我开始发现问题，进行有效反思，寻找问题产生的原因，并努力找到解决问题的办法，也懂得在区域活动中如何与幼儿互动对他们的发展是最好的。经过反复实践与研究，我及区域组老师总结出了如下结论。

1. 区域活动中的师幼互动的教师适宜应答的原则

营造宽松的游戏氛围。有准备的游戏环境是幼儿学习的开始。各班教师能针对本班幼儿的年龄特点和兴趣需求，创设有目的、有计划的游戏环境，提供丰富的游戏区活动内容：小班突出游戏生活化的特点；中班注重对幼儿交往能力的培养；大班突出在游戏中幼儿自主学习能力的培养。每个年龄班因为侧重点不同，开设的区域内容也不同。

观察是重要的手段。随着对课题理解的深入，教师们越来越关注幼儿行为背后的原因：幼儿是在情感上需要教师的关注，还是在技能上需要教师的帮助？在观察幼儿的过程中，教师在什么样的时机介入幼儿的学习活动？教师通过幼儿行为表现，分析并判断幼儿的行为是展示、求助、解决冲突，还是有其他的互动主题内容？等待、观察，给幼儿一个自主学习的空间，在这个前提下的师幼互动变得更有意义。

教师角色和作用的发挥。在平等的游戏中，教师帮助幼儿梳理获得的知识与经验，帮助幼儿形成良好的行为与学习习惯。在师幼互动的情境中，教师对幼儿的指导和判断不是主观上对幼儿的判断和解读，而要根据幼儿的行为需要给予指导，促进幼儿富有个性的发展。

解读幼儿。在区域组的实践中，教师们通过关注幼儿行为背后的原因，开始尝试用幼儿的方式解读幼儿，在指导中认真倾听幼儿的想法，给幼儿充分的话语权，使幼儿有机会对自己的行为做出解释，这样让教师更了解幼儿，给幼儿更广阔的学习空间。

2. 由幼儿发起的师幼互动中的教师适宜应答策略

在实践中，由幼儿发起的师幼互动和由教师发起的师幼互动是同时存在的。教师如何关注由幼儿发起的师幼互动？通过研讨，我们获得以下方法。

在满足幼儿情感需要方面，教师可以采用的策略：倾听幼儿的想法、了解幼儿的需求；给幼儿肯定、鼓励。

在促进幼儿发展方面，教师可以采用的策略：引发兴趣是前提，根据幼儿的年龄特点以及兴趣点，创设物化教育目标的区域环境；丰富的游戏区材料，重视游戏区的功能以及核心的教育价值；关注幼儿的能力发展，以幼儿接受的学习方式给予指导；积极参与幼儿的游戏，在游戏中成为幼儿游戏的合作者、支持者、引导者。

在师幼互动中实现幼儿的自主学习，教师可以采用的策略：了解本班幼儿的年龄特点，包括心理特点、发展特点和学习特点等；班级投放的材料一定要是物化教育目标的材料，不同的年龄班创设的游戏区内容不同；幼儿的学习需要一定的基本能力支持，教师重视幼儿基本能力的培养，使幼儿在游戏中真正获得成功的体验。

七、研究对现阶段工作的影响

现在，我已经顺利完成了从助理教师到带班教师的转换。工作两年多的磨炼，让我熟知了助理教师与带班教师在岗位工作上的不同，同时也让我学到许多有用的带班技巧与处理问题方式。新学年刚开始的时候，作为年轻教师的我有些局促但并不慌张，因为我了解我们班的幼儿，了解我们班的教师，更了解如何与幼儿交往才是对他们最有利的。这一切都归功于区域组研究对我的帮助与影响。

每天在幼儿区域活动的时间里，我都会先对他们的活动进行观察，而不再是从前的盲目介入。当发现幼儿需要帮助的时候，我再介入其中，与其进行师幼互动。师幼互动的过程也不单单是一个解决问题的过程，我会时刻提醒自己思考：这个问题的背后，我能够发展幼儿什么？我用什么方式去发展它呢？在这一次次的思考与实践中，我将区域组在师幼互动中的教师适宜应答策略研究中获得的成果慢慢渗透到自己的日常工作中。

对科学活动中师幼互动的教师有效应答的思考

王 佳

通过参加教学组的师幼互动研究，我认识到，在教育教学活动中，教师和幼儿是师幼互动的主体。教师对幼儿的互动信息要做出有针对性的特定应答。对于不同幼儿，教师与之互动的方式、方法、策略、深浅度都要有差异。针对幼儿的每个表情、每个动作、每句话，教师要结合其已有经验判断其心理和发展需求，然后再用适当的方式给予幼儿发展所需的支持，这样教师的应答才有较强的针对性，师幼互动的效果才会更好。在不同的教育领域中，应答的策略也有不同。下面以科学活动“和面”为例，说明我在师幼互动中对教师应答行为的思考与探索。

由于是科学活动，幼儿需要大胆探究，发现规律并获得成功的体验。教师与幼儿的互动会直接影响幼儿的探索欲望、好奇心和各种感官经验的积累。因此，我特别重视在师幼互动中教师应答的有效性。活动已经经过了回顾已有经验、总结收获等环节，幼儿也发现了和面过程中水与面的关系（面粉相等，水加多了就稀，水加少了就干）。接下来的环节是出示材料，教师引导幼儿大胆尝试，然后对幼儿进行有针对性指导。在此环节中，针对不同情况的幼儿，我采取了不同的应答方式。

第一种应答方式主要针对和面没有成功的幼儿。我根据幼儿在活动中出现的困惑，给予适时、适度的指导，提供解决问题的信息、线索和步骤，使幼儿的活动得以持续，协助幼儿完成活动计划。我通过提问调动幼儿的经验，帮助幼儿再次梳理和面的步骤。在幼儿没有成功时，我尽量保护幼儿的探究兴趣，帮助幼儿在原有经验的基础上提升、对比信息，积极寻找解决问题的方法。如教师引导幼儿思考：“你觉得面团为什么是黏的？”“面团为什么很干、很碎?”“刚才加了几杯水?”“水加多了还是加少了?”如果幼儿发现水少了，教师鼓励幼儿继续尝试加水。如果幼儿水加多了，教师追问：“水是一下子加进去的还是分几次加进去的?”“你们组的小伙伴都同意一下把水都加进去吗?”“如果是一下子把水都加进去的，再试一试分几次加水，每次有什么变化?”教师引导幼儿在不断尝试中找出原因及解决方法，支持幼儿大胆想象并获得新的探索经验，鼓励幼儿活动后与同伴分享。

第二种应答方式主要针对和面成功的幼儿。我引导幼儿感觉面团的软硬度，捏自己喜欢的形象，延伸幼儿探究的成功感，提醒幼儿及时填好记录表，总结后与同伴交流、分享经验，体验探索带来的快乐。我以幼儿伙伴的身份参与幼儿的活动，遵循幼儿的活动计划，认同幼儿的活动方式，分享幼儿的成果。如我和幼儿间的一组对话。

师：你为什么在表格的“猜想”里填了五杯?你怎么知道是五杯?

幼：我上次填的是七杯。

师：为什么这次不填七杯了?(幼儿没回答。)

师：上次加七杯水后是什么样子?

幼：太稀了。

师：为什么会稀?

幼：水加多了。

师：所以，这次你想少加点水，对吗?(幼儿点点头。)

总之，在科学活动中，教师的有效应答可以激发和培养幼儿的探究兴趣，引导幼儿用科学、严谨的态度思考问题，帮助幼儿进行科学探究，提升幼儿的已有经验，帮助幼儿最终找到解决问题的方法。

你我共成长——教学组成员研究体悟

教学组

任何研究成果的诞生，都要经历一段破茧成蝶的漫长过程。对于师幼互动中的教师适宜应答策略的研究，教学组的每位教师就像那只蝶，经历了一年的成长与磨炼，从开始的一片混沌，到现在在各自工作中不断思考摸索，最终有所收获。我们体验着过程中的困惑、喜悦、发现与合作带给我们前所未有的在研究中成长的难忘经历。

一、抛砖引玉

我们始终以科学开放的心态对待课题研究过程，鼓励组内的教师组织教育教学活动。通过观摩，我们提取师幼互动的环节，总结出师幼互动的类型，包括求助、展示、提问等。根据师幼互动的发起人不同，我们将其分为教师发起的师幼互动和幼儿发起的师幼互动。实践发现，以求助和展示为主题的师幼互动在教学过程中占据了很大的比重。于是，我们将研讨的重心放在教育教学活动中幼儿或教师发起的以求助或展示为主题的师幼互动的研究上，让教师从教育活动中提炼最精华的环节展开分析。还记得刚开始的时候，我们简单认为“我问了，孩子答了”就是师幼互动。但实际上，这样的师幼互动不论对幼儿还是对教师都没有什么实际意义。因此，在接下来的时间里，我们从界定概念开始，探讨究竟什么才是师幼互动？为什么要师幼互动？我们逐渐清晰头脑中的概念，进而思考在师幼互动中幼儿最核心的需要是什么？教师应该如何满足幼儿？

通过观察和讨论，我们发现，教师首先应该了解幼儿的心理需求是什么，是希望得到认可，还是希望得到安慰和帮助，在此基础之上满足幼儿的情感需求，再给予他们适当的支持和引导，教师要在心理和教育行为上更关注幼儿。

二、假如我是幼儿

通过对具体案例的分析探讨，我们在理论上明白了要关注幼儿的需要。但在实践中，我们并没有很好地加以运用，行为上有反复，如仍追着幼儿完成计划、过分关注技能。这时候，我们意识到自己的观念并没有向行为真正转变。为了让教师更深刻地体会幼儿在师幼互动中的处境，我们采取了角色换位的方式，由教师扮演幼儿，切身体会“如果自己是幼儿，兴冲冲地拿着美术作品跑到教师面前，满眼期待望着教师”的情境下，幼儿内心的想法是什么？幼儿首先是希望得到教师的赞许，而不是从他的作品中找出不足并进一步改进完善。

通过亲身的体验，教师们都在反思自己的教学行为，恍然发现有些固化的教学行为往往是不适宜的，是没有真正关注到幼儿，而这也是积极有效的师幼互动过程中的一大障碍。在一次次的讨论中，我们寻找到很有效的解决策略，就是不要过于着急获得一个自己想要的答案，给幼儿、自己都留有思考、表达的时间和空间。就是这多一点点的思考和反应时间，往往决定了我们在教育过程中的成败。这对于我们以往过度关注计划实施和完成效果的教育理念是一次很大的冲击。

三、成长的脚印

一次次的实践与研讨，我们在理论上非常清楚应该怎么做，但实际中却有所反复。如中班科学活动，活动内容是“滚动与转动”。教师与三名幼儿进行师幼互动。第一名幼儿用动作回应教师，是因为滚动和转动的含义本身就很难用语言来形容，但实际上幼儿理解了。而在师幼互动中，教师过于关注答案，只看到了表象，忽视自己提问的方式以及幼儿年龄特点。第二名幼儿回答“大树干”，其实是理解了滚动的含义，通过例子来回答教师，但是教师没有理解幼儿，也没有再听幼儿说，而是根据自己的理解判断幼儿的回答。到与第三名幼儿互动时，教师才意识到要和幼儿互动，于是有了更进一步的提问与引导。活动结束后，教师认真反思，认识到应该注意倾听幼儿，多问一个“为什么”，站在幼儿的角度考虑问题，以幼儿的思维方式理解幼儿的回答，从细小方面关注、了解、挖掘幼儿做与说的背后隐藏的更深内涵。

随后，我们进行了跟踪研讨。又是一次主题为“鸟”的美术绘画活动。很多幼儿都让自己画的鸟在空中飞翔，或在森林里唱歌。而一个男孩子却在自己画的鸟的周围画了许多红色的线条。于是，教师与幼儿发生了一次师幼互动。师幼互动的效果体现了教师对幼儿的尊重和理解，通过追问了解了幼儿的想法，以一种无形的引导使幼儿在不知不觉中接纳教师的建议。教师应答的语言有利于幼儿的进一步思考，有一定的层次性和持续性，师幼互动的过程也是积极有效的。

通过一次一次的观摩讨论、组织教育活动后反思以及做活动，我们共同经历了从观念到行为的转变。我们总结出了在教学组课题研究中全组教师共同的成长足迹：（1）与幼儿的互动：无意识应答→关注与幼儿的应答→有强烈的应答意识；（2）有效的师幼互动过程：只关注计划及实施效果→有与幼儿互动及关注幼儿需要的意识→分析判断并真正关注幼儿→做出有效应答→根据幼儿的情况调整自己的应答策略→应答效果分析→反思提升→再次实践→再次反思。

每个人的学习与成长都是螺旋上升的。在此过程中，我们遇到了困惑、茫然，也有挫折、失落，甚至有反复或者倒退的时候，但这些却使我们得到了收获的喜悦，这些也是我们成长的基石，它奠定了我们向更高一步迈进的可能。我们经历了困惑，也经历了挫败。在困难的高台面前，我们没有放弃，而是选择迎难而上，这其中凝聚的是每个人的努力与智慧，更凝聚了集体团结协作的力量。这是我们的收获，但不是终点。我们会以此为起点，向着更高、更远的方向继续前行。

关于生活环节中教师适宜应答策略的分析

杨　颖

《纲要》明确指出，“坚持保教并重，寓教育于幼儿的一日生活之中，是实现教育目标的重要途径”。因此，教师要科学合理地安排和组织幼儿一日生活，使幼儿逐步养成文明的生活方式，促进幼儿健康成长。生活环节是幼儿顺利进行游戏活动的关键，也是基础。对于小班幼儿而言，生活环节处处渗透着教育内容。生活即教育，这一观点在小班阶段的教学中体现得极为明显。师幼互动贯串于幼儿的一日生活之中，教师在师幼互动中的应答策略随着不同生活环节的变化而不断调整。下面选择进餐和如厕两个环节为例进行分析。

以进餐环节第一次师幼互动为例（附后）。在这一师幼互动情境中，发起师幼互动的人是教师，主要目的是让幼儿进餐。在与幼儿一系列的对话中，双方为是否吃饭不断周旋。在教师的强大攻势之下，幼儿勉强进餐，虽达到了教师互动的目标，但是没有从根本上满足幼儿的需求。迪迪在进餐环节出现的障碍有很多影响因素。迪迪为什么不吃饭，不会用勺子？不爱吃今天的饭菜？迪迪是新入园幼儿，来到幼儿园后，在身体上和心理上都缺乏家人的支持，缺乏安全感，表现出对教师的依赖。按理说，教师喂饭，他会顺利进餐，可是相反，迪迪并不乐意得到教师的援助，反而增加一系列无意义的互动。那么，教师应当基于什么目的发起师幼互动，又该在师幼互动中如何调整教师的应答策略呢？

以进餐环节第二次师幼互动为例（附后）。在和家长交流之后，教师了解到迪迪用餐的真实状况。迪迪在进餐环节表现出的问题，不是因为不会用小勺，也不是因为饭菜不合胃口，而是源于他心理上的障碍。上次教师喂饭后，他之所以不开心，是因为他的真正需求不是教师行为上对他的支持，而是想寻求心理上对他的支持。由于家庭的娇惯，迪迪一般不自己吃饭，但来到幼儿园，幼儿都是自己吃饭，他从内心也想自己吃饭，以表示自己同样能干，赢得集体中其他幼儿的认同。在这一师幼互动情境中，迪迪的等待与反抗，是一种假象。教师主动发起师幼互动，吸取上一次师幼互动的经验，及时调整应答策略以适应幼儿的心理需求。教师抓住幼儿的兴趣点“用勺子吃饭”“和其他小朋友一样好”，给幼儿创造超越自我的机会。但是，这一做法是否会一直奏效呢？这还要看幼儿不断变化的内在需求。这一次迪迪的成功进餐也要得益于其家长的配合。及时了解幼儿在家庭中的表现，有助于教师在师幼互动过程中采取适宜的应答策略。

以如厕环节三次师幼互动为例（附后）。我认识到及时关注幼儿内在需求的重要性。第一次师幼互动时，我很快结束了师幼互动，通过换洗衣服让幼儿过渡到下一环节。这是因为我误以为皮皮尿裤子是偶然行为，也就没有过多的言语互动。第二次师幼互动时，我凭借自己的判断，给了皮皮一个指向性的询问：“是不是边说话边小便了？”皮皮回答：“是。”在这一师幼互动中，我并没有找出问题的根本原因，皮皮的回答仅仅是对自己行为的判断。在第三次师幼互动过程中，我排除了假象因素，给了皮皮一个开放式的询问，让皮皮能够说出自己的想法，也找到了问题的症结所在。

这三次师幼互动均由幼儿主动发起。皮皮比较积极，遇到困难敢于向教师求助。前两次教师为皮皮换了新裤子，但是未能在师幼互动过程中给予幼儿适宜的应答，所以她没有换情绪，对自己行为的困惑也影响了下一环节的顺利进行。此时，她的内在需求有两个，一是换干净裤子，二是解除她对该行为的困惑。但在前两次师幼互动中，教师仅关注到了第一个层面。在第三次师幼互动中，教师对幼儿心理需求的深入探索才是解决问题的关键点。

总之，在师幼互动过程中，教师既要有针对性地引导幼儿，同时更要给幼儿创造宽松的空间，让幼儿能够在自己原有基础上得到充分的发展。

1. 教师的适宜应答应以幼儿的内在需求为出发点。在师幼互动过程当中，教师采取的适宜应答策略是以幼儿的内在需求为出发点的。促进幼儿的发展是师幼互动的核心目标。怎样才能促进幼儿的发展呢？教师只有在充分了解幼儿特点、分析幼儿需求的前提下，与幼儿积极互动，才能成为幼儿发展的助推者。在迪迪进餐的案例中，迪迪属于新入园幼儿，教师已经了解迪迪进餐出现的障碍属于分离焦虑期的正常反应，可还是未能在第一次师幼互动中使迪迪得到快乐的发展，其根本原因就是教师不了解幼儿真正的内在需求。幼儿是天真的，他们的表现大多数情况下反映着他们的直接需求，毫不掩饰。恰恰因为不掩饰，教师往往被表象所迷惑。迪迪进餐有障碍，教师理所当然认为迪迪需要耐心地劝饭和喂饭。深入分析之后，原来幼儿天真的表现是受心理、言语、能力等各方面水平的限制。迪迪并不是不想自己吃饭，相反，他想和其他幼儿一样自己独立进餐，只是碍于一直以来在家被喂饭，心理上过不去这个“坎”。教师在充分了解幼儿及其生活状况后，在师幼互动过程中有目的地引导，使幼儿克服了内心障碍，愉悦地独立进餐。

2. 教师的适宜应答应以促进幼儿身心全面发展为目标。在生活环节的师幼互动中，教师往往比较关注幼儿身体方面的发展。尤其是在托班和小班，幼儿还不具备基本的生活自理能力，教师既是思想和心理的引导者，更是生活的护理者。精心护理幼儿的一日生活是教师工作的重要组成部分，其重要性不言而喻。身体方面的护理固然重要，心理的引导也不可忽视。皮皮如厕的案例告诉我们，教师在生活环节中仅仅关注幼儿身体方面的护理是不够的，不能从根本上促进幼儿健康快乐地成长。前两次师幼互动中，教师针对皮皮如厕出现的障碍，及时处理，让皮皮免于身体上的不适，但是皮皮并不开心。显然，教师未能体察到她的内在需求和心理困惑。在第三次师幼互动中，教师改变了主导式的师幼互动方法，而是以幼儿为主体，充分了解幼儿的心理需求，由此作为切入点，使问题得以解决。皮皮既获得了精心护理，又增长了生活常识，还从心理上消除了如厕障碍带给她的恐惧，一举三得。所以，教师在生活环节的师幼互动中，要观察幼儿细腻的心理变化，以促进幼儿身心全面发展。

典型师幼互动情境1

迪迪进餐

年 龄 班： 小班

（一）

发生背景：

迪迪三岁，男孩，九月份新入园的幼儿。他一直比较依赖教师，走到哪儿都要拉着教师的手，寻求安全感。进餐环节也不例外。他的小手不去拿勺子，更别提吃饭了，大眼睛一直跟着教师转。今天，迪迪照旧坐在餐桌旁，不碰勺子，也不张嘴吃饭，很难过的样子。

互动过程：

师：迪迪，今天的饭好香哦！快拿起小勺子吃吧！

幼：吃不下了！

师：迪迪还没吃呢，怎么会吃不下呢？

幼：（边说边要掉眼泪）不吃了，在家吃过了！

师：好孩子，在幼儿园也和在家一样乖！（轻拍幼儿背部）来，咱们一起请小勺帮忙。这是好吃的番茄鸡蛋，真香，迪迪快尝尝吧！（迪迪还是不伸手，教师拿勺舀一口菜。）

幼：就吃一口。

师：好，你先尝尝……

（教师要喂第二口时，迪迪又重复之前的理由。反复多次，在教师耐心地劝导下，迪迪勉强吃完饭菜，但他并不开心。）

（二）

发生背景：

经过与迪迪家长的沟通得知，迪迪在家能够自己吃饭，会用勺子，用勺子挺灵活，就是不愿自己动手，每次都等着家人喂饭。迪迪家长表示在家已经开始培养他独立吃饭。又到了进餐环节，迪迪还是坐在椅子上一动不动，不拿勺，对食物也不感兴趣，似乎没有一点儿食欲。

互动过程：

师：迪迪，今天吃的是炒虾仁，好香啊，快尝尝吧！

幼：吃不下了！

师：在家吃过了？

幼：嗯！

师：在家用什么吃饭啊？

幼：（眼睛亮了一下）用小勺子吃！

师：小朋友也都用小勺子吃饭，你能和小朋友吃得一样好吗？

幼：（拿起小勺子吃了一大口）能！

师：迪迪真棒！小朋友们都能把饭菜吃完啊！

幼：迪迪也能！

（迪迪开心地吃完饭菜。他能用小勺把汤里的香菜叶挡在一边，端着碗喝汤。教师走到他身边时，他还说："不用帮忙啦！"）

典型师幼互动情境2

皮皮如厕

年龄班：小班

（一）

发生背景：

皮皮三岁，女孩，九月份新入园的幼儿。皮皮在入园初期出现的分离焦虑中表现出了不断唠叨的特点。一天，她要说无数遍“爸爸妈妈呢”“小皮要做乖孩子”。家里对她进行了较为积极的教育。但是，皮皮在如厕时也不断唠叨，以致还没走到便池，就站着尿到裤子里了。

互动过程：

幼：（眼含泪珠，很难过）老师，尿裤子里了。

师：没关系，换一条新裤子。

（教师帮皮皮换了新裤子，皮皮继续参加活动，但一直闷闷不乐。）

（二）

发生背景：

第二天，同样的状况。皮皮边说话边去盥洗室，可是又站着尿裤子了。

互动过程：

幼：（眼含泪珠，很难过）老师，尿裤子里了。

师：没关系，换一条新裤子。

（师幼互动并没有就此而止。）

师：皮皮，是不是边说话边小便了？

幼：是！

师：以后小便时一定要专心，不能说话。

（教师帮皮皮换了新裤子，皮皮继续参加活动。离园时，皮皮难过地对爸爸说：“又尿裤子了！”爸爸安慰了皮皮，带她回家。）

（三）

发生背景：

第三天，如厕时，教师提醒皮皮不能说话，快快解衣服小便，可是皮皮还是站着尿到裤子上了。

互动过程：

幼：（眼含泪珠，很难过）老师，尿裤子里了。

师：没关系，皮皮不要难过，换一条新裤子。皮皮，在家是自己小便吗？

幼：是！

师：在家会尿到裤子上吗？

幼：不会！

师：为什么在幼儿园就尿到裤子上了？

幼：（指着站立小便的男孩子）我和小朋友一样！

师：（笑了）皮皮是男孩还是女孩啊？

幼：女孩！

师：（指着男孩子）那他们是……

幼：男孩子！

师：那么，皮皮要和谁一样呢？

幼：女孩子！

师：皮皮真聪明，小便的时候要和女孩子一样，蹲着小便。

幼：嗯！

（教师为皮皮换了新裤子，皮皮高兴地去参加游戏活动。离园时，皮皮好像是发现新大陆一样，对爸爸说："我是女孩子，要蹲着小便！男孩子才是站着。"）

在师幼互动中支持幼儿的发展

肖 茜

作为一名年轻的幼儿教师，我深爱着这份职业。每天看见活泼可爱的幼儿，我都忍不住想亲亲、抱抱他们。但作为一名教师，怎样才能实现幼儿在快乐中发展，依然是我工作两年以来不断思考和尝试的问题。幼儿园开展师幼互动的课题研究，我参加了区域组的研究。通过研究，我获得了这样的感悟：在幼儿的发展中，教师不是授予者，而是支持者。研究给予我的最大收获是：转变视角，支持幼儿的发展。

你的发展，你做主

在一次区域组活动中，我们观摩了一位教师的美工区活动指导。其中的一个环节，引起了我们的注意。

东东沉浸在剪四瓣花的快乐中，不住地将他的作品送给周围的教师，他很快乐……然而，教师此时觉得，幼儿需要有进一步的提升，因此极力引导东东剪五瓣花，于是有了后面这一幕：教师不厌其烦地一遍遍引导东东找出正确剪出五瓣花的方法，东东有些痛苦地跟着教师的思路努力探索着，开始参与活动时的那种兴奋没有了，取而代之的是一脸的无奈。活动快要结束时，东东依然没有找到正确的方法，教师也显得很无奈，只好放弃，去指导其他幼儿。这时的东东终于获得了解放，继续开心地剪起四瓣花，并把自己的作品送给周围的人，乐此不疲，直到活动结束。

观摩活动结束，我们马上就这一环节展开了讨论。教师在发起与幼儿的互动时，没有注意到幼儿的兴趣点，忽视了幼儿的情感体验，把更多的关注点放在了计划的落实上。在讨论中，大家认为，教师为了达到预先制订的“剪五瓣花”的活动目标，不断和幼儿互动，使幼儿不得不跟着教师的思路走，表面上是在探索，但开始活动时的兴趣已经荡然无存。当教师放弃指导，他所表现出来的解放和把作品送给他人后体现出来的满足感，更进一步说明了这次由教师发起的师幼互动没有很好地起到促进幼儿发展的作用。

要实现在师幼互动中以适宜的应答促进幼儿的发展，一定要以关注幼儿为基础，即教师应从幼儿行为背后的真正需求入手，发起与幼儿的互动。幼儿只有在有热情、有需要的时候，才会有求知欲，才会产生主动探索的欲望，这也是《纲要》倡导的“让幼儿成为学习的主人”的精神所在。如在这个活动中，东东不断地剪四瓣花并送给周围的教师，这说明了东东此时的关注点并不在剪五瓣花上，而在把自己的作品送给看课的教师上。教师执着地引导东东学剪五瓣花，是对东东兴趣的忽略，这使得教师的指导失去了幼儿兴趣这个基础，才导致了最后教师的放弃。

对这样的幼儿，教师应怎样做？大家认为，既然东东的兴趣在于剪纸送人，那就先充分满足东东剪四瓣花送人的愿望，然后再从客人的角度提出希望能得到一份五瓣花的礼物，激发东东对学剪五瓣花的兴趣。有了兴趣做基础，教师的指导对幼儿而言就是支持而非干扰，促进幼儿的发展也就是水到渠成的事。

这次讨论给我的触动很深刻，因为我从这次活动中看到了自己的影子。自己在以往的师幼互动中，会比较坚持自己的主张——我认为幼儿此时需要发展什么，就全然不顾此时幼儿在想什么、需要什么，只是按自己的意思去拼命引导，直到幼儿按照自己所预设的方向发展为止。虽然大多数幼儿可能会屈服于教师的威严，不那么心甘情愿地做他们不太想做但教师非常渴望他们做的事情。但现在一想，自己的行为却是对幼儿作为学习主体的忽略，遏制了幼儿发展的自主性和积极性。尽管我的行为毫无恶意，但由于忽略对幼儿的关注与对幼儿行为的解读，更多地把关注点放在“我希望幼儿发展什么”上，无形中造成了“幼儿的发展由我做主”的局面。

这次观摩研讨更使我充分认识到，与幼儿师幼互动的过程中，教师只有关注幼儿并解读幼儿行为背后的真实意愿，才能通过自己的指导实现促进幼儿发展的目的。

你的发展，我支持

观摩研讨活动后的一次亲身实践再一次告诉我：当我们真正关注了幼儿，

了解他们到底想要什么，并在此基础上顺势而为，支持幼儿的发展，才会取得很好的成效。

区域活动的时候，至芃在活动室里四处溜达，就是不做自己的工作。作为教师，我不能视而不见，师幼互动也就由此产生。

“至芃，你也选一个自己的工作做吧！”我笑着对她说。“我不想玩。”至芃有些固执地说。“还是选一个吧，你看别的小朋友都在专心工作呢，你这样会影响他们的。喜欢哪个，我陪你去挑好吗？”我边说，边拉起至芃的手。听说我要陪她一起选玩具，至芃似乎有了点兴趣，于是拉着我的手，去选玩具。她选了一个七巧板拼图，但没有拼成平面图形，而是像玩积木似的搭了起来。“至芃，这个工作不是这么玩的，你试试用这些七巧板拼一个图案吧？”“我来帮你。你看，像这样……”我边说，边选了几块七巧板拼了起来。“不，我就要这样搭！”至芃有些生气地说。“这是一个大坦克，最新式的那种！”至芃边搭边给我做解释。我没有坚持我的指导，而是看着至芃继续搭自己的七巧板。“这搭的是什么呀？”我充满好奇地问至芃。“这是一个大坦克，最新式的那种！”“嘘——小点儿声，影响到其他小朋友了！”我压低声音说。“肖老师，我搭的是一种新式坦克，这是门，这是大炮……”至芃的声音也变得很低，还趴在我耳边说。至芃最后按照自己的想法，用七巧板搭了一个漂亮的坦克。从她脸上露出的笑容，我就知道她当时有多开心！

至芃很有个性，在家里向来都是大人听她的，所以她在幼儿园里也显得有些我行我素。正因如此，在这次师幼互动中，我没有直接告诉幼儿该干什么，而是带着她一起投入到她喜欢的工作中。对于至芃，这种方法更容易使她接受。这让我体会到，在了解幼儿个性和成长背景的基础上与幼儿进行师幼互动，是教育策略顺利实施的良好开端。在与至芃互动的整个过程中，我都时刻提醒自己一定要多想想“至芃是怎么想的，她为什么要这么做”，在此基础上我再想自己应怎么办。

当我发现至芃没有按照规定玩法玩七巧板时，我先尝试引导，但遭到了拒绝。于是，我就想至芃为什么不喜欢按玩法去玩。考虑到至芃的能力水平和日常表现，我意识到七巧板拼图对她可能过于简单。而像搭建积木似的玩，却恰恰因为玩法新鲜而使她产生了玩的兴趣，所以幼儿当时的兴趣点不在拼图案，而是在搭建上。认识到这一点，再由于立体搭建也可以锻炼她的空间抽象思维能力，同样可以促进她的发展，所以我才改变了原来的指导意图，按照至芃搭建新式坦克的思路继续与她互动，鼓励她专注于搭建活动，并成功搭建出一个漂亮的坦克。

分析自己与至芃的师幼互动，我感到教师要在幼儿发展中扮演好支持者的角色，不仅要关注幼儿的兴趣，还要根据幼儿原有能力水平和个性特点灵活应对。首先，了解幼儿的个性特点。至芃个性很强，经常有自己独特的想法，而且想法一旦形成就很难改变。像在这次区域活动中，她的兴趣点都在用七巧板搭坦克上，对于教师的引导并不感兴趣。如果我再坚持，也是没有用的，她不是那种屈服于教师威严的幼儿。因此，我因势利导，转变我的固有思路，促进幼儿在原有兴趣的基础上获得发展。其次，了解幼儿原有能力水平。至芃非常聪明，很有想象力和创造力。对于七巧板的工作，如果专心玩，应该是能够玩得很好，她具备这种能力。对于搭建坦克，则更需要创造力和抽象的空间思维能力。我发现幼儿的兴趣点在后者，且这个工作对于发展至芃的能力具有潜在教育价值，于是我临时调整了教育策略，促进幼儿的发展。最后，也是最重要的一点，教师在师幼互动中始终坚持以幼儿为主体，放下教育者的头衔，在观察的基础上尊重幼儿，把幼儿当成自己的朋友。

师幼互动研究对我实际工作的启发

刘丹梅

师幼互动与教师应答听起来是一个再简单不过的问题，不就是回答幼儿的问题吗？可是当你深入其中的时候，它就变得像大海一样深邃。自从参与研究活动，在与大家共同研究探讨中，我收获甚多。研究使我的教学能力在原来的基础上有了一个质的进步，同时个人素养也得到提高，更给我带来很多实际教学方面的启发。

首先，为幼儿创设有准备的环境。有准备的环境是基于了解幼儿的年龄特点、爱好的前提下，给每名幼儿提供足够的发展空间，做到因材施教，同时调动幼儿参与活动的兴趣，使幼儿参与活动的意愿完全出于自身需要，而不是教师意志的转化。在兴趣的基础上，幼儿在区域活动中能够根据材料的特性而主动参与其中并有自我学习的倾向。只有在这些前提条件下，师幼之间的互动才是自然的、宽松的。如我和小宝在美工区折纸。由于我之前没有提供工具书，所以导致在折纸时，小宝缺少必要的图示指导而困难重重。可见，适合幼儿的环境有多么重要，而这种环境大部分不是自发产生的，而是在教师进行认真观察、仔细预设后产生的，这需要教师在短时间内综合多种因素而快速决定。

其次，了解幼儿的年龄特点，给予不同的应答。如元元和森森因为游戏发生了矛盾，两个人都说是对方的错。我在了解了事情的经过后，根据他们的特点给予了不同的应答。元元聪明、理解力很强。和他讲道理时，他说出来的道理比你还多，但真正做起来却是两回事。对于这样的情况，光靠空说道理是解决不了问题的。于是，我决定让元元尝试自己分析，说出事情的起因，为什么会发生矛盾？接下来你是怎么做的？现在的结果你觉得好不好？你有没有别的方法去解决矛盾？教师通过幼儿自我分析的方式让幼儿真正了解什么是解决问题的方法。对于森森，这种方式就不适合。森森理解力没有元元那么强，不会用语言表达自己的情感，只会按照自己喜欢的方式与人相处。他喜欢你，跟你开玩笑也“上手打”，生气了也“上手打”。看到别人做的事好玩，他也要跟着做，也不管这事对不对、有没有危险。对于这样的幼儿，教师就要一边讲道理、让他明白理解哪做错了，一边说说应该怎么做。当森森知道刚才自己那样做让别人不喜欢时，我进行了情境再现，和森森重新演绎新的解决方法，引导幼儿在游戏中遵循游戏规则，知道发生矛盾时学会用言语表达，而不是直接“上手”。

每名幼儿都是独立的个体，性格、行为都会有差异，我们不能像对待机器一样有固定程式，只有在了解幼儿的基础上才能根据他们的特点因材施教。方式的确定和应答时机的选择，前提是教师耐心倾听并且细心观察幼儿，由此判断幼儿需要哪方面的帮助或指导，然后施以必要的应答，这样的师幼互动过程才是有效的。要想做到这个过程的有效性，教师必须耐心观察，这是成败的关键。耐心观察，具体来说就是听其言、观其行、揣其想。如幼儿在玩图形拼图时，教师首先观察幼儿当时的行为特点，发现幼儿现有的能力足以应对当时遇到的困难，教师就没必要好为人师而过分指导，只需要适当旁观，在辅导需要帮助的幼儿的同时随时观察其他幼儿的动向，随时掌握适当的介入时间和方式，这样才是有效的介入。

再次，了解幼儿的需求，分析幼儿行动背后的真正目的。如我发现王鹏拿着立体拼图，把拼图当积木那样摞起来而并没有拼，一边玩还一边看着其他幼儿游戏，和旁边幼儿聊天。如果是以前，我肯定会以为他在淘气，根本不想好好玩，会去制止他。可是现在，我并不会那么做。因为我知道幼儿这样做肯定有他的原因。于是，我没有马上行动，而是观察他的行为，思考他为什么要这样做，借此了解幼儿的真正目的。通过观察，我发现王鹏还是想玩，并不舍得把拼图放回玩具架，但是又不知道怎么拼，遇到了困难又没有寻求帮助，所以才会出现上述的行为。分析了原因后，我主动询问王鹏愿不愿意和我一起拼，王鹏迅速回答“愿意”，这也印证了我刚才的猜测。在我们合作完成一面的时候，王鹏的表情告诉我，他开始不满足于只完成一面，想要再拼出一面。“你可以自己接着拼吗？”王鹏使劲地点了点头。接下来，王鹏每拼出一面，都自豪地告诉我：“我又拼出来了。”其实幼儿做的每一件事都是有一定原因的，也许并不是我们表面上看到的那样，只要多一点耐心等候、多一些细心观察就不难发现，在这种情境下的师幼互动才能满足幼儿的真正需要。

如果是情感方面的需要，教师一定要先肯定、支持幼儿的想法，给幼儿充分表达的机会和空间，多了解幼儿的想法，不要仅从教师的角度去理解幼儿的语言，要用幼儿的思考方式解读幼儿行为，给幼儿充分的话语权，使幼儿有机会对自己的行为做出解释，给幼儿学习的空间。教师要做幼儿活动的参与者和合作者，以平等的方式介入到幼儿游戏中。这并不意味着教师要和幼儿玩在一起，不分彼此。衡量这一标准的关键是看教师是否能在适当的时候采用适当的方式引领幼儿，借此提升幼儿参与活动的经验，使幼儿在原有程度上有所提高和发展。

再如增祥在小餐厅切苹果时，我发现顾客对苹果的需求量很低。就此情况，我建议他先把切好的苹果用保鲜膜封好，保持它的新鲜。增祥却和我说："我就是这么想的！"此时，我才发现我的指导没有必要，忽略了幼儿的真正需要。其实只要换个角度想一想，就会有不同的结果。我应该主动询问幼儿的想法，给他一个表达的机会和空间，真正使幼儿有机会对自己的行为做出解释，不越俎代庖，这才是有效的指导。

幼儿的自主学习是基于活动区的材料投放。在投放材料的时候，教师要根据幼儿的兴趣点物化教育目标，投放材料必须具备自我修正的功能，让幼儿在游戏的过程中遇到困难能够学会自己解决，这样的活动才真正能做到使幼儿参与其中，让幼儿得到有效发展。班里的标志拼图是幼儿最喜爱的玩具之一。每次幼儿在玩时，总是花很长时间也拼不到正确的位置。经过一段时间后，幼儿渐渐失去了兴趣。通过观察，我发现有些认字的幼儿总会遇到很大的困难，又要看字又要识图，他们通常不能完成。于是，我在每行标志的下面贴上"错误控制"，使不同能力的幼儿都能独立完成。现在，标志拼图又成了幼儿的最爱。

最后，用发展的眼光看待幼儿，让幼儿尝试自己解决问题。遇到幼儿发起的求助行为，教师的应答要有指向性，让幼儿能够借助教师的言语搭设的过渡桥梁，达到自己解决问题的程度。如果教师的指导没有帮助幼儿解决问题，切勿急于把结论告诉幼儿，因为幼儿需要的是重复探究的过程。只有经历这个过程，幼儿的潜能才能被激发出来，否则他只是在重复教师的经验，永远停在起点，没有更多的创造性。

如瀚驰在拼完拼图，打算替换大三角形时，没有找到可以替换的地方，因而向我求助。我本来可以给他指出很多种替换的地方，但是并没有这么做。因为这种做法只是让幼儿重复我的经验，真正得到发展的是我，而不是幼儿。于是，我根据对他的了解，先降低了一个难度，请他尝试拼出大三角形的多种方法，并帮他保留结果，让他通过自己尝试，直观地找到答案，根据自己找到的答案进行替换。在这样的过程中，幼儿得到的是真正的锻炼——思维上的创新、经验上的累积、动手能力的提升等。

以上只是我一些浅显的感受，其实它们并不是师幼互动的全部。要想让幼儿真正得到发展，我们要根据这些研究成果启发以后的研究方向，就是怎样关注师幼互动中更深远的方面，掌握幼儿真实、直接的需要。而这一切需要更全面的研究，以达到区域活动中师幼互动的最优化效果。

参考文献

[1] 陈淑萍,杜国芬. 建构良好的师幼互动的策略[J].学前教育研究,2005(10).
[2] 哈依霞. 幼儿园师生互动的研究[D].北京:北京师范大学学前教育系,2000.
[3] 教育部基础教育司.《幼儿园教育指导纲要(试行)》解读[M].南京:江苏教育出版社,2002.
[4] 李春丽,潘威. 师幼互动情境中教师回应幼儿行为的反思[J].教育导刊,2005(7).
[5] 丽莲・凯兹. 与幼儿教师对话——迈向专业成长之路[M].廖凤瑞,译.南京:南京师范大学出版社,2004.
[6] 林玉芬. 数学活动中师幼互动策略浅探[J].学前教育研究,2005(10).
[7] 刘飞敏. 生活活动中影响师幼互动的因素及应对策略[J].学前教育研究,2006(1).
[8] 刘晶波. 师幼互动行为研究——我在幼儿园里看到了什么? [M].南京:南京师范大学出版社,1999.
[9] 柳卫东,左瑞勇. 师幼互动的理论基础与实践背景[J].学前教育研究,2004(7-8).
[10] 马玲亚. 对幼儿园师幼互动若干问题的思考[J].中华女子学院学报,2005(2).
[11] 王丽燕. 教师"反问"的价值和策略[J].早期教育,2004(4).
[12] 王烨芳. 幼儿园数学教育活动中的师幼互动——对教师的教育观念和教育行为的个案研究[D].上海:华东师范大学学前教育系,2005.
[13] 叶平枝. 试论教育情境下的师幼对话[J].学前教育研究,2003(11).
[14] 叶子,庞丽娟. 师生互动的本质与特征[J].教育研究,2001(4).
[15] 余珍有. 教师的交际行为研究——幼儿园教师语言的语用学分析[D].南京:南京师范大学学前教育系,2004.
[16] 张博. "教师主导"辨析——兼论幼儿教师在教育活动中的角色和作用[J].学前教育研究,2002(2).
[17] 张博. 幼儿园教育中不同活动背景下的互动行为分析[J].学前教育研究,2005(2).

出 版 人　所广一
责任编辑　赵建明
版式设计　孙欢欢　徐丛巍
责任校对　贾静芳
责任印制　叶小峰

图书在版编目（CIP）数据

师幼互动中的教师适宜应答策略研究／柳茹主编．—北京：教育科学出版社，2014.12（2023.9 重印）
ISBN 978-7-5041-9161-8

Ⅰ.①师…　Ⅱ.①柳…　Ⅲ.①学前教育—教学参考资料　Ⅳ.①G613

中国版本图书馆 CIP 数据核字（2014）第 267284 号

师幼互动中的教师适宜应答策略研究

SHI YOU HUDONG ZHONG DE JIAOSHI SHIYI YINGDA CELÜE YANJIU

出版发行	教育科学出版社		
社　　址	北京·朝阳区安慧北里安园甲 9 号	**市场部电话**	010-64989572
邮　　编	100101	**编辑部电话**	010-64989365
传　　真	010-64989419	**网　　址**	http://www.esph.com.cn
经　　销	各地新华书店		
制　　作	北京金奥都图文制作中心		
印　　刷	唐山玺诚印务有限公司		
开　　本	720 毫米×1020 毫米　1/16	**版　　次**	2014 年 12 月第 1 版
印　　张	18.75	**印　　次**	2023 年 9 月第 6 次印刷
字　　数	243 千	**定　　价**	50.00 元